Madame de Sévigné: A Portrait in Letters

Madame de Sévigné:
A Portrait
in Letters

by
Harriet Ray Allentuch

THE JOHNS HOPKINS PRESS
Baltimore

THIS BOOK HAS BEEN BROUGHT TO PUBLICATION WITH THE
ASSISTANCE OF A GRANT FROM THE FORD FOUNDATION.

PREFACE

I WISH TO EXPRESS my gratitude to Professor Jean Hytier, who, throughout my research, constantly encouraged and advised me. I have benefited greatly from his help and from that of Professor Justin O'Brien, who has read my typescript, removed many errors, and made invaluable suggestions. To Professor Jean Sareil I owe thanks for his careful reading of my manuscript and for his criticisms. Also to Elizabeth Ogg Walters and especially to my husband I should like to express my deep gratitude for all the help, encouragement, and comfort they have given me.

In quoting many of Madame de Sévigné's contemporaries (particularly journals and mémoires), I have retained the seventeenth-century spelling even though it is often capricious. For her letters, I have followed the Pléiade Edition, keeping, as does its editor, the imperfect tense endings in "o" instead of "a."

HARRIET RAY ALLENTUCH

A BIOGRAPHICAL NOTE

Madame de Sévigné (Marie de Rabutin Chantal, Marquise de Sévigné) was born in Paris on 5 February 1626. She was an only child. Her father (Celse-Bénigne de Rabutin, Baron de Chantal) came of an illustrious old Burgundian family whose reputation he promoted (as did apparently all other male members) by dueling unrestrainedly and tossing off quips and sallies. He disappeared from his daughter's life shortly after her birth to fight the English on the Ile de Ré, where he died in 1627. Marie de Coulanges, Madame de Sévigné's mother, descended from a bourgeois family grown rich and titled by farming the salt taxes. She, too, died very young (1633).

By the age of seven, Marie de Rabutin Chantal had become an orphan. A council of relatives convened; it entrusted her to the Coulanges family. Their house in the Marais Quarter of Paris was the one she had always known; she had been born there and was raised in the same surroundings under the care of her grandmother (d. 1634), grandfather (d. 1636), various aunts and uncles —in particular, Philippe de Coulanges (her legal guardian) and the Abbé Christophe de Coulanges (christened "le bien Bon" by his niece). Her cousin, Philippe-Emmanuel de Coulanges, born the day of her mother's burial, became her playmate and she pampered and mothered him.

At eighteen she married Henri de Sévigné, a young Breton nobleman, well-connected, for his cousin was the famous Retz, then coadjutor of the Archbishop of Paris. Their marriage produced two children (Françoise-Marguerite, born 1646; Charles, born 1648), and much heartache. Henri de Sévigné neglected his wife, left her alone in Brittany whenever he could, pursued the ladies in Paris, and finally died dueling over one of them on 4 February, 1651.

Madame de Sévigné was twenty-five when she returned to Paris society a widow. Then began a brilliant period in her life. She was courted, complimented, showered with attention. Her friends were witty and solicitous; dukes, generals, and the finance minister of France (Fouquet) strove to please her; she mixed in the most exhilarating company. Her cousin, Bussy-Rabutin, famed *bel esprit*, clashed wits with her. They enhanced each other's reputation for repartee and high spirits until he published a stingingly cruel portrait of her which wounded their friendship and damaged her good name.

Throughout these years her attention rested increasingly upon her children and, in particular, upon her daughter, Françoise-Marguerite. Madame de Sévigné loved her to distraction. Françoise was beautiful, intelligent, and apparently well aware of it. She made her debut at court in the mid-1660's. Louis XIV admired her and invited her to dance in the royal ballets. La Fontaine, Saint-Pavin, and Benserade wrote verses in her honor. Her mother was bedazzled.

In 1669 Françoise-Marguerite married the Comte de Grignan and followed him to Provence in February 1671. Then began the correspondence which has made Madame de Sévigné famous. She visited Provence and her daughter spent many years in Paris, but the periods when they lived apart seemed long to Madame de Sévigné. She filled them with hundreds and hundreds of letters, letters which have attracted readers for nearly three centuries. She spent her last years mostly in Provence, where she witnessed the financial ruin of the extravagant Grignan family. At the age of seventy, on 17 April 1696, she died in their debt-ridden chateau. Her letters remained in the family vaults for many years, unpublished. It was not until 1726 that there appeared in print one hundred and thirty-eight letters written by the Marquise to her beloved daughter. Soon, with all the cultured public of Paris astir, a number of editions of Madame de Sévigné's letters appeared.

CONTENTS

INTRODUCTION

CAN ONE GRASP a personality through letters? The question is disturbing and is aggravated in the case of Madame de Sévigné by the lapse of centuries and by the special character of seventeenth-century writing—devoted to perfection in externals more than to the direct expression of the feelings. For first there is the problem, how to recognize and peel away all that is artificial and conventional to the form, the moment, and the milieu. Are the phraseology, the style, the tempo more revelatory of the inner person or of the outer world in which that person lived? And perhaps the "epistolary self" does not have quite the freedom, even in an intimate letter, that its first person form of expression seems to suggest. Hanns Sachs, in the *Creative Unconscious*, writes that in art we get the essence of a man's humanity, "the deep roots of his nature, without the ordinary alloy of accidentals, the kernel without the hull." [1] But even in the most personal letters, does the kernel appear apart from the hull?

Madame de Sévigné's early biographer, the Baron de Walckenaer, had no qualms:

Dans les lettres confidentielles, écrites dans le but de faire connaître à quelqu'un tous les mouvements de l'âme, toutes les agitations du coeur, toutes les incertitudes de la pensée, toutes les variations de la volonté, rien n'est dissimulé, rien n'est omis; on apprend tout, on sait tout." [2]

[1] Cambridge, Mass.: Sci-Art Publishers, 1942, p. 53.
[2] Charles Athanase de Walckenaer, *Mémoires touchant la vie et les écrits de Marie de Rabutin-Chantal, Dame de Bourbilly, Marquise de Sévigné, durant la Régence et la Fronde* (5 vols.; 2d ed.; Paris: Firmin-Didot Frères, 1845–52), IV, 21.

His confidence has not always proved contagious. Gabriel Brunet, a perceptive modern critic, questioned: "Je me demande si je connais bien ce 'moi' de Mme de Sévigné, à première vue si transparent." [3] Alfred Noyes has voiced his hesitation by entitling an article, "The Enigma of Mme de Sévigné," [4] and François Mauriac has alluded mysteriously to the "dark labyrinth" in her character.[5]

Nor is the story of her life complete. Despite the abundant missives she unwittingly bequeathed to posterity, Madame de Sévigné began to write those memorable letters to her daughter, which form the heart of her correspondence, only at the age of forty-five. As for the period of her youth, contemporary testimonies are seldom to be trusted. At best they are fragmentary; at worst, defamatory. Bussy-Rabutin, her cousin and one-time suitor, for example, turned upon his quondam friend and, in a fit of anger, drew a scurrilous portrait of her for his polemical *Histoire amoureuse des Gaules.* Posthumous enemies of Madame de Sévigné have judged her by this portrait, insisting that Bussy's pen was dipped not only in bile, but also in truth. The Marquise figures too in a respectable novel. Madeleine de Scudéry, that amiable blue-stocking, drew a cloyingly sweet salon portrait of Madame de Sévigné as a young widow to insert in *Clélie.*[6] There are, in addition, some bits of gossip about the Sévigné marital problems in the spicy annals of Tallemant des Réaux. But aside from a portrait, written ostensibly by an unknown man (whose real name turned out to be Madame de La Fayette), little record remains of Marie de Rabutin-Chantal before middle-age.[7]

[3] *Evocations littéraires* (Paris: Editions Prométhée, 1931), p. 30.
[4] *Contemporary Review,* CLXXXIX (March, 1956), pp. 149–53.
[5] "La dame au nez carré," *Figaro littéraire,* January 12, 1957, p. 4.
[6] This portrait may be found more accessibly in Vol. I of *Lettres de Madame de Sévigné, de sa famille et de ses amis,* ed. L. J. N. Monmerqué (GEF ed.; 14 vols.; Paris: Hachette et cie, 1862–68), pp. 318–20.
[7] Madame de La Fayette's portrait, according to Monmerqué, was written in 1659 and probably published for the first time in the Chevalier de Perrin's 1734 edition of Madame de Sévigné's letters. It too can be found most conveniently in Vol. I of the GEF ed., pp. 321–23.

As a mature woman, the Marquise resists analysis. She is the quintessence of flux and diversity. One has the impression of clutching at shadows when one tries to grasp her secrets. Perhaps this is why Thornton Wilder, in his fictional portrayal of her in the *Bridge of San Luis Rey,* eliminated all traces of her gregariousness and gaiety; he chose to focus uniquely on her obsessive and sometimes desperate preoccupation with her daughter.

These difficulties have not prevented numerous "Sévignistes" from disregarding Sainte-Beuve's contention that everything had been said about Madame de Sévigné. In fact, they have found a wealth of things to say about her. To some she was cold, cruel, mocking, ungenerous, and full of artifice (Choleau, Lanson, Lacour, Orieux). Others have found her tender, kind, sympathetic, and ingenuous (Faguet, Boissier, Mesnard, Hallays, Bailly). Her religious sentiments have been described as Jansenist, orthodox, even agnostic. To some she was a radiantly attractive woman, vibrant and vivacious; to others she was unlovely, superficial, and worst of all—a snob.

An ingenious expurgator of texts, the Chevalier de Perrin, tried his hand at harmonizing all this discordance. Given the job in the eighteenth century of editing Madame de Sévigné's letters, he pruned her correspondence of some of its more excessive emotional outbursts, its unorthodox criticisms, and occasional lapses from the eighteenth-century ideal of French syntax.[8] Unfortunately, his amended version long paraded as an authentic text. In the early nineteenth century, however, the renowned scholar, Monmerqué, gradually came to see through Perrin's bowdlerizing; and when a new manuscript copy of the letters was found, he used it for his exhaustive 1861 edition of Madame de Sévigné

---

[8] Note, for example, the emotional difference between these passages taken from a letter to Madame de Grignan dated 21 June 1671. Here is Perrin's version:

"J'ai été deux ordinaires sans recevoir de vos lettres." Here is the autograph text:

"Bon Dieu! que n'ai-je point souffert pendant deux ordinaires que je n'ai point eu de vos lettres!"

(Grands Ecrivains de la France). But less than twenty years later, another, more accurate manuscript was found, and this one contained many passages never before published. Unfortunately, it was merged with the nineteenth-century text only as recently as the late 1950's by Madame de Sévigné's modern editor, Emile Gérard-Gailly (the Péliade Edition). Hence many critics and biographers, both profound and incurious, have coped with a falsified Madame de Sévigné. Even now, few of her letters can be said to be in their pristine form, and copies of many have never been located.

Yet her letters to her daughter, as she herself spoke of them, were "endless torrents" of intimate talk.[9] They are revealing, despite the constraint of seventeenth-century conventions, despite some adulterations, despite inner diversity. It is this very antithesis between mystery and revelation, artifice and candor which makes the study of her personality at once tantalizing and frustrating. Or, as the epigrammatist Joubert once wrote: "Un caractère voilé et transparent tout à la fois; c'est là le charme."

The method of analysis I have adopted for this study is based on concepts enunciated by the Dutch-French characterological school of Heymans, Wiersma, and Le Senne. In particular, I have used their selection of the principal and secondary features of character as a framework of investigation and thought. In separate chapters, each of these traits is defined, examined, and illustrated with citations from the letters of Madame de Sévigné. There follows a more comprehensive portrait of her character

[9] Though pro and con arguments are regularly offered on the now hoary issue of Madame de Sévigné's spontaneity, it is primarily in the letters to Bussy and the Coulanges family that she dressed up her prose. She knew they copied her letters and showed them about; but Madame de Grignan was more circumspect and less communicative. Fragments of certain letters were shown to members of the Grignan family; the rest were consigned to the family vaults. Madame de Sévigné often reminded her daughter to pick out the good spots for her husband and let him skip over the rest, or "sauter les landes" as she expressed it.

and, finally, a discussion of her attitude toward her own personality and adaptation to it.

The principal dimensions of character as delineated by the Heymans-Le Senne school are the following: emotionalism, the propensity to act, and the primary-secondary functioning of the mind. Each of these is conceived as a kind of continuum. Individuals may be distinguished from one another by the greater or lesser intensity with which they exhibit these fundamental traits shared by everyone. No man lacks them completely; nor does anyone display them uniformly. And each continuum has only hypothetical end points. Hence when I assert that Madame de Sévigné was emotional or active, the reader should understand that she was more so than the average person. And so with her other traits. The difference here is one of degree rather than kind. Also, within the limits of character traits indicated, there is room for contradiction and development. Madame de Sévigné, as I will show in detail, was multifaceted, complex, and changeable.

The grouping of traits into types or characters again presupposes a wide range of variation. No individual human being, with all the uniqueness and diversity of which he is capable, presents himself distinctly as a type. But if the characterologists, from Greek antiquity to the present, are correct in their fundamental assumptions, people do approximate a limited number of typical groupings.

Madame de Sévigné: A Portrait in Letters

CHAPTER I

Charges and Countercharges

SOME CRITICS THINK that Madame de Sévigné was cold. In fact, literary histories and scholarly articles have debated the point for over two centuries. There is no avoiding it; if one is to discuss her, one must take a stand. Yet "cold" is an omnibus word, hard to define, impossible to limit.

Bussy-Rabutin was probably the first to say in print, "Elle est d'un tempérament froid."[1] His sentence replaced in context has an unmistakably specific meaning: "Elle est d'un tempérament froid, au moins si on en croit feu son mari: aussi lui avoit-il l'obligation de sa vertu."[1] The last part of Bussy's testimony, at least, was confirmed by many less interested parties; among them was the scandalmonger Tallemant des Réaux, who for once found no anecdote with which to besmirch a coeval's reputation. The memoirs of Conrart and l'Abbé Arnauld, portraits by Mademoiselle de Scudéry and Madame de La Fayette, all agree on Madame de Sévigné's "bonnes moeurs."

Certainly the Marquise behaved as if she had unshakeable faith in her powers of resistance. She risked playing a Célimène role with her amorous pedagogue, Ménage, not to mention an array of real and rumored admirers (including the Prince de

---

[1] Roger de Bussy-Rabutin, *Histoire amoureuse des Gaules, suivie des romans historico-satiriques du 17e siècle*, ed. Paul Boiteau (Vol. I; Paris: P. Jannet, 1856), p. 308.

Conti, Turenne, Fouquet, and the Comte du Lude). Loret, the seventeenth century's version of a gossip columnist, reported a near fist-fight in her *ruelle* between the enamoured Duc de Rohan and a fellow Breton of less exalted rank, Monsieur de Tonquedec.[2] Yet she came through all this *galanterie* with the unblemished reputation of *une honnête personne*. Even the discovery of some of her letters among the tender missives in Fouquet's collection did not seriously challenge her good name.

And *galanterie*, in the seventeenth century, meant more than just suitors and flirtations. In her youth, Madame de Sévigné formed close friendships with women of highly dubious reputation (Madame de Fiesque, Madame de Montglas, and Madame de Châtillon, for example—all heroines of Bussy's type of novel). What is more, the Marquise joked about sex unhesitatingly. Bussy-Rabutin charged that she was willing to hear any witticism, no matter how coarse, provided it was packaged in suitable vocabulary.[3] Tallemant noted: "Elle est brusque et ne peut se tenir de dire ce qu'elle croit joly, quoyque assez souvent ce soient des choses un peu gaillardes; mesme elle en affecte et trouve moyen de les faire venir à propos."[4] In fact, she peppered even her letters with bawdy stories and pungent expressions. A few prudish critics, like Paul Lacour,[5] have expressed shock at her frank retailing of her son Charles' fiascoes and his double life, shared as he was by a famous actress, Mademoiselle Champs-meslé, and an equally renowned courtesan, Ninon de Lenclos.

[2] Jean Loret, *La muze historique; ou recueil des lettres en vers contenant les nouvelles du temps, écrites à Son Altesse Mademoizelle de Longueville, depuis duchesse de Nemours (1650–1665)*, eds. J. Ravenel et Ed. V. de la Pelouze (nouv. éd. rev.; Paris: P. Jannet, 1857–78), I, 257. The incident is also reported by Valentin Conrart in his *Mémoires*, Vol. XXVIII of *Nouvelle collection des mémoires relatifs à l'histoire de France depuis le 13ᵉ siècle jusqu'à la fin du 18ᵉ siècle*, eds. Michaud et J. J. F. Poujoulat (Paris: Didier et Cie, 1854), pp. 580–81.
[3] *Histoire amoureuse*, p. 307.
[4] Gédéon Tallemant des Réaux, *Les historiettes de Tallemant des Réaux*, ed. Georges Mongrédien (8 vols.; Paris: Garnier Frères, 1932–34), V, 315.
[5] Paul Lacour, "Les gaillardises de Mme de Sévigné," *Nouvelle revue*, XXI (15 mai 1911), 219–33.

It may be that her sexual restraint and uninhibited badinage were compensatory. In any case, the ability to reconcile chastity with marked liberty of manner and *amitiés tendres* was nothing remarkable among seventeenth-century *précieuses* like the Marquise. Many of them managed to juggle spotless reputations with audacious behavior in the midst of those uncomfortable aristocratic marriages, dictated by family interests and ruled over despotically by frequently faithless husbands. As the literary historian Daniel Mornet has written: "Elles [*les précieuses*] avaient conquis une liberté d'allures qui étonne tous les étrangers quand ils les comparent aux femmes mariées d'Italie, d'Espagne, d'Angleterre. Mme de Sévigné marche avec son siècle." [6]

As for her dazzling badinage, it should not be construed (though it often is) as a sign of coldness. To do so oversimplifies the relation of wit and emotion. And as Sainte-Beuve pointed out over a century ago, to judge Madame de Sévigné solely by her high-spirited, lambent wit requires persistent myopia.

Parce qu'on la voit souvent enjouée et folâtre, on aurait tort de juger Mme de Sévigné frivole ou peu sensible. Elle était sérieuse, même triste ... et la rêverie tint une grande place dans sa vie.[7]

Furthermore, to come back to Bussy's frequently quoted charge, what can safely be learned about Madame de Sévigné's feelings (as opposed to her conduct) from the remarks of one of her rejected lovers—particularly when the lover was Bussy, whose vanity prevented him from considering resistance anything short of heroic? Madame de La Fayette wrote with greater knowledge of her friend's heart than Bussy-Rabutin; according to her, warmth was not at all what Madame de Sévigné lacked. "Vous êtes naturellement tendre et passionnée," she said in her portrait of the Marquise.[8]

[6] *Compte rendu* of *Portraits d'âmes,* by Victor Giraud, *Revue d'histoire littéraire de la France,* XXXVI (octobre–décembre 1929), 600.
[7] *Portraits de femmes* (Paris: Garnier Frères, 1869), p. 14.
[8] *Lettres de Madame de Sévigné* ... (GEF), I, 322.

Nonetheless, iconoclastic critics of Madame de Sévigné have pounced upon Bussy's testimony. They have done so ostensibly in the belief that sexual frigidity proves emotional frigidity. Thus a recent article states:

> Nullement sensuelle, la marquise ne s'intéressait qu'aux hommages licites. Elle aimait plaire et provoquer. Cette femme intelligente et froide était ce que de nos jours on nomme une allumeuse.[9]

And the article concludes that except perhaps as an artist, or rather, as a "metteur en scène," she was devoid of sensibility. The best that can be said for this kind of reasoning is that it is naive. Doubtless the word "cold" can be applied both to sexual conduct and to sensibility, but the two are scarcely interchangeable concepts. Using one to prove the other trades on words, not facts.

But critics have offered other proofs of Madame de Sévigné's coldness. One of these is a citation from the Marquise, herself, which has been used as the epigraph of a recent book, bearing the ironic title: *Le grand coeur de Madame de Sévigné.*[10] The epigraph reads: "J'ai l'esprit éclairé et le coeur de glace." And this time no questionable hearsay has been furnished as testimony; she wrote precisely those words. What is more, she wrote them twice.

Shorn of context, the sentence is resonant with meaning; it seems to say, at the very least, that she was cerebral and unfeeling. But no such confession was intended; Madame de Sévigné was referring quite specifically to her unsatisfactory religious experience.

Discontent with her own lack of fervor and sceptical of the politic, fashionable piety of her day, she sought in severe Jansenist authors both religious conviction and the arousal of religious emotions. She read widely from the works of Port-Royal. Nicole, Pascal, le Grand Arnauld, Arnauld d'Andilly, Sacy, Saint-

---

[9] Micheline Herz, "Madame de Sévigné telle qu'elle fut," *Modern Language Notes,* LXXIV (November, 1959), 623.

[10] Jean Choleau (Vitré: Unavaniez Arvor, 1959).

Cyran, Tourneux, Du Fossé, Fontaine—she studied them all, and not to the detriment of the early church fathers, especially Saint Augustine and Saint Paul, or even the famous Protestant theologians of the time like Abbadie.

> Je crois que si ce livre m'avoit donné autant d'amour de Dieu qu'il m'a fortement persuadée de la vérité de ma religion, je serois une vraie sainte; mais c'est toujours une grande avance et une grande obligation que nous avons à cet homme-là [Abbadie], de nous avoir ôté nos misérables doutes, et d'avoir si fortement répondu à mille objections qui paroissoient fortes ... .[11]

Her calmness in this passage (taken from a letter to Bussy) should not be interpreted as satisfaction with intellectual conviction alone. On the contrary, Madame de Sévigné was deeply troubled that despite all her efforts she had not realized the experience Pascal called: "Dieu sensible au coeur." She confessed this repeatedly in her letters to her daughter.

> On est bien aise de voir qu'il y ait eu et qu'il y ait encore des gens à qui Dieu communique son Saint-Esprit et sa grâce avec une telle abondance; mais, mon Dieu! quand en aurons-nous quelque étincelle, quelque degré? [12]

But if she failed to find emotional fulfillment in religion, barrenness of heart was not the cause. Curiously, she faced a religious dilemma quite similar to that of her grandmother (the famous Sainte Chantal). The Marquise's father, Celse-Bénigne de Rabutin-Chantal, was quite young when his mother determined to renounce the world and enter a cloister. As she was pre-

---

[11] Marie de Rabutin-Chantal, Marquise de Sévigné, *Lettres de Madame de Sévigné*, ed. Emile Gérard-Gailly (3 vols.; Paris: Gallimard, 1953–57), 26 août 1688 (III, 201–2). All subsequent citations of Madame de Sévigné's letters will be from this edition.

[12] A Madame de Grignan, 26 octobre 1689 (III, 578). Note also: "Ce n'est point de la dévotion que vous êtes lasse, c'est de n'en point avoir. Eh mon Dieu, c'est justement de cela qu'on est au désespoir. Je crois que je sens ce malheur plus que personne: il semble que toutes choses m'y devroient porter; mais nos efforts et nos réflexions avancent bien peu cet ouvrage." A Madame de Grignan, 22 avril 1676 (II, 75–76).

paring to leave her home, the young boy flung himself down upon
the threshold, and cried out that to abandon him for God she
would have to step over his prostrate body—which Sainte Chantal did, apparently with little hesitation. Her granddaughter, en-
lightened by rigorous Jansenists, faced, if not in fact, at least
symbolically, the same choice between all-engrossing divine and
maternal love. C. S. Lewis has remarked that "Eros, honoured
without reservation and obeyed unconditionally, becomes a
demon." [13] It is itself a religion. Madame de Sévigné gave to her
daughter what a truly devout person gives only to God.

> Je pense continuellement à vous; c'est ce que les dévots ap-
> pellent une pensée habituelle; c'est ce qu'il faudroit avoir pour
> Dieu, si l'on faisoit son devoir.[14]

Yet her failure to attain what Sainte Chantal would term "nudité
de coeur" must have made Jansenism, with its obsessive insistence
on man's unworthiness of God's grace, all the more meaningful.
This complex of feelings underlies the passage containing the
epigraph earlier cited.

> ... Il est vrai que nous sommes des Tantales; nous avons l'eau
> tout auprès de nos lèvres, nous ne saurions boire: un coeur de
> glace, un esprit éclairé. Je n'ai que faire de savoir la querelle
> des *jansénistes* et des *molinistes* pour décider; il me suffit
> de ce que je sens en moi ... .[15]

And later to Monsieur de Guitaut:

> ... J'ai toujours, toujours, cette Providence dans la tête: c'est
> ce qui fixe mes pensées, et qui me donne du repos, autant

---

[13] *The Four Loves* (New York: Harcourt Brace, 1960), p. 154. By "Eros"
Lewis means the state of being in love as opposed to friendship, affection,
etc.

[14] A Madame de Grignan, 9 février 1671 (I, 191–92). Note also: "Ma
fille, Dieu veut qu'il y ait dans la vie des temps difficiles à passer; il faut
tâcher de réparer, par la soumission à ses volontés, la sensibilité trop grande
que l'on a pour ce qui n'est point lui. On ne sauroit être plus coupable que
je le suis sur cela." 8 novembre 1688 (III, 238).

[15] A Madame de Grignan, 1 mai 1680 (II, 683). Paul Janet, in an interesting study of the relations between Madame de Sévigné and her

que la sensibilité de mon coeur le peut permettre, car on ne
dispose pas toujours à son gré de cette partie; mais au moins
je n'ai pas à gouverner en même temps et mes sentiments et
mes pensées: cette dernière chose est soumise à cette volonté
souveraine; c'est là ma dévotion, c'est là mon scapulaire ...
mais que fait-on d'un esprit éclairé et d'un coeur de glace? [16]

Obviously what might be termed Madame de Sévigné's "religious frigidity" was hardly "emotional frigidity." On the contrary, an unemotional person would be less poignantly affected
by the rival claims of *le Créateur* and *la créature*. Her religious
"problem" was not that she lacked feeling, but that she had too
much feeling—channeled in a nonreligious direction.

Critics often have an emotional reaction to Madame de Sévigné.
For almost three centuries she has had champions and adversaries in abundance. Whatever the grounds, her adversaries seldom fail to charge or imply that she lacked emotional warmth.
In the eighteenth century they debated the peculiarities of her
literary taste. Voltaire launched the debate by challenging her
preference for Corneille over Racine.[17] Madame de Brisson, in
an *Eloge de Madame de Sévigné* (hailed by the Académie de
Marseille in 1777), took the opportunity to justify the Marquise
on the not altogether felicitous grounds that she was "une âme

---

daughter (*Les lettres de Madame de Grignan* [Paris: Calmann Lévy,
1895]), expressed the opinion that this phrase ("un esprit éclairé et un
coeur de glace") originated with Madame de Grignan, not her mother.
"Celle-ci pouvait avoir en religion un coeur tiède, mais non un coeur de
glace" (p. 173). This argument finds support in the text. The sentence
preceding the first passage cited above reads: "Je *vous* admire sur tout ce
que *vous* dites de la dévotion ... ." [Italics mine.] And Henri Busson, in his
authoritative *La religion des classiques* (Paris: Presses Universitaires de
France, 1948), pp. 73–74, uses even stronger vocabulary than Janet: "Mme
de Sévigné s'est passionnée pour les choses religieuses, elle a ouvert son
âme largement aux souffles augustiniens."

[16] 18 mai 1680 (II, 706).

[17] In the *Siècle de Louis XIV* (ed. Emile Bourgeois [Paris: Hachette,
1914?], p. 637), he wrote: "Mme de Sévigné ... croit toujours que Racine
n'ira pas loin. Elle en jugeait comme du café, dont elle dit qu'on se désa-
busera bientôt." La Harpe picked up from there and gave the idea its
now famous form: "Racine passera comme le café." (*Cours de littérature
ancienne et moderne*, Paris: Firmin-Didot, 1840), II, 75. While Madame

inaccessible à l'amour." [18] Consequently she could not be expected to understand the inner conflicts of Racine's passionate
characters. Jean-Baptiste Suard also came to Madame de Sévigné's defense, but he did so by making a virtue of her lifelong
partisan adherence to Corneille, who had so moved her when
she was but a girl.[19] His arguments did not carry the day. For in
the late nineteenth century, Lanson's *Histoire de la littérature
française*, that bible of literary judgments, accepted her preference for Corneille as proof that her nature was basically "intellectual." "Au fond, elle saisit mieux les idées que la poésie," [20]
Lanson wrote, presumably in the conviction that *Le Cid* was
less poetic than *Phèdre*. But of course the whole discussion is
irrelevant to the question as to whether or not Madame de
Sévigné was an emotional person. For one can be equally emotional and love either Racine or Corneille, Pascal or Nicole,
Bourdaloue or Bossuet for that matter. The important question
here is not which books she was emotional about, but whether she
was emotional about books. Even Lanson would have to agree
that she was.

Quite another topic of discussion and disagreement is that of
her maternal feelings. Their excessiveness, turbulence, and ma-
teriality have long been a thorny problem for critics.[21] The discussion has been complicated by a peculiar set of psychological
attitudes. In the eighteenth century, and particularly in the nineteenth century, only a bold critic would attack the "domestic

---

de Sévigné never wrote these words, they continue to be ascribed to her.
As recently as 1954, W. H. Lewis' *The Splendid Century* (New York: Wil-
liam Sloane Associates), repeats the statement (p. 267). By the way,
Madame de Sévigné adored coffee.

[18] Cited by F. Vézinet in *Le XVIIᵉ siècle jugé par le XVIIIᵉ; recueil de
jugements littéraires choisis et annotés* (Paris: Vuibert, 1924), p. 128.

[19] Vézinet (*supra*) cites Suard's *Du style épistolaire et de madame de
Sévigné* on pp. 133–36.

[20] Gustave Lanson, *Histoire de la littérature française* (7 ed. rev.; Paris:
Hachette, 1902), pp. 479–80.

[21] See for example Léon Gautier, *Portraits du XVIIᵉ siècle* (Paris: Perrin
et cie, 1890), p. 162. "Ce que je condamne plus sévèrement encore, c'est
le caractère un peu trop matériel d'une affection qui est d'ailleurs si noble

affections" head on. In the post-Freud twentieth century, however, the opposite extreme has become almost irresistible. Sentimentalists, like Lamartine, took up Madame de Sévigné as a literary symbol of motherhood; [22] while today articles are exchanged on the culpable aspects of her passion for her daughter. Lanson's way of resolving the discordance between her inordinate expressions of feeling and any acceptable notion of motherhood was quite novel. He decided to ascribe her feelings to an overworked imagination.

> ... Jusque dans son idolâtrie maternelle, qui lui fait adorer de loin la fille avec qui elle ne peut vivre sans disputer, l'imagination domine. Elle a une puissance de se figurer les sentiments qui dépasse sa capacité immédiate de sentir.[23]

This line of attack (or perhaps it should be called defense?) has been much followed. Even very recent articles have charged that her overwhelming obsession with her daughter was based on a "small foundation of truth," magnified by her literary activity,[24] and that she grew to love her daughter passionately only after Madame de Grignan married and began to resist her mother's will to dominate.[25]

It is curious that Lanson's lead should have been followed, for he defeated himself by his own argument. The very disputes he mentioned to prove her coldness whenever she was in the real (rather than imagined) presence of her daughter, testify, on the contrary, to her agitated, emotional temperament. She could not live calmly with Madame de Grignan quite simply because she was not a calm person. Asking Madame de Sévigné to hide her

---

et si vraie ... . Elle a pour la figure et la beauté de Mme de Grignan un culte que je me permets de trouver superstitieux."

[22] Alphonse de Lamartine, *Vie des grands hommes* (Paris: Bureaux du Constitutionnel, 1856), III, 223–352.

[23] Lanson, p. 480.

[24] Eva Marcu, "Madame de Sévigné and Her Daughter," *Romanic Review*, LI (October, 1960), 182–91, and especially 190.

[25] Herz, *Modern Language Notes*, LXXIV. See for example p. 627: "C'est la découverte de 'l'autre' en sa fille qui changea en passion le sentiment maternel de Madame de Sévigné."

feelings was like asking her to accept martyrdom. This is unmistakably spelled out in many of her letters. An example, dated 30 June 1677, soon after the termination of one of Madame de Grignan's visits to Paris, reflects the frenzied tone of Madame de Sévigné's unconcealable solicitude. Indeed, it proved so unconcealable that Madame de Grignan had to flee Paris in order to recover her health.

> C'étoit un crime pour moi que d'être en peine de votre santé: je vous voyois périr devant mes yeux, et il ne m'étoit pas permis de répandre une larme; c'étoit vous tuer, c'étoit vous assassiner; il falloit étouffer: je n'ai jamais vu une sorte de martyre plus cruel ni plus nouveau.[26]

As for the charge that she suddenly fell in love with her daughter when she lost her to Monsieur de Grignan ("De ses sentiments maternels quand Françoise et Charles étaient encore à l'âge tendre on ne sait pas grand'chose."),[27] it is simply not true. Madame de Sévigné and her young daughter were inseparable. Though seventeenth-century conventions usually dictated a convent education for young ladies of rank, Mademoiselle de Sévigné was educated at home and was allowed to spend only a few months at a convent in Nantes (Sainte-Marie) while Madame de Sévigné was at the nearby family estate of Les Rochers.[28] A year before this, both children were with their mother in Paris, as Monsieur de Pomponne recollected:

[26] A Madame de Grignan (II, 281). Note also: "Eh, mon Dieu, ne nous reverrons-nous jamais en nous faisant sentir toutes les douceurs de l'amitié que nous avons? N'ôterons-nous point les épines, et n'empêcherons-nous point qu'on ne nous dise tous les jours, ... 'Ah! que vous voilà bien, à cinq cents lieues l'une de l'autre; voyez comme Mme de Grignan se porte; elle seroit morte ici; vous vous tuez l'une l'autre.'" 27 juin 1677 (II, 280).

[27] Herz, *Modern Language Notes*, LXXIV, 625.

[28] Note this passage: "Je trouvai l'autre jour une lettre de vous, où vous m'appelez *ma bonne maman;* vous aviez dix ans, vous étiez à Sainte-Marie ... ." A Madame de Grignan, 29 septembre (I, 863). Mademoiselle de Sévigné was ten years old in 1656, at which time, according to a letter addressed to Ménage and dated 12 septembre 1656, Madame de Sévigné was at Les Rochers with her uncles and the eight year old Charles. That she never allowed her daughter to make a prolonged stay in a convent

M. de Pomponne se souvient d'un jour que vous étiez petite fille chez mon oncle de Sévigné. Vous étiez derrière une vitre avec votre frère, plus belle, dit-il, qu'un ange; vous disiez que vous étiez prisonnière, que vous étiez une princesse, chassée de chez son père. Votre frère étoit beau comme vous. Vous aviez neuf ans.[29]

And Pomponne's brother, the Abbé Antoine Arnauld, has left in his *Mémoires* this charming portrait of Madame de Sévigné and her children dating from 1657 (probably two years after Pomponne's encounter):

Il me semble que je la vois encore telle qu'elle me parut la première fois que j'eus l'honneur de la voir, arrivant dans le fond de son carrosse tout ouvert, au milieu de monsieur son fils et de mademoiselle sa fille; tous trois tels que les poètes représentent Latone au milieu du jeune Apollon et de la petite Diane; tant il éclatoit d'agrément et de beauté dans la mère et dans les enfans.[30]

Indeed, in her own recollections there are hints that the peculiarly painful character of her relations with her daughter was established long before Monsieur de Grignan entered the family.

Nous avons toujours été dans les bourbiers et dans les abîmes d'eau: nous n'avions osé traverser par Château-Briant, parce qu'on n'en sort point. Vous souvient-il que vous y avez une fois couché sur la paille, belle et jolie comme un ange, et que vous me fîtes pleurer tout le soir en me parlant de votre testament: vous étiez méchante dès ce temps-là![31]

---

is assured from the following passage: "Hélas! ma chère enfant, il y a plus d'un an que je ne vous ai vue; je n'avois jamais été si longtemps." A Madame de Grignan, 10 février 1672 (I, 474).

[29] A Madame de Grignan, 15 janvier 1674 (I, 681).

[30] *Nouvelle collection des mémoires relatifs à l'histoire de France depuis le 13ᵉ siècle jusqu'à la fin du 18ᵉ siècle,* eds. Michaud et J. J. F. Poujoulat (Paris: Didier et cie, 1854), XXIII, 540.

[31] A Madame de Grignan, 31 mai 1680 (II, 723). Note also this echo of a self-confession from Madame de Grignan, who did not begin after her marriage to resist her mother, because she had already begun: "Vous

Contemporaries of Madame de Sévigné did not doubt the truth of her devotion, excessive as it was. Never did they accuse her of imagining feelings she was incapable of experiencing. Nor were her Jansenist friends alone in describing her love as idolatrous; Saint-Simon used the same vocabulary as Arnauld d'Andilly.[32] Only in later centuries was this passion called affection. But as the eighteenth-century critic La Harpe remarked so aptly: "On n'affecte pas de ce ton-là." [33]

There is yet one more charge against Madame de Sévigné to be examined. This time Sainte-Beuve, not Lanson, is the accuser, though Sainte-Beuve believed her profoundly sensitive. What he refused to excuse, however, was her detachment and mocking display of wit when her fellow Bretons were barbarously punished for insurrection in 1675. Sainte-Beuve's indignation was recently magnified, at least tenfold, in a modern Breton's book, full of retrospective revenge.[34] Its author, Jean Choleau, waxes

---

êtes bien contente de la douceur de Mlles de Grignan; c'est un bonheur pour vous. Mais, ma bonne, où avez-vous pris que vous fussiez un *dragon?* Quel plaisir prenez-vous à dire de ces sortes de choses? N'étiez-vous point d'accord de tout ce que je voulois faire?" 8 novembre 1679 (II, 499).

[33] See *Mémoires de Saint-Simon,* ed. A. de Boislile (GEF ed.; Paris: Hachette, 1879–1928), III, 77–78. Note also this passage from a letter by the Duc de Brancas (nephew of the Brancas who was La Bruyère's putative model for Ménalque, published in the *Mercure de France,* mars 1751, p. 105. (Both he and his uncle were close friends of the Sévignés and the Grignans.) "Quand on a connu, comme nous, cet objet si digne d'une passion si prodigieuse et si vraie, elle fait encore plus d'impression. Mme de Sévigné se retient, dans la peur d'ennuyer sa fille: elle met pour ainsi dire un frein à l'abondance de ses pensées et de ses expressions, et une digue au débordement de son coeur."

[33] *Cours de littérature ancienne et moderne,* II, 76. Proust was another of Madame de Sévigné's defenders. In *A la recherche du temps perdu,* ed. Pierre Clarac and André Ferré (3 vols.; Paris: Gallimard [Bibliothèque de la Pléiade], 1954), he has Charlus say to Madame de Villeparisis: "Mais l'important dans la vie n'est pas ce qu'on aime, ... c'est d'aimer. Ce que ressentait Mme de Sévigné pour sa fille peut prétendre beaucoup plus justement ressembler à la passion que Racine a dépeinte dans *Andromaque* ou dans *Phèdre,* que les banales relations que le jeune Sévigné avait avec ses maîtresses. De même l'amour de tel mystique pour son Dieu. Les démarcations trop étroites que nous traçons autour de l'amour viennent seulement de notre grande ignorance de la vie." (I, 763.)

[34] *Le Grand coeur de Madame de Sévigné.*

so polemical about Madame de Sévigné that his legitimate criticisms are lost amidst pages of vituperation. For instance, he accuses her of being an aristocratic snob, blinded by prejudice, and an agent of the King, sent to the Brittany Estates to help fill the royal coffers with Breton wealth. Furthermore, should it be recalled (in an attempt to exonerate her) that her grand-mother was a saint, Monsieur Choleau counters with proof that her great-grandfather kept a mistress.

More restrained but no less wide of the mark are the observations of Georges Mongrédien, the well-known historian and literary critic. He has added to Sainte-Beuve's charge a description of her shocking lack of emotion at the public execution of La Brinvilliers (famed for poisoning her own closest relatives). According to Mongrédien, Madame de Sévigné witnessed the execution tranquilly and in full.[35] Where he obtained either part of this information remains a mystery. Madame de Sévigné cannot be the source; she stated the contrary.

> A six heures on l'a menée nue en chemise et la corde au cou, à Notre-Dame, faire l'amende honorable; et puis on l'a re-mise dans le même tombereau, où je l'ai vue, jetée à reculons sur de la paille, avec une cornette basse et sa chemise, un docteur auprès d'elle, le bourreau de l'autre côté: *en vérité cela m'a fait frémir.* Ceux qui ont vu l'exécution disent qu'elle a monté sur l'échaufaud avec bien du courage. *Pour moi, j'étois sur le pont Notre-Dame,* avec la bonne d'Escars; *... pour moi je n'ai vu qu'une cornette ....*[36] [Italics mine.]

She has been defended as well as attacked on the question of her Breton sympathies. George Saintsbury has noted: "In the first place she simply expresses the current political ideas of her day, and in the second place, she goes decidedly beyond those

---

[35] Note in his *Madame de Montespan et l'affaire des poisons* (Paris: Hachette, 1953), this remark on p. 33: "Mme de Sévigné qui assista d'une fenêtre à toute l'horrible scène, en parle avec une légèreté bien regret-table .... Ce ton badin et déplacé de l'épistolière s'explique d'autant moins qu'elle avait assisté de bout en bout, à l'exécution de Mme de Brinvilliers."

[36] A Madame de Grignan, 17 juillet 1676 (II, 146).

ideas in the direction of sympathy." [37] And Antoine Adam, the prominent seventeenth-century specialist, totally contradicts Sainte-Beuve: "Elle fut le témoin navré des désordres de Bretagne et de la répression qui les châtia." [38]

More will be said of Madame de Sévigné and the Bretons in another chapter (see Chapter V). But for the purpose of this discussion, it should be noted that the problem is badly focused. For there is a significant difference between being moved and being moved to partisan sympathy. Madame de Sévigné was, in fact, deeply troubled by events in Brittany; no critics need be cited—her own letters confound the legend of her indifference.[39] The truth of the matter is, however, that she failed to anticipate modern democratic sentiments—the one incontrovertible fact behind Sainte-Beuve's charge. But what has this fact to do with emotional coldness?

Or for that matter, is an emotional person unfailingly compassionate, never indifferent, never cruel? It is presumptuous to infer a cold temperament from a detached utterance. And it is spurious to equate a part with a whole, sympathy with emotion. To be emotional is, after all, to be easily moved, regardless of what specific emotions are aroused.

[37] *A Short History of French Literature* (5th ed. rev.; Oxford: Clarendon Press, 1897), p. 322.
[38] *Histoire de la littérature française au XVIIe siècle* (5 vols.; Paris: Domat, 1948–56), IV, 148–49.
[39] Note for example this passage: "Vous ne me parlez point du *Monseigneur* et si vous avez été bien traités, pour ne donner au Roi que le don ordinaire; on augmente le nôtre; je pensai battre le bonhomme Boucherat, quand j'en entendis parler; je ne crois pas que l'on puisse donner la moitié. ... Tout ce pauvre parlement est malade à Vannes; Rennes est une ville déserte. Les punitions et les taxes ont été cruelles; il y auroit des histoires tragiques à vous en conter d'ici à demain." A Madame de Grignan, 13 novembre 1675 (I, 907).

CHAPTER II

An Emotional Nature

WHATEVER A FEW critics may have charged, Madame de Sévigné's letters are filled, not with a lack of feeling, but with restless, exacerbated sensibility. And all her badinage, cleverness, and ebullient gaiety fail to mask what was deepest in her—extreme delicacy of feeling, an anxious, impressionable temperament, and a passionately exigent heart.

It is enough to read a few of her letters to be convinced that she was inordinately sensitive. Even trifles affected her keenly. To use her characteristic expression, she was, by nature, "tendre aux mouches." [1] Indeed, she took her own delicacy quite for granted, thoroughly expecting to be upset by trivia. "Je vous avoue que j'ouvrirai vos lettres de vendredi avec une grande impatience et une grande émotion; mais elles ne sont pas d'importance, mes émotions," she reassured her daughter, "et un verre d'eau en fait l'office." [2]

There was reason to give such reassurances. For any reminder of Madame de Grignan's absence, however fugitive or insignificant, strangely afflicted her mother. The consoling words of a

---

[1] "... En vérité, la vie est triste quand on est aussi tendre aux mouches que je la suis." Au Comte de Guitaut, 21 septembre 1675 (I, 859). The *Lexique de la langue de Madame de Sévigné* by J. E. A. Sommier (Vols. XIII and XIV of *Lettres de Madame de Sévigné* ... (GEF), defines this expression thus: "C'est-à-dire, quand on a le cœur aussi sensible, aussi facile aux moindres émotions." (XIV, 110.)

[2] A Madame de Grignan, 13 septembre 1671 (I, 382).

friend, the copying of Madame de Grignan's portrait,[3] velleities, half-formed images, were stimulus enough.

> ... Peu de choses me remet à mon premier état: un souvenir, un lieu, une parole, une pensée un peu trop arrêtée, vos lettres surtout, les miennes même en les écrivant, quelqu'un qui me parle de vous ... ,[4]

she confessed two weeks after her daughter's departure. Sometimes at the mere sound of a closing door in the apartment no longer occupied by Madame de Grignan, or at the sight of its emptiness, she would wince with pain.[5] The emotional shock was so intense that a screen had to be placed in the middle of Madame de Grignan's room—"pour rompre un peu la vue d'une fenêtre sur ce degré par où je vous vis monter dans le carrosse ... ." [6]

How profoundly shaken she was, too, by the sight of places she had visited with her daughter ("j'en suis frappée au delà de la raison ...").[7] At Livry, at Les Rochers, in Paris convents, in the homes of their friends, her susceptible feelings would stimulate an almost hallucinatory experience. Memory became living reality: she saw her daughter; she was haunted by her presence. Quite like Proust, she enjoyed privileged moments of fully recapturing the past, but for her these moments were raw and painful. Alone at Livry in 1671, the first spring after her separation from her daughter, she translated her anguish by means of plaintive anaphora:

> Mais, mon Dieu, où ne vous ai-je point vue ici? et de quelle façon toutes ces pensées me traversent-elles le coeur? Il n'y

[3] "Vous ririez bien, si vous saviez tout le chagrin que cela me donne, et combien j'en ai sué." A Madame de Grignan, 4 août 1677 (II, 318).

[4] A Madame de Grignan, 18 février 1671 (I, 200).

[5] "Le bruit de cette porte qui s'ouvre et qui se ferme, et la circonstance de ne vous y point trouver, m'ont fait un mal que je ne puis vous dire." A Madame de Grignan, 1 mai 1680 (II, 681).

[6] A Madame de Grignan, 3 mars 1671 (I, 213).

[7] A Madame de Grignan, 29 janvier 1674 (I, 699).

a point d'endroit, point de lieu, ni dans la maison, ni dans l'église, ni dans le pays, ni dans le jardin où je ne vous aie vue; il n'y en a point qui ne me fasse souvenir de quelque chose de quelque manière que ce soit; et de quelque façon que ce soit aussi, cela me perce le coeur. Je vous vois, vous m'êtes présente; je pense et repense à tout ... .[8]

But Madame de Sévigné's reaction to the tardy delivery of her daughter's biweekly letters attests even more vividly to the violent disproportion between her feelings and what aroused them. Postal service in the seventeenth century was often interrupted by petty errors, the government's curiosity about the contents of the mails, inclement weather, and the like. She never accustomed herself to "ces petites manières de peindre de la poste." [9] In fact, she suffered dramatic crises of anxiety, fear lacerating her nerves, at the slightest delay. On one such occasion, four months after her daughter's first trip to Provence, she wrote to her good friend and confidant d'Hacqueville:

Enfin, voilà le second ordinaire que je ne reçois point de nouvelles de ma fille: je tremble depuis la tête jusqu'aux pieds, je n'ai pas l'usage de raison, je ne dors point; et si je dors, je me réveille avec des sursauts qui sont pires que de ne pas dormir.[10]

As the years passed, her anxiety failed to lessen, and when in April 1680 (eleven years after Madame de Grignan's marriage), four days elapsed without a letter, she was tormented by feverish imaginings. Everyone laughed at her unreasonableness, but their laughter and her own efforts could not still her fears.

J'entrois dans leurs raisons; j'étois fort aise qu'on se moquât de moi; mais intérieurement j'étois troublée, et il y avoit des heures où mon chagrin étoit noir, quoique ma raison tâchât toujours de l'éclaircir.[11]

[8] A Madame de Grignan, 24 mars 1671 (I, 236).
[9] A Madame de Grignan, 14 juillet 1680 (II, 775).
[10] A d'Hacqueville, 17 juin 1671 (I, 310).
[11] A Madame de Grignan, 17 avril 1680 (II, 676).

Another time she almost fainted at not finding a letter from Provence in her regular Friday packet.[12]

Of course it is true, one is never so vulnerable to suffering as when one loves, and perhaps exploring Madame de Sévigné's anxious relations with her daughter does little to illustrate how naturally sensitive she was. Yet passion magnifies, it does not create sensitivity.

She was the kind of person who found life bristling with emotional excitement. At the theater, at the opera, and alone with her books, she was moved to the point of tears.[13] Her nerves tingled at every report of an accident or a sudden death.[14] Even saying good-bye to friends like Retz (after his periodic visits to Paris from Commercy), meant, for her, emotional upheaval.[15]

And her imagination was naturally so restless and so intense that scenes never beheld were as alive in her mind as those she witnessed. For she seldom attended those receptions, spectacles, court scenes, and executions which abound in her letters; but

[12] "J'attendois vendredi de vos lettres, ... j'ouvre mes paquets, je n'en trouve point; je pensai m'évanouir ... ." A Madame de Gragnan, 1 mars 1676 (II, 47).

[13] Note her letter of 22 December 1675 (I, 947), written after she had learned what wonderful music was being played at the Château de Grignan: "... Je ne suis pas si habile que M. de Grignan, et je crois que j'y pleurerois comme à la comédie." This is an interesting contrast to La Bruyère's remark about his contemporaries (*Les caractères*, I, 50): "D'où vient que l'on rit si librement au théâtre, et que l'on a honte d'y pleurer? ... Est-ce une peine que l'on sent à laisser voir que l'on est tendre ... ?" ("Tendre" in the seventeenth century often meant sensitive, as in Madame de Sévigné's expression "tendre aux mouches.") As for her manner of reading, note the passage on Montaigne in a letter to Madame de Grignan dated 6 October 1679 (II, 465): "Je ne puis pas lire ce que dit le maréchal de Montluc du regret qu'il a de ne s'être pas communiqué à son fils, ... sans avoir les larmes aux yeux."

[14] Note this remark: "Je vous ai parlé en badinant des frayeurs que me donnoit l'accident de Mme de Saint-Pouanges: je ne suis pas pire que j'étois; n'est-ce pas assez pour en être honteuse?" A Madame de Grignan, 3 juillet 1680 (II, 767).

[15] "... J'ai mal dormi; le matin, j'ai embrassé notre cher cardinal avec beaucoup de larmes, et sans pouvoir dire un mot aux autres. Je suis revenue tristement ici, où je ne puis me remettre de cette séparation ... ." A Madame de Grignan, 19 juin 1675 (I, 741).

events, real or recounted, so seared her delicate nerves that from
her descriptions it is seldom possible to distinguish what she saw
from what she imagined. Long before visiting Provence, she en-
visioned her daughter's sumptuous lodgings at the Château de
Grignan; she heard, though never present in the courtroom,
Fouquet's replies to his judges; she saw Vatel die at Chantilly;
and her grandson fight at Philippsburg. In reading her letters
the intense visual imagination of authors like Balzac and Hugo
comes irrepressibly to mind; perhaps this is what inspired Virginia Woolf to write that Madame de Sévigné would be a great
novelist, were she alive today.[16]

If her keenly impressionable imagination vivified her letters,
it also contributed to her anxieties. She confessed as much to her
friend Monsieur de Pomponne during the tense trial of their
friend Fouquet: "... Mon Dieu! j'ai l'imagination si vive que tout
ce qui est incertain me fait mourir." [17] Her mind concretized
mere passing thoughts, presentiments, imaginary ills. To give
an example, when she was at her Breton estate in 1684, she was
suddenly gripped by a fear of fire at l'Hôtel Carnavalet in Paris,
and the mere fugitive thought provoked her to send instructions
for redoubled surveillance.[18] Pascal, in describing the power of
the imagination, wrote that a philosopher, told he was standing
on a board over a precipice, would be terrified, however secure
the board. Madame de Sévigné was no philosopher; just at the
idea of a precipice, she trembled with fright.[19]

And her mind was stocked with foreboding. She magnified any

[16] *Death of the Moth* (New York: Harcourt Brace & Co., 1942), p. 51.
[17] 27 novembre 1664 (I, 129).
[18] A Madame de Grignan, 5 novembre 1684 (III, 28–29).
[19] When her son-in-law described his expedition to mountainous Dauphiné,
where he had gone to flush out recalcitrant Huguenots (after the Revocation of the Edict of Nantes), Madame de Sévigné shuddered at the mere
presence of his letter in her pocket. "Moi, ma chère bonne," she added,
"qui ne peux pas souffrir la vue ni l'imagination d'un précipice; ... ." A
Madame de Grignan, 9 mars 1689 (III, 377). Note also: "... Quelquefois
on se représente si vivement un accident, ou une maladie, que la machine
en est toute émue ... ." A Madame de Grignan, 15 novembre 1684 (III, 33).

threat to her daughter's well-being into a disaster, read catastrophe in the most ordinary circumstances, invented sources of anguish where none existed. Every trip Madame de Grignan made, even if only from her château to Marseille, Avignon, or Aix, portended tragedy. (Though when the Marquise did the traveling, all dangers miraculously disappeared.) As she sat writing, hundreds of miles away in Paris or Brittany, she imagined that her daughter's foot might slip when she visited the galleys at Marseille, or that the cannon fired off in her daughter's honor and the sumptuous Provençal receptions would impair the young woman's health.

It is true that many of Madame de Sévigné's fears were legitimately founded on the Grignan's financial ruin and Madame de Grignan's frequent miscarriages, but the Marquise found "dragons" everywhere; she seemed to need them. If necessary, she could brood about the "dangerous proximity" of Provence to the Mediterranean Sea or her daughter's fracases with the local nobility.[20] "On est extrêmement exposée aux coups," she confessed ingenuously, "quand on se fait des blessures de toutes ses pensées." [21]

Many outward signs betrayed to others her intensely emotional nature. She cried easily,[22] she was bothered by insomnia,[23]

[20] "Ma bonne, quand je songe que votre plus proche voisine est la mer Méditerranée, j'ai le coeur tout troublé et tout affligé: il y a de certaines choses qui font peur; elles n'apprennent rien de nouveau; mais c'est un point de vue qui surprend." A Madame de Grignan, 20 avril 1672 (I, 520).

[21] A Madame de Grignan, 1 octobre 1684 (III, 19).

[22] Note such expressions as: "je suis une pleureuse," 23 décembre 1671 (I, 436), "moi qui suis une pleureuse," 30 juillet 1690 (III, 759), etc.

[23] Insomnia seems to have been a great problem. When her daughter described, though completely in retrospect, the Grignan's eventful passage of the Rhone (see letter of 4 mars 1671: I, 214), or when Madame de Sévigné herself returned to Paris after a trip to Provence, her nights were filled with sleepless agitation. And for twenty-five years she was similarly affected by the delayed arrival of her daughter's letters. But even before Madame de Grignan's departure, her mother's response to the circulation of Bussy's upsetting *Histoire amoureuse des Gaules* was, characteristically, severe insomnia: "... J'en passois les nuits entières sans dormir." Au Comte de Bussy-Rabutin, 28 août 1668 (I, 157).

she even blushed.[24] As for her tears, she admitted: "C'est mon tempérament." [25] Tallemant reported that she almost fainted at a ball, years after her husband's fatal duel, just because someone mentioned the name of Saucour, who had served as an intermediary between Sévigné and his opponent, the Chevalier d'Albret.[26] Indeed, when she saw Fouquet return from court to his prison cell in the company of D'Artagnan and his fifty musketeers, she was "étrangement saisie"; her heart beat, her knees trembled, yet Fouquet had not even recognized her.[27]

In the salons, stirred by the gaiety and excitement of her surroundings, she gestured effusively. Her face, according to Madame de La Fayette's description, took on such radiance that despite irregular features, she seemed a truly beautiful woman.[28] She loved to sing, at such times, passionate Italian arias (which were quite popular in the seventeenth century) and did so with especial fervor. Mademoiselle de Scudéry's portrait catches Madame de Sévigné in this exhilarated mood. Interestingly, the portrait is couched in faintly apologetic language; perhaps the Marquise seemed a bit too expansive in decorous salon circles.

> ... Quoiqu'elle ne soit pas de ces belles immobiles qui n'ont point d'action, toutes les petites façons qu'elle a n'ont aucune affectation et ne sont qu'un pur effet de la vivacité

[24] "Que c'est un joli bonheur de ne rougir jamais! ç'a été, comme vous dites, le vrai rabat-joie de votre beauté et celui de ma jeunesse: j'ai vu que sans cette ridicule incommodité, je ne me serois pas changée pour une autre." Au Comte et A la Comtesse de Grignan, 4 janvier 1690 (III, 638–39).

[25] "... Quelle séparation! Vous pleurâtes, ma très-chère, et c'est une affaire pour vous; ce n'est pas la même chose pour moi, c'est mon tempérament." A Madame de Grignan, 11 juin 1677 (II, 265).

[26] Tallemant des Réaux, V, 318.

[27] A. M. de Pomponne, 27 novembre 1664 (I, 128). Note also the frequency of this vocabulary: "J'ai *transi* de vous voir passer de nuit cette montagne ..." (25 février 1671: I, 207), "... La pensée m'en fait *tressaillir*" (29 janvier 1672: I, 463), "... Il me vient des pensées qui me font *trembler depuis la tête jusqu'aux pieds*" (17 novembre 1675: I, 916). [Italics mine.]

[28] "... Il n'y en a point sur la terre de si charmante, lorsque vous êtes animée dans une conversation dont la contrainte est bannie. ... On ne voit

de son esprit, de l'enjouement de son humeur et de l'heureuse habitude qu'elle a prise d'avoir toujours bonne grâce. ... Quoiqu'elle chante d'une manière passionnée, et qu'on puisse effectivement dire qu'elle chante fort bien, ... elle fait cela si galamment, qu'elle en devient encore plus aimable, principalement quand elle chante certaines petites chansons africaines [i.e., italiennes], qui lui plaisent plus que celles de son pays, parce qu'elles sont plus passionnées.[29]

Extremely open to influence, Madame de Sévigné (though it is seldom emphasized) was subject to the inhibiting as well as exhilarating effect of strong feelings. In her daughter's presence, she became gauche, tongue-tied, even timid at times. Unable to express her feelings aloud, she had to resort to letters when they were living under the very same roof.

Il faut, ma chère bonne, que je me donne le plaisir de vous écrire, une fois pour toutes, comme je suis pour vous. Je n'ai pas l'esprit de vous le dire; je ne vous dis rien qu'avec timidité et de mauvaise grâce ... .[30]

Such emotional contrasts, from ebullient expansiveness to constriction, were thoroughly characteristic of her. Moreover she shifted rapidly from one type of mood to the other. In Mademoiselle de Scudéry's portrait, written during the period of Madame de Sévigné's brilliant career in Paris social circles, there appears this allusion to the youthful Marquise's periodic spurts of melancholy:

---

plus qu'il manque quelque chose à la régularité de vos traits, et l'on vous cède la beauté du monde la plus achevée." *Lettres de Madame de Sévigné* ... (GEF), I, 322.

[29] *Lettres de Madame de Sévigné* ... (GEF), I, 319–20.

[30] A Madame de Grignan, début d'août 1678 (II, 408). Note also: "Mes lettres sont plus heureuses que moi-même; je m'explique mal de bouche, quand mon coeur est si touché.

.   .   .   .

"Voilà, ma bonne, ce que je pense sans cesse, et ce que je n'ose jamais vous dire: je crains vos éclats; je ne puis les soutenir; je suis muette et saisie. Si vous me croyez une sotte femme, vous avez raison: je la suis toujours avec vous ... ." A Madame de Grignan, début de juin 1678 (II, 400).

Elle avoue pourtant qu'elle est quelquefois sujette à quelques petits chagrins sans raison, qui lui font faire trêve avec la joie pour trois ou quatre heures seulement ... .[31]

Curiously, after these "petits chagrins sans raison," she would return to society gay and vital as ever.

Then no one radiated happiness quite as she. Indeed, Madame de La Fayette found her friend's frequent exaltation so striking that in her portrait of Madame de Sévigné, she wrote: "La joye est l'état véritable de votre âme ... ."[32] For a good conversation, a warm letter from Provence, a Grignan political victory, the "leniency" shown Fouquet, filled her with such intense pleasure that her emotions overflowed.[33] Only superlatives could translate the joy she felt.

And yet the traditional picture of her as monotonously gay, "notre grosse mère la joie," to use Jules Lemaître's famous label, is deceptive. Her abiding attraction to the somber La Rochefoucauld, the pensive Madame de La Fayette, and that visibly aging ex-conspirator, Retz, bespeaks a need for more than badinage. What an odd group of close friends they make, if her emotions were really as frivolous and unvariegated as convention sometimes insists! And why, throughout her life, did she express such a profound need for solitude?

The fact of the matter is (as Mademoiselle de Scudéry's portrait revealed) that Madame de Sévigné had frequent depressions; and some were dark and almost feverish.

J'ai quelquefois des rêveries dans ces bois, d'une telle noirceur, que j'en reviens plus changée que d'un accès de fièvre.[34]

---

[31] *Lettres de Madame de Sévigné ...* (GEF), I, 319.

[32] *Ibid.*, p. 322.

[33] Upon hearing the verdict in Fouquet's trial, Madame de Sévigné wrote: "De longtemps je ne serai remise de la joie que j'eus hier; tout de bon, elle étoit trop complète; j'avois peine à la soutenir." A M. de Pomponne, 21 décembre 1664 (I, 143).

[34] A Madame de Grignan, 31 mai 1671 (I, 299).

Je me promène seule, mais je n'ose me livrer à l'entre chien
et loup, de peur d'éclater en cris et en pleurs; l'obscurité me
seroit mauvaise dans l'état où je suis ... .[35]

Of course there are ways of handling black moods, and since
she found hers more intense than lasting, sometimes she could
shake them off. One of her antidotes for melancholy is what
Pascal would have termed "le divertissement."

J'en ai quelquefois de si noirs [chagrins], que j'en sens de la
douleur comme d'un mal; je cours à la distraction qui est le
seul remède qu'on y puisse apporter: on en a souvent bien
besoin, car l'on retombe souvent.[36]

Yet another prescription for ill humor is responsible for one
of Madame de Sévigné's titles to fame. It has been reiterated,
ad nauseam, that she and La Fontaine alone among the French
Classicists felt close to nature. What is true in this legend is that
surprisingly modern (or more precisely, romantic) notes pervade
her remarks about landscape; she sought out natural scenery
the atmosphere of which fused with her subjective state.

Pour moi, ma fille, je suis ici dans une tristesse et une solitude
que j'aime mieux présentement que tout le monde. Voilà un
vrai lieu pour l'humeur où je suis: il y a des heures et des
allées qui sont devenues *l'humeur de ma mère,* dont la sainte
horreur n'est interrompue que par les horribles galanteries
de nos cerfs, et je me trouve bien de cette solitude.[37]

But there are other, less attractive, ways to ease pain. She
sometimes took to ruffling her cousin Bussy's feelings when she
found her own too distressing. Once, for example, when her
daughter was preparing to return home after a long stay in Paris,
Madame de Sévigné reminded Bussy how unhappy and unfortunate he was in his involuntary exile from court.

[35] A Madame de Grignan, 27 septembre 1684 (III, 17).
[36] A Madame de Grignan, 7 juin 1671 (I, 305).
[37] A Madame de Grignan, 4 octobre 1679 (II, 461).

J'admire toujours les jeux et les arrangements de la Providence. Elle veut ... qu'un comte de Bussy, l'aîné de sa maison, avec beaucoup de valeur, d'esprit et de services, même avec la plus brillante charge de la guerre, soit le plus malheureux homme de la cour de France.[38]

That last remark must have stung Bussy, who enjoyed pointing out his advantages over men more unfortunate than he (like Vardes, who was refused Bussy's privilege of making an occasional trip to Paris). And even in his Burgundy exile, Bussy liked to imagine himself envied by some of the agitated, penniless sycophants of Versailles, who had neither his wit nor his "philosophic tranquility." In the next paragraph of her letter, Madame de Sévigné's real preoccupations are glimpsed. It was not Bussy who brought out the Alceste in her.

Je suis bien triste, mon cher cousin: notre chère comtesse de Provence, que vous aimez tant, s'en va dans huit jours ... je ne veux plus de Paris sans elle, je suis en colère contre le monde entier, je m'en vais me jeter dans un désert.

Another time, in 1684, business affairs took her to Brittany and away from Paris, where her daughter was busy salvaging the Grignan title in countless legal disputes. The year was burdened with depressions sometimes discharged on Bussy. Almost twenty years after the family quarrel and reconciliation which had followed the publication of his offensive *Histoire amoureuse des Gaules,* she reminded her cousin of his infamous portrait of her, contrasting it with the "blind" praises he heaped upon her in his genealogical history of the Rabutins. Further on in that same letter, she disclosed the hurt feelings which meant more in her life that day than the thought of Bussy's portrait, long ago denounced by both cousins:

Je crois voir ma fille avant qu'elle retourne en Provence, où il me paroît qu'elle veut passer l'hiver. Ainsi, nos affaires

[38] 22 septembre 1688 (III, 205).

nous auront cruellement dérangées: la Providence le veut
ainsi ... .[39]

And how often did wit provide an outlet for her feelings?
While her humor was more impish than cruel, there were
moments when she released anger or hurt in a whiplash of
satire. Bussy was only one object; there were many others. Most
favored as butts of her ill humor were her daughter's "enemies"
like the Bishop of Marseilles, Monsieur de Grignan's distinguished
rival for political hegemony in Provence. Since his name was
Monsieur de Forbin-Janson, she pilloried his family as "les
Fourbins" and his tactics as "fourbineries." Madame de Marans,
a Paris sophisticate, suffered as well from the Marquise's outbursts of aggression in the form of jibes and lampoons. The lady's
unpardonable offense was to have spread unkind rumors about
Madame de Grignan's interest in her brother-in-law, Charles-
Philippe de Grignan.

Madame de Sévigné's emotions usually told her what to see
and what to think. Despite the awe of reason characteristic of
her day and her own particular awe of Madame de Grignan's
fashionable rationalism, the Marquise never really accepted the
superiority of the "esprit de géométrie." The intellect as a rival
of the heart seemed to her pale, colorless, and sterile.

> ... Quoi que vous ayez voulu dire autrefois à la louange de
> l'esprit qui veut le [i.e., le coeur] contrefaire, il manque, il
> se trompe, il bronche à tout moment: ses allures ne sont point
> égales, et les gens éclairés par leur coeur n'y sauroient être
> trompés.[40]

Perhaps it is because she was among these "gens éclairés par
leur coeur" that her perceptions seem always so fresh, direct,
and immediate. One of her recent biographers, Auguste Bailly,

[39] 22 juillet 1685 (III, 96).
[40] A Madame de Grignan, 17 juin 1685 (III, 79).

has remarked that it is hard to find a less metaphysical mind.[41] He might have added that she substituted metaphor for metaphysics. For whenever she dabbled in abstractions, it was only to concretize or anthropomorphize them. Thus death to her was someone dying; Providence, a hand striking in the mysterious future; places she loved, human personalities; [42] difficulties and obstacles, "de grosses pierres." [43]

Once she confessed to her daughter, who passed for a good Cartesian:

> Il me faudra toujours quelque petite histoire; car je suis grossière comme votre frère: les choses abstraites vous sont naturelles, et nous sont contraires.[44]

But apparently they were less "contraires" even to Charles de Sévigné than to his mother, for with games like chess, which depend on abstract reasoning, she alone in the family professed incapacity.

> ... Ma bonne, je suis folle de ce jeu, et je donnerois bien de l'argent pour le savoir seulement comme mon fils et comme vous; c'est le plus beau jeu et le plus raisonnable de tous les jeux; le hasard n'y a point de part; on se blâme et l'on se remercie, on a son bonheur dans sa tête. Corbinelli me veut persuader que j'y jouerai; il trouve que j'ai de petites pensées;

---

[41] *Madame de Sévigné* (Paris: Arthème Fayard, 1955), p. 292.

[42] Note, for example, this passage: "Je comprends mieux que personne du monde les sortes d'attachements qu'on a pour des choses insensibles, et par conséquent ingrates; mes folies pour Livry en sont de belles marques." A Madame de Grignan, 18 octobre 1688 (III, 220).

[43] A Madame de Grignan, 30 mai 1672 (I, 558).

[44] A Madame de Grignan, 9 juin 1680 (II, 737). Perhaps this explains a curious remark made by the philosophically minded Joseph de Maistre in a letter dated 23 July 1813: "Si j'avais à choisir entre la mère et la fille, j'épouserais la fille, et puis je partirais pour recevoir les lettres de l'autre. ... Par le recueil seulement des lettres de la mère, lues comme on doit lire, la supériorité de la fille sur la mère (dans tout ce qu'il y a de plus essentiel) me paraît prouvée à l'évidence." *Lettres et opuscules inédits du comte Joseph de Maistre, précédés d'une notice biographique par son fils le comte Rodolphe de Maistre* (Paris: A. Vaton, 1851), I, 228.

mais je ne vois point de trois ou quatre coups ce qui ar-
rivera.[45]

What she excelled in was perceiving and evoking concrete,
picturesque details, gestures, colorful and humorous minutiae
of everyday life.[46] And in a generalizing age, this meant swim-
ming against the current. If her descriptions are less elaborate
and subtle than those of more modern writers, they nonetheless
stand out in seventeenth-century literature. She saw in nature
distinctions and variations glossed over by many of her contemporaries; one can feel in her letters that trees differ, that to
look at "un charme" is an experience apart from that of looking
at "un chêne" or "un hêtre." She even professed to perceive varied
shades of gold in the autumn leaves. And her letters are stocked
with gossip and anecdotes about people and places, not analyses
of them. With the help of a few vivid details she was able to
place scenes compellingly before the eyes, clean and free of ex-
planations. Antoine Adam has singled out this trait as the original
contribution of her genius.[47]

Her descriptions are not only direct and qualitative, they are
also intensely personal. Nevertheless she has come to be known
as the "journalist" of the Splendid Century, and a notably ob-
jective one when compared to Saint-Simon. This praise, if it is
praise, she does not deserve; she was as passionately involved in
what she saw and heard as he. And the charm of her narrations

[45] A Madame de Grignan, 7 février 1680 (II, 600).
[46] Madame de Sévigné's taste for details was so renowned in her circle
that eight years after her death Coulanges spoke of it in a letter (dated 26
août 1704) to Madame d'Huxelles. "Mais n'est-il pas temps pour vous
obéir, comme vous me paroissez du goust de feu vostre pauvre amie Mme
de Sévigné qui vouloit des détails, et qui les baptisoit du nom de stile
d'amitié ... ." Cited by Edouard de Barthélémy in *La Marquise d'Huxelles
et ses amis* (Paris: Firmin-Didot, 1881), pp. 235–36.
[47] "Ce qui est neuf chez elle, ce qui en son siècle, est unique, c'est que
dans ses récits et dans ses descriptions elle s'adresse directement à notre
imagination et donne, non pas l'explication, mais l'impression toute vive
et directe des choses." *Histoire de la littérature française au XVIIᵉ siècle*,
IV, 155.

resides in their imaginativeness and warmth rather than in their accuracy. One reads Madame de Sévigné first for herself and then for the atmosphere of history, not for its details.

But to come to her most famous instance of "reporting," how unobjective are the letters in which she described Fouquet's trial! Far from seeking to learn the facts of Fouquet's conduct, she was partial to the point of blindness. According to her, only blackguards opposed Fouquet; even God sided with him (as was proved by the plaster with which Madame Fouquet "miraculously" cured the ailing Queen). When Olivier Lefèvre d'Ormesson, *rapporteur* in the case, made his speech in favor of leniency, Madame de Sévigné described it as "un chef-d'oeuvre." D'Ormesson's own journal, however, betrays him as rather more distinguished for probity than prose. The *rapporteur's* "camarade très indigne," Sainte-Hélène, spoke after him and took up the whole matter "pauvrement et misérablement": he, of course, wanted Fouquet's head. For the prosecution the key figure was the Chancellor Séguier, coached on the sidelines by Colbert's friends. Madame de Sévigné painted him as a doddering, drowsy panjandrum, who away from court became a slippery Tartuffe.

Furthermore, when Fouquet was forced to defend himself on dangerous grounds, the Marquise shifted from her characteristic hyperbole to euphemism:

> On l'a interrogé sur les octrois: il a été très-mal attaqué, et il s'est très-bien défendu. Ce n'est pas, entre nous, que ce ne soit un des endroits de son affaire le plus glissant.[48]

She must have been "éclairée par son coeur." What other source of information can she have had, since she never attended the trial, nor was she willing to bear the company of anyone who rejected her view of it?[49]

---

[48] A M. de Pomponne, 20 novembre 1664 (I, 124).

[49] "... Je ne puis voir ni souffrir que les gens avec qui j'en puis parler, et qui sont dans les mêmes sentiments que moi." A. M. de Pomponne, 9 décembre 1664 (I, 135).

Issues and events were seldom abstractions to her: they were people. What concerned her in Fouquet's trial was Fouquet himself, not the political conclusions one might draw from his downfall. In like manner, the wars inspired by Louis XIV's aggressive foreign policy stirred her deeply—not because of any principles of pacificism or humanitarianism, but because some of her friends and loved ones were involved. She did not hesitate to admit it.[50]

To give another example, when the English rid themselves of King James II for his son-in-law from Holland, that "Attila," with his "Tullia" of a wife, Madame de Sévigné immediately took sides. Learning that William of Orange had been wounded, but not seriously, she wrote a wrathful "news release" in the following *engagé* manner: "Pour le prince d'Orange, il n'a pas été à mon pouvoir de rendre sa blessure mortelle." [51] Though a good enough royalist, she seemed as rankled by the new King's violation of family loyalty as she was by his violation of the Divine Right principle. For she saw him as a man rather than as a symbol. And what seems to have impressed her most favorably at this point in the conduct of Louis XIV was his grand gesture in receiving the downcast James II and clasping his own armor on the breast of the deposed English King. It was a perfect scene for a novel! [52]

In religion, as in politics, her attitude was subjective and

[50] "J'ai souvent des nouvelles de mon pauvre enfant. La guerre me déplaît fort, pour lui premièrement, et puis pour les autres que j'aime." A Madame de Grignan, 9 mars 1672 (I, 494). "Ces grandes nouvelles donnent toujours beaucoup d'émotion aux intéressés, ou qui ont peur de l'être. ... J'ai encore deux ou trois jeunes gens à qui je prends intérêt. Jusqu'à ce que j'aie démêlé ce qu'ils sont devenus, le coeur me bat un peu, et puis je n'ai plus que la pitié générale pour tous ceux qui ont péri à cette bataille." Au Comte de Bussy-Rabutin, 12 juillet 1690 (III, 751).

[51] A Madame de Grignan, 27 août 1690 (III, 767–68).

[52] "Et lui disant adieu, il dit au Roi, en riant, qu'il n'avoit oublié qu'une chose, c'étoit des armes pour sa personne: le Roi lui a donné les siennes; nos romans ne faisoient rien de plus galant. Que ne fera point ce roi brave et malheureux avec ces armes toujours victorieuses? Le voilà donc avec le casque, la cuirasse de Renaud, d'Amadis, et de tous nos paladins les plus célèbres ... ." A Madame de Grignan, 28 février 1689 (III, 360).

partisan. As she grew older, her Jansenism grew stronger and more insular.[53] She began to adopt all the sympathies and antipathies of the party. Aside from the Jesuits (whom she lampooned whenever possible), the people the Jansenists most despised were the Calvinists (probably because they themselves were accused of being the Calvinists of the Catholic Church). Hence her attitude toward the Revocation of the Edict of Nantes, which she called a high point in Louis XIV's reign, is quite comprehensible. How fine that after those good missionaries, the dragoons, had done their converting, Bourdaloue would clean up the Huguenots with his sermons![54] Madame de Sévigné found it difficult to be cruel in the presence of suffering, but she could be cruelly biased when not faced with it. Nor did she spare her Protestant friend, the Princesse de Tarente, from unkind remarks.[55] But respect for inimical views was hardly to be expected of one so emotionally convinced of the unassailable truth of her opinions.

Her allegiance to people, as to causes, was heated and intense —so much so that it blinded her to any defects in those she loved. Fouquet is but one case; Retz is another egregious example. A cavalier cardinal, he flirted with treason, dreamed of being a

---

[53] Note for example, her description of the way she read the Bible. Anything which contradicted Augustinian exegesis, she disregarded. "Je trouve mille passages sur ce ton, je les entends tous; et quand je vois le contraire, je dis: c'est qu'ils ont voulu parler communément; ... et je me tiens à cette première et grande vérité ... ." A Madame de Grignan, 14 juillet 1680 (II, 779).

[54] See her letter to Bussy-Rabutin, 28 octobre 1685 (III, 114).

[55] See the article by L. Brunel, "Note sur un passage de Madame de Sévigné," *Revue d'histoire littéraire de la France*, VIII (juillet–septembre 1901), 357–76. "Mais par une inconséquence que notre conscience moderne s'explique malaisément, elle qui s'indigne de la persécution religieuse quand ses 'frères' jansénistes y sont en butte, ne paraît pas soupçonner que les protestants, en pareil cas, méritent également compassion et respect. ... Mais ses plaisanteries ont ici quelquechose de méprisant et d'acrimonieux, ce qui de sa part n'est pas l'ordinaire" (p. 370). Brunel refers particularly to her remarks (in a letter dated 13 novembre 1675: I, 911) comparing the sermon of Madame de Tarente's minister with that of Arlequin in the Italian theater, preaching a funeral oration for Scaramouche.

seventeenth-century Catiline, negotiated with Jansenists, rebel generals, dissident princes, for his personal advantage, and was quite ready to abandon them all for a different type of flirtation. Yet her letters paint him as a hero of virtue. Retz was a cousin of her husband, and the Sévignés followed his lead in the Fronde. After Retz's disgrace and Monsieur de Sévigné's death, the Marquise continued as a supporter and ardent admirer of the beleaguered Cardinal. No word of reproach for him is to be found anywhere in her correspondence—nothing but a warm, demonstrative affection.[56] As an enthusiastic defender of Retz's late religious "conversion" (which many contemporaries found hard to swallow), she had a difficult task on her hands, especially when Retz chose, during his Paris trip of 1678, to reside at the town house of his ostentaciously undevout niece, Madame de Lesdiguières. But, as Madame de Sévigné explained so carefully to Monsieur de Guitaut (28 avril) and to Bussy (27 juin), the Cardinal was perfectly capable of continuing his severe religious observances in that disturbing environment.

Corbinelli, a *bel esprit* and one of her life-long friends, seems to have benefited similarly from uncritical admiration. An article by Georges Mongrédien, tracing the speckled career of this philosopher-adventurer (who was at one time Madame de Sévigné's reader), draws the conclusion that Corbinelli's outstanding trait was opportunism.[57] She saw him quite otherwise. Her esteem for his motives and intellect never wavered, even when he was attacked by her daughter, or when both her chil-

---

[56] It must not be thought that because Madame de Sévigné praised La Rochefoucauld's percipient portrait of Retz (19 juin 1675), she really saw through the Cardinal. André Bertière, in an article "Le portrait de Retz par La Rochefoucauld," *Revue d'histoire littéraire de la France,* LIX (juillet–septembre 1959), 313–41, has shown that the portrait Madame de Sévigné praised was not the unindulgent one we now read. She was pleased because the document in her hands contained some tempered eulogies penned by a previously hostile opponent of Retz.

[57] "Un ami de Madame de Sévigné, Jean Corbinelli," *Mercure de France,* CCCIV (octobre 1948), 222–35.

dren mocked him for his odd theological meanderings as a "mystique du diable."

But all this is trivial when compared with the indulgence she showed her daughter. Need it be said that she was incapable of criticizing Madame de Grignan? Even when her daughter offended her deepest feelings, Madame de Sévigné was unable to say so. Her first grandchild, Marie-Blanche, whom the Marquise had lovingly tended as an infant, was dispatched to a convent at the age of five without even the pretense of a vocation. Pauline de Grignan was threatened with the same fate, yet no reproach was forthcoming from her grandmother, only a gentle pleading: "aimez, aimez Pauline." When Monsieur de Grignan's daughter by an earlier marriage contracted this same religious urge, signing away her dowry to her father and stepmother before entering a convent, Madame de Sévigné was transported with admiration for this "unsolicited" sacrifice.[58]

And despite all those letters depicting the Grignan ruin, which Madame de Sévigné pointedly attributed to her son-in-law's prodigality,[59] contemporary testimony indicates that Madame de Grignan, far from being the self-sacrificing martyr her mother painted, contributed unstintingly to the Grignan debts. She was even caught violating an edict against sumptuous display.[60]

---

[58] Not so Bussy—witness his ironic letter (dated 18 janvier 1687) "Vous m'avez fait un fort grand plaisir, ma chère cousine, de m'apprendre le soin qu'a eu la belle Madelonne d'inspirer de nobles sentiments à l'aînée de ses belles filles, et l'heureux succès de ses peines. Je ne m'en étonne pas, car lui peut-on refuser quelque chose?" *Correspondance de Roger de Rabutin, Comte de Bussy, avec sa famille et ses amis,* ed. Ludovic Lalanne (6 vols.; nouv. éd. rev.; Paris: Charpentier, 1858–59), VI, 24.

[59] Note, for example: "Je ne sais comme sont faites les autres sortes d'amitiés que l'on a pour vous; on vous étouffe, on vous opprime et on crie à la dépense, et c'est eux qui la font!" A Madame de Grignan, 4 avril 1689 (III, 409).

[60] Note this passage from a letter written to Bussy by Madame de Seneville and quoted in the GEF ed. of *Lettres de Madame de Sévigné ... ,* V, 435: "Je ne saurois fermer ma lettre sans vous dire que votre belle cousine de Grignan, étant ces jours passés au Petit-Saint-Antoine, toute couverte d'or et d'argent, malgré l'étroite défense et la plus exactement

Madame de Grignan's generosity, however, did not extend to her opinions about her mother's friends (like Retz, Corbinelli, and even Madame de La Fayette), whom she satirized with total disregard for Madame de Sévigné's feelings. The Marquise swallowed it all and, unable to show any hostility toward her daughter, continued extolling Madame de Grignan's unparalleled filial devotion.

Emotionalism shows through Madame de Sévigné's attitude not only toward people and events but also toward art. She was a woman of strong enthusiasms and craved the kind of aesthetic experiences which arouse and excite the sensibilities. Music, for example, had a special role in her life; it fulfilled an insistent need. ("J'ai été tantôt chez Ytier, j'avois besoin de musique ... .") [61] She sang passionate Italian arias by Luigi Rossi not only in Paris salons, but even when alone in her woods, though she thought herself a bit mad for doing so. She was an assiduous concert-goer along with her friend Madame de La Fayette, whose emotions were equally, if less demonstrably, stirred on such occasions.[62] They listened together for hours to the voices of Mademoiselle Hilaire and Mademoiselle Raymond, to the instrumental concerts of Le Camus and Ytier, and the Lully-Quinault operas which never failed to move Madame de Sévigné to tears. At the Abbey of Livry, the retreat she so loved, particularly in its Lenten austerity, one of her joys was to hear plaintive Tenebrae sung with devotion.[63] And when her daughter described a brilliant Provençal procession, Madame de Sévigné participated in imagi-

---

observée que jamais, essuya la réprimande et les menaces d'un commissaire, qui en étonna tout le monde ... ."

[61] A Madame de Grignan, 15 avril 1671 (I, 259). Ytier was a noted violist of the period.

[62] "On joue jeudi l'opéra, qui est un prodige de beauté: il y a déjà des endroits de la musique qui ont mérité mes larmes; je ne suis pas seule à ne les pouvoir soutenir; l'âme de Mme de La Fayette en est alarmée." (The reference is to Lully's *Alceste*.) A Madame de Grignan, 8 janvier 1674 (I, 674).

[63] A Madame de Grignan, 24 mars 1671 (I, 237).

nation, confiding how much the mere sound of martial music excited her:

> ... Que je comprends la beauté de cette marche, mêlée d'une musique et d'un bruit militaire qui n'auroit jamais manqué de me faire venir les larmes aux yeux, car mon coeur se dilate en certaines occasions ... .[64]

The dance seemed to have much the same effect on her. At Vichy, the Brittany Estates, and on her occasional visits to court, she found herself so "sensible à la parfaite bonne grâce" that her eyes would redden from the experience of it, and her heart expand with pleasure. The grace of young gypsy dancers penetrated her sensibilities. Once when she wished to praise her daughter's letters, she could find no more expressive compliment than to compare Madame de Grignan's style of writing to the style of the famous Faure when he danced.[65] Doubtless the effect on her finely attuned senses was very similar.

But literature, of all the arts, best satisfied her appetite for emotional experience. She read voraciously and with enthusiastic abandon, immersing herself in her books so completely that from the tone of her conversation, one could guess what author she was reading. "Vous savez que je suis toujours un peu entêtée de mes lectures," she admitted. "Ceux à qui je parle ou à qui j'écris ont intérêt que je lise de bons livres." [66] She was particularly sensitive to poetry; no genre of literature is quoted more often in her letters, and the verses of Théophile, Saint-Amant, Racan, Philippe Habert, came naturally to her lips.

In fiction, despite repeated efforts to resist, she was drawn magnetically to the type of works Maurice Magendie labeled "pré-romantiques" in his scholarly study of the seventeenth-century novel.[67] She adored those multivolumed tales of ad-

[64] A Madame de Grignan, 22 juin 1689 (III, 462–63).
[65] A Madame de Grignan, 6 mai 1676 (II, 89).
[66] A Madame de Grignan, 7 octobre 1671 (I, 398).
[67] *Le roman français au XVIIe siècle de l'Astrée au Grand Cyrus* (Paris: E. Droz, 1932).

venture which exalt the sensibilities and portray heroes desperately enamoured and improbably valorous. *Polexandre, Cléopâtre,* and *Cassandre* are typical of the genre; Oronte, the hero
of the last mentioned work, to give an example of the breed,
showed the prodigious extent of his sensitiveness by leaning up
against a tree and bathing its bark in tears from the top to the
very bottom. Here is Madame de Sévigné's explanation of the
fascination such works and characters held for her:

> Je songe quelquefois d'où vient la folie que j'ai pour ces
> sottises-là; j'ai peine à le comprendre. Vous vous souvenez
> peut-être assez de moi pour savoir que je suis assez blessée
> des méchants styles; j'ai quelque lumière pour les bons, et
> personne n'est plus touchée que moi des charmes de l'élo-
> quence. Le style de La Calprenède est maudit en mille
> endroits ... . Je trouve donc qu'il est détestable, et je ne laisse
> pas de m'y prendre comme à de la glu. La beauté des senti-
> ments, la violence des passions, la grandeur des événements,
> et le succès miraculeux de leur redoutable épée, tout cela
> m'entraîne comme une petite fille ... .[68]

Corneille thrilled her in much the same way, though with him
she had the consolation of magnificent poetry. She loved the
élan, the panache, and fervor of his theater and his *tirades* "qui
font frissonner." [69] Apparently she judged sermons on somewhat
similar grounds. For those religious orators who afforded excitement and drama were the ones she sought out. She quite forgave
Bourdaloue for being a Jesuit because he, perhaps more than all
the others, stirred her feelings.

> ... Il m'a souvent ôté la respiration par l'extrême attention
> avec laquelle on est pendu à la force et à la justesse de ses
> discours, et je ne respirois que quand il lui plaisoit de les
> finir, pour en recommencer un autre de la même beauté.[70]

[68] A Madame de Grignan, 12 juillet 1671 (I, 332).
[69] A Madame de Grignan, 16 mars 1672 (I, 498).
[70] Au Président de Moulceau, 3 avril 1686 (III, 120).

Things bizarre, irrational, and violent may fascinate an emotional person, stimulating as they do strange and powerful sensations. Madame de Sévigné's irresistible enthusiasm for cloak-and-dagger literature has already betrayed how appetizing she found extraverted displays of violent emotion and violent action. She belonged to the pre-Louis XIV generation, sharing its "unclassical" proclivity for spectacle, shock, and drama. This taste was fed by friends like d'Harouys who, for her benefit, recounted the assassination, at a crowded, noisy ball of a man dressed beyond recognition in the clothes of a woman. With Bussy, she discussed crude incidents like the one befalling Bartet, Mazarin's secretary. As a punishment for insulting the Duc de Candale, Bartet was cuffed about and had his hair shaved off in public view on the streets of Paris. Madame de Sévigné called the incident "bien imaginé." [71]

Executions she narrated with gusto, though her information was generally second or third hand.[72] She eagerly solicited the gory details, as well as stories of sorcery and witchcraft. She asked her daughter, for instance, for details of the "sorcelleries de Mme de Rus," a Provençal conjurer who so moved the Marquise's imagination that she dreamed of the witch at night.[73] Furthermore, when Madame de Grignan wrote of going to see a little girl struck dead by lightning, her mother commented: "J'aurois bien été de cette partie: j'aime toutes les choses extraordinaires ... ." [74]

Some of the companions Madame de Sévigné sought out were original to the point of eccentricity. As an example, the Marquis

[71] Au Comte de Bussy-Rabutin, 19 juillet 1655 (I, 109).
[72] Note, for example, her recital of the death of the Comte de Frangipani in Vienna: "Ce Frangipani se trouva si incapable de supporter la mort en public, qu'il le fallut traîner au supplice. Il se défendit contre le bourreau; il en fallut quatre pour le tenir; enfin ils en vinrent à bout, à force de le charcuter." A Madame de Grignan, 7 juin 1671 (I, 303).
[73] A Madame de Grignan, 17 mai 1676 (II, 97) and 17 janvier 1680 (II, 568).
[74] A Madame de Grignan, 26 août 1677 (II, 338).

de Pomenars can be cited. She jokingly accused him of needing two heads. As a seducer and counterfeiter constantly pursued by the authorities, he would never manage with one, she surmised. Her imagination was struck by Pomenars' adventures. He often visited her at Les Rochers, where they laughed together for hours.

As she grew older, she succeeded in renouncing the novels of La Calprenède and even *Amadis de Gaule*. But the need for adventure and excitement persisted; she satisfied it with historical works. Among late seventeenth-century readers, Middle Eastern settings and tales were much in vogue. Madame de Sévigné enthusiastically indulged in histories of cruel, bloodthirsty viziers, harem intrigues, and the like.[75] She also read Josephus' *Histoire des Juifs* (translated by Arnauld d'Andilly) and accounts of explorations in then strange, exotic lands, to whet her imagination.[76] And despite her scorn for the Jesuit Maimbourg's literary and theological style, she loved reading his *Histoire des croisades*, delightedly picking out her friends from Tasso's militant epic, *Jerusalem Delivered*.[77] Civil wars, conspiracies, military and church conflicts, were especially to her taste.

Even in natural scenery she displayed a taste for dramatic and awesome sights, though her contemporaries valued, almost tyranically, *mesure* and order. The snow-covered mountains of Provence, in their "excès d'horreur" made her wish daily for a

[75] Note, for example, her reference to *Histoire des grands vizirs Mahomet Coprogli et Achmet Coprogli pacha* (15 mai 1676: II, 95; 4 juin 1676: II, 112; and especially 5 août 1676: II, 163—when she told Madame de Grignan, who had been persuaded to read the book: "Je vous prie de ne pas demeurer à ces têtes coupées sur la table ... .").

[76] In a letter dated 1 avril 1672 (II, 507), Madame de Sévigné mentioned her pleasure at reading "la découverte des Indes par Christophe Colomb, qui me divertit au dernier point"; and 5 janvier 1676 (II, 14) she spoke of her "plaisir extraordinaire" when she read Herrera's *Gestes des Castillans dans les îles et terres fermes de la mer Océane, de l'an 1402 à l'an 1554.*

[77] A Madame de Grignan, 17 septembre 1675 (I, 855).

painter to capture their frightening magnificence.[78] More exciting yet were the great claps of thunder to be heard from the
Grignan Château.

> Vos tonnerres sont bons à Grignan: ils ont un éclat et une
> majesté au-dessus de tous les autres. Lucien n'auroit pas osé
> appeler ce foudre un vain épouvantail de chènevière: c'est
> un Jupiter tonnant, comme du temps de Sémélé ... .[79]

This hunger for high-pitched emotions reached its most extreme expression in her love for her daughter. Why did she fix
so passionately on Madame de Grignan? The answer can only be
guessed at. But what defies doubt is the nature of the emotions
Madame de Sévigné described. Love is really a mild word for it;
she was obsessed. She was as much a slave of her feelings, as
exigent and starved for emotion, as Racine's characters for whom
she felt so little sympathy. To quote from Virginia Woolf:

> She loves her as an elderly man loves a young mistress who
> tortures him. It was a passion that was twisted and morbid;
> it caused her many humiliations; sometimes it made her
> ashamed of herself.[80]

This description of Madame de Sévigné's abject dependency
does not exaggerate for effect. She herself once jokingly hit upon
the image of old Don Quixote, poignant and ludicrous in his
lonely Sierra Morena, where he pined for an imaginary Dulcinea
del Toboso—hardly a common parallel for maternal affection.[81]
But there are more disturbing references to this theme of
servitude and dependence. During the long, flat stretches when

---

[78] A Coulanges, 3 février 1695 (III, 877).
[79] A Madame de Grignan, 26 août 1677 (II, 339).
[80] *Death of the Moth*, p. 52.
[81] "J'aime mieux être dans mes bois, et m'ennuyer, que d'être ici à traîner
misérablement ma vie, sans elle, de maison en maison. Comprenez-vous
cette fantaisie? Il y a un peu du don Quichotte dans la Sierra Morena."
Au Comte de Guitaut, 30 mars 1683 (II, 931).

she lived apart from her daughter, Madame de Sévigné described herself as feeling nude and empty: "Pour moi, il me semble que je suis toute nue, qu'on m'a dépouillée de tout ce qui me rendoit aimable."[82] And six years after this declaration the same vocabulary appears: "... Je me trouve toute nue, toute seule, de ne vous avoir plus."[83] Once she remarked that without the thought of her daughter ever present in her consciousness, she would be like a wax figure, hollow and void at the center—so vital was her love to her life.[84] "C'est ma vie, c'est mon âme que votre amitié," she explained.[85] Indeed this passion absorbed her so completely that she experienced it as consubstantial with her being, with her own identity.

> ... La tendresse que j'ai pour vous, ma chère bonne, me semble mêlée avec mon sang, et confondue dans la moelle de mes os; elle est devenue moi-même, je le sens comme je le dis.[86]

And each separation from her daughter seemed a sharp, deep, indeed a physical, blow. According to Madame de Sévigné's description, it was as if her very flesh had been torn asunder. Persistently she resorted to images of internal physical damage.

> ... Il me sembloit qu'on m'arrachoit le coeur et l'âme ... .[87]

> ... Il semble que mon coeur veuille se fendre par la moitié ... .[88]

> ... Cette séparation me fait une douleur au coeur et à l'âme, que je sens comme un mal du corps.[89]

[82] A Madame de Grignan, 11 février 1671 (I, 194–95).
[83] A Madame de Grignan, 11 juin 1677 (II, 265).
[84] A Madame de Grignan, 8 avril 1671 (I, 252).
[85] A Madame de Grignan, 31 mai 1671 (I, 301).
[86] A Madame de Grignan, 8 novembre 1680 (II, 892). Note also: "Vous savez avec quelle passion je vous aime, et quelle inclination j'ai eue toute ma vie pour vous: tout ce qui peut m'avoir rendue haïssable venoit de ce fonds; il est en vous de me rendre la vie heureuse ou malheureuse." A Madame de Grignan, 25 octobre 1671 (I, 409).
[87] A Madame de Grignan, 6 février 1671 (I, 189).
[88] A Madame de Grignan, 9 février 1671 (I, 191).
[89] A Madame de Grignan, 18 février 1671 (I, 201).

Ce que je souffris, est une chose à part dans ma vie, qui ne reçoit nulle comparaison; ce qui s'appelle déchirer, couper, déplacer, arracher le coeur d'une pauvre créature, c'est ce qu'on me fit ce jour-là: je vous le dis sans exagération.[90]

Curiously and yet inevitably, the weeks which followed Madame de Grignan's departure took on the bleak character of mourning. For it is not enough to say that Madame de Sévigné was saddened, or afflicted, or melancholic. In truth, what she experienced transcends such words: it can be likened to nothing but mourning. How else can one describe her urge to recoil from life, her loss of interest in society and in all others, her lonely retreats to the woods and to convents where, racked by grief, she could weep in solitude.[91] Only Madame de La Fayette's company seemed bearable after Madame de Grignan's first departure, because Madame de La Fayette was ill and saddened by the recent death of a relative. ("... Elle étoit comme je la pouvois désirer.")[92] Madame de Sévigné herself thought of suicide after that first separation.

Je me fais peur quand je pense combien alors j'étois capable de me jeter par la fenêtre, car je suis folle quelquefois ... .[93]

And once when their difficulties seemed insurmountable, when Madame de Grignan's health proved incompatible with her

[90] A Madame de Grignan, 18 mai 1671 (I, 294).
[91] "Je n'ai voulu aller encore que chez Mme de La Fayette. On s'empresse fort de me chercher, et de me vouloir prendre, et je crains cela comme la mort," 6 février 1671 (I, 190). "Je suis entièrement incapable de voir beaucoup de monde ensemble; cela viendra peut-être, mais il n'est pas venu." 9 février (I, 192). "Je n'ose plus voir le monde, et quoi qu'on ait fait pour m'y remettre, j'ai passé tous ces jours-ci comme un loup-garou, ne pouvant faire autrement. Peu de gens sont dignes de comprendre ce que je sens; j'ai cherché ceux qui sont de ce petit nombre, et j'ai évité les autres." 11 février 1671 (I, 195).
[92] A Madame de Grignan, 6 février 1671 (I, 189).
[93] A Madame de Grignan, 3 mars 1671 (I, 213).

mother's presence, Madame de Sévigné wrote to her daughter a
frightened admonition, swollen with pathos:

> Il faut penser, ma bonne, à se guérir l'esprit et le corps; ...
> si vous ne prenez cette résolution, on vous fera un régime et
> une nécessité de ne me jamais voir; je ne sais si ce remède
> seroit bon pour vos inquiétudes. Pour moi, je vous assure qu'il
> seroit indubitable pour finir ma vie.[94]

If Madame de Grignan's absence was linked in her mother's
mind to emptiness and death, reunion symbolized for Madame
de Sévigné her own rebirth. In an arresting passage, dated 13
December 1676, she wrote:

> ... Vous arriverez précisément le plus court jour de l'année, et
> par conséquent vous nous ramenez le soleil. J'ai vu une devise
> qui me conviendroit assez: c'est un arbre sec et comme mort,
> et autour ces paroles: *Fin che sol ritorni.*[95]

She clung desperately to this deep source of feeling, this passion which more than anything else gave her the sensation of
what it is to be intensely alive. Her need became so imperative
that she gave over her life to its satisfaction and to all the suffering and humiliation her passion brought her.

> ... Je vivrai pour vous aimer, et j'abandonne ma vie à cette
> occupation, et à toute la joie et à toute la douleur, à tous les
> agréments et à toutes les mortelles inquiétudes, et enfin à
> tous les sentiments que cette passion me pourra donner.[96]

[94] A Madame de Grignan, 16 juin 1677 (II, 269).
[95] A Madame de Grignan (II, 259). Note also one of Madame de Sévigné's
letters from Vichy, the watering place where she went to recover from her
very first serious illness: "... Si je puis vous revoir, ma chère bonne, et vous
embrasser encore d'un coeur comblé de tendresse et de joie, vous pourrez
peut-être m'appeler encore votre *bellissima madre* ... . Enfin, ma bonne, il
dépendra de vous de me ressusciter de cette manière. Je ne vous dis point
que votre absence ait causé mon mal ... mais il est vrai que de passer ma
vie sans vous voir y jette une tristesse et une amertume à quoi je ne puis
m'accoutumer." A Madame de Grignan, 28 mai 1676 (II, 106).
[96] A Madame de Grignan, 6 mai 1671 (I, 283). This dependency is reflected as well in the tone that at times pervades Madame de Sévigné's

Love can be a magnifying glass. It exposes the weak spots: needs, fears, vulnerabilities. And the way one loves is perhaps the most revealing expression of what is deepest in one's nature. When Madame de Sévigné described herself, she was faithful and honest: "un coeur trop sensible, un tempérament trop vif et une sagesse fort médiocre," was her way of summing up.[97] If she erred in this brief profile, it was not by overstatement.

---

letters. It is as if the roles had been reversed, and Madame de Sévigné were the child, dependent, helpless, gazing fascinated at a superior adult, from whom she constantly demands the reassurances of a life-giving affection. "J'ai été un peu fâchée de ne vous point voir prendre possession de cette chambre dès le matin, me questionner, m'épiloguer, m'examiner, me gouverner, et me secourir à la moindre apparence de vapeur. Ah! ma chère enfant, que tout cela est doux et aimable! que j'ai soupiré tristement de ne plus recevoir ces marques si naturelles de votre amitié! et ce café que vous prenez, et cette toilette qui arrive, et votre compagnie du matin, qui vous cherche et qui vous suit, et contre laquelle mon rideau me sert de cloison." A Madame de Grignan, 5 novembre 1688 (III, 236). Note also: "... Réglez, ordonnez, commandez; car ma fantaisie et ma sorte d'amitié, c'est d'aimer cent fois mieux votre volonté que la mienne et de me trouver toujours toute disposée à suivre vos desseins." 4 ou 11 juin 1674? (I, 711). Her wish, as she expressed it, was to be so tied to her daughter's life that she would ever be "dependent" on Madame de Grignan's plans: "Je vous aime d'une telle manière que mon coeur n'est plein que de vous, et toute ma vie se règle sur cette unique chose, et tout y a rapport, et rien ne se résout et ne se range que dans cette vue .... Je veux être dépendante toute ma vie de vos desseins et de vos arrangements: je vous mets devant toutes choses." 28 février 1680 (II, 621).

[97] A Madame de Grignan, 14 juillet 1680 (II, 776).

CHAPTER III

An Active Disposition

EVER SINCE the Romantics it has been difficult to couple words like "robust" or "energetic" with "emotional." Somehow strong emotions are supposed to immobilize or debilitate the character, make one draw back from life. But it is just as sensible that they should excite the urge to do and to involve oneself, particularly if one takes pleasure in doing. Madame de Sévigné, emotional as she was, had a bent for action.

Yet she never set her cap for notoriety. She chose Paris rather than the court as a residence and, unlike Madame de La Sablière or Madame de Maintenon, had no significant role in the intellectual or political life of her times. She neither intended nor pretended to be a writer. Had Madame de Grignan remained in Paris, Madame de Sévigné would never have enjoyed her present fame.

And yet she stands out in seventeenth-century society as vigorously active. For activeness is a function of one's attitude toward doing rather than what one does. Bustle, impatience, decisiveness, persistence, variety of activity—all have more to say about this matter than aspirations, or perhaps even achievements. A genuinely active person may accomplish little of note, but he wants to act, even if it is merely for the sake of action.

Madame de Sévigné's conduct of life testifies to her active disposition. Though easily moved, ruffled, and wounded, she was no passive victim of events. And she had neither a happy nor an easy time of it. Her father died when she was but a year-and-a-half old; her mother, when she was seven. Gérard-Gailly accords her a happy childhood despite these deaths and those of her devoted Coulanges grandparents. He has shown that she was brought up, not at Livry by her uncle the Abbot (as tradition would have it), but in the cheerful, affectionate Coulanges household in Paris and at Sucy-en-Brie. If he has rejected the legend of her lonely childhood and adolescence, he has not proved, however, that the untimely death of her closest relatives left her untouched.[1] On the contrary, the fact that she lost her mother so early in life may be one of the keys to Madame de Sévigné's desperate attachment to her own daughter.

When she was twenty-five, she was again robbed by death, this time of her husband, whom, at least according to Conrart and Tallemant, she had loved very deeply. Left with two small children to raise and introduce into society, she had a difficult time. Henri de Sévigné had made sure of that by depleting their fortune and shaming their name with debts and dissipation. Retz, the sole member of their family of any influence, was incapable of offering assistance. A year after his cousin's death he was thrown into prison, from which he escaped only to begin years of peripatetic exile abroad. Bussy was always in trouble, hardly a man to turn to.

Alone, except for her uncle, the Abbot of Livry, she disengaged her children's inheritance from law suits and debts, improved the family holdings, and, like Madame de La Fayette, cultivated

---

[1] Marie de Coulanges, Madame de Sévigné's mother, died on 20 August 1633. Philippe-Emmanuel de Coulanges was born three days later on August 23. In his interesting *L'enfance et la jeunesse heureuse de Madame de Sévigné* (Paris: Editions Spes, 1926), Gérard-Gailly "imagines" that the excitement of her cousin's birth minimized Madame de Sévigné's grief over her mother's death. "Est-ce manquer à Mme de Sévigné que d'imaginer qu'elle était trop jeune pour ressentir longuement le malheur qui la frappait, puisque ce malheur ne modifiait rien à ses jours?" (p. 61.) To answer a question with a question, can one refute a legend, as Gérard-Gailly is so anxious to do, merely by speculating that it is not true?

the indispensable friends without whom her children could not have made their way in aristocratic society.[2] Saint-Simon writes of her contribution to Charles de Sévigné's career: "Elle l'avoit fort mis dans le monde et dans la meilleure compagnie." [3] Bussy, too, described most admiringly his cousin's successes in his *Histoire généalogique de la maison de Rabutin.*

> Par sa bonne conduite (je n'entends pas parler ici de ses moeurs, je veux dire par sa bonne administration), elle augmenta son bien, ne laissant pas de faire la dépense d'une personne de qualité; de sorte qu'elle donna un grand mariage à sa fille, et lui fit épouser François Adhémar de Monteil. ... Marie de Rabutin acheta encore à son fils la charge de guidon des gendarmes de M. le Dauphin.[4]

Indeed, she continued her years of effort for Charles by hunting down prospective brides, which was no slight task, for Charles grew enormously fickle and fell in and out of love with disturbing rapidity.

Yet another witness is Madeleine de Scudéry who, writing in 1657, claimed to be rather awed by the enterprising practicality with which Madame de Sévigné handled her affairs.

> Ce qu'il y a encore de merveilleux en cette personne, c'est qu'en l'âge où elle est, elle songe aux affaires de sa maison aussi prudemment que si elle avoit toute l'expérience que le temps peut donner à un esprit fort éclairé ... .[5]

Perhaps Madame de Sévigné has not always been credited with the courage and resourcefulness she repeatedly displayed.

[2] That Madame de Sévigné played an active role in her business affairs is clear from many passages. Note this one: "Je conclus aujourd'hui toutes mes affaires. ... J'ai pourtant assuré quatorze mille francs, et fait un nouveau bail sans rabaisser. Voilà tout ce que j'avois à faire, et j'ai l'honneur d'avoir trouvé des expédients, que le bon esprit de l'abbé ne trouvoit pas." A Madame de Grignan, 21 octobre 1673 (I, 615).

[3] *Mémoires*, XXIII, 360–61.

[4] Quoted in *Lettres de Madame de Sévigné* ... (GEF), I, 324.

[5] *Ibid.*, p. 320.

But it is nonetheless true that she made the best of a life darkened by separations and deaths. Without her sanguine, pragmatic attitude and her characteristic optimism, so hard to squelch, she could not have done so much so gracefully.[6]

Usually one considers a taste, or more precisely a need, for physical activity, the expression of an inner urge. While this is not inevitably true (for example, physical activity can compensate for some felt defect), it happens to be true for Madame de Sévigné. Her taste for action expressed itself quite early in a penchant for vigorous physical exercise. She once reminisced about her youthful hunting expeditions with the Chancellor Séguier's daughter, the Duchesse de Sully, one of those *frondeuse* "amazons" who liked to work off energy on horseback in pursuit of a swift-running stag.[7] The Grande Mademoiselle mentions in her *Mémoires* that Madame de Sévigné made a trip to Saint-Fargeau in 1655, where the diversion was often vigorous sport.[8] As she grew older, Madame de Sévigné became an avid hiker. She tramped tirelessly, full days at a time, in the forests of Livry or Les Rochers, avoiding the "boredom of chairs." [9] Sedentary life

[6] Chateaubriand, among others, was negatively impressed by this side of her character. He believed Madame de Sévigné's affection for Retz to have been motivated by concern that his succession fall to his "niece" Madame de Grignan. "Légère d'esprit, inimitable de talent, positive de conduite, calculée dans ses affaires, elle ne perdait de vue aucun intérêt ... ." *Vie de Rancé*, ed. Fernand Letessier (Paris: Marcel Didier, 1955), p. 167.

[7] "Je suis étonnée d'apprendre que vous avez M. de Chattes. Il est vrai que j'ai été trois jours avec lui à Savigny [Walckenaer says in 1648]: ... . S'il vous conte ce qui m'arriva à Savigny, il vous dira que j'eus le derrière fort écorché d'avoir couru un cerf avec Mme de Sully ... ." A Madame de Grignan, 6 septembre, 1671 (I, 376).

[8] *Mémoires de Mademoiselle de Montpensier, fille de Gaston d'Orléans, frère de Louis XIII*, Vol. *XXVIII of Nouvelle collection des mémoires relatifs à l'histoire de France depuis le 13ᵉ siècle jusqu'à la fin du 18ᵉ siècle*, eds. Michaud et J. J. F. Poujoulat (Paris: Didier et cie, 1854), p. 188.

[9] "L'été Saint-Martin continue, et mes promenades sont fort longues: comme je ne sais point l'usage d'une grande chaise, je repose ma *corporea salma* [fardeau corporel] tout du long de ces allées. J'y passe des jours toute seule ... et je m'accommode mieux de ma solitude que de l'ennui d'une chaise." A Madame de Grignan, 13 novembre 1675 (I, 909–10).

in Paris made her restless; only frequent excursions to the surrounding countryside could revive her flagging spirits.[10] For she wrote off as nothing the hours she regularly spent strolling at Vincennes and in the various gardens of Paris; what she demanded was real exercise. At the age of sixty-three, however, she confessed that a change had at last taken place. She had learned, at least in inclement weather, to stay indoors: "... Voilà sur quoi je ne suis plus la même; car autrefois c'étoit un sot voeu de sortir tous les jours." [11] And this was written from Les Rochers where heavy rains were frequent.

In an era when so many aristocrats whiled away their time gambling or twiddled their thumbs in the antechambers of Louis XIV's ministers, Madame de Sévigné busied herself with extensive readings, a prodigious correspondence, business affairs, gardening, traveling, embroidery, social obligations, and daily church attendance. She even dabbled in litigation, which was such a passion among seventeenth-century aristocrats.[12]

Les Rochers offered a special outlet for her energies. There she initiated extensive programs to embellish the estate.[13] Her trips to Brittany were made expressly as economy measures: she was to spend nothing, conserve her revenues, and live off the foodstuffs regularly supplied by her peasant farmers. Despite these well-wrought plans, she itched to be doing something and ended up spending goodly sums on landscape gardens, parks

[10] Excursions to Livry, Sucy, Baville (home of the Lamoignon family), Brévannes (summer house of Madame de Coulanges), for example.

[11] A Madame de Grignan, 8 janvier 1690 (III, 645).

[12] Besides her active role in the legal affairs of the Grignan family, Madame de Sévigné herself had litigation against Madame d'Ourouer to attend to early in her marriage, according to Oliver Lefèvre d'Ormesson's *Journal* (Vol. IX[1] and IX[2] of *Collection de documents inédits sur l'histoire de France*, ed. A. Cheruel; Paris: Imprimerie Impériale, 1860) and her letter of 16 mars 1689 (III, 385), and after her husband's death she brought proceedings to keep her children's inheritance intact.

[13] These are described in some detail by J. Lemoine and H. Bourde de la Rogerie in *Madame de Sévigné aux Rochers: le livre de comptes de l'abbé Rahuel (1669–1676)*, (Rennes: J. Plihon, 1930).

and walks. Her role was never that of a mere onlooker. She was proud to be in the thick of things with her "chers ouvriers"; certainly she talked about it often enough.

> Cependant j'ai dix ou douze charpentiers en l'air, qui lèvent ma charpente, qui courent sur les solives, qui ne tiennent à rien, qui sont à tout moment sur le point de se rompre le cou, *qui me font mal au dos à force de leur aider d'en bas.* ... Nous avons aussi des planteurs qui font des allées nouvelles, et dont *je tiens moi-même les arbres,* quand il ne pleut pas à verse ... .[14] [Italics mine.]

In 1690, when the property belonged to Madame de Sévigné's son Charles, she was just as excited about working with Pilois, Les Rochers' gardener and jack-of-all-trades, as she had been in her youth.

> Il y a longtemps, ma bonne, que je connois la passion de faire travailler, car c'en est une: je me suis éveillée cent fois ici, dès cinq heures du matin, pendant que nous faisions faire ces grandes allées, en songeant que mes ouvriers alloient travailler, que j'avois des tombereaux, des brouettes, que l'on planteroit, qu'on dresseroit des terres. ... Je ne puis pas tenir encore ici, quand ce ne seroit que de faire gratter une allée, mettre une grille de fer; enfin les mains me démangent toujours ... .[15]

Traveling, in the seventeenth century, could be tiresome, difficult, even hazardous. Coaches were always getting stuck in the mud; reckless drivers overturned their passengers with numbing frequency. The roads were sorely neglected; few were wide enough for the traffic and seldom, under the *ancien régime's* system of *corvées,* were they kept in decent repair. Despite the

---

[14] A Madame de Grignan, 4 novembre 1671 (I, 414). Note also: "Je ne sais pas, ma bonne, ce que vous avez fait ce matin; pour moi, je me suis mise dans la rosée jusqu'à mi-jambes pour prendre des alignements." (28 octobre 1671, I, 410).

[15] A Madame de Grignan, 30 juillet 1690 (III, 760).

myriad inconveniences, Madame de Sévigné did not hesitate to travel often and far. She went to Brittany at least sixteen times.[16] She also traveled in Burgundy [17] and Normandy; made trips for her health to Vichy and Bourbon l'Archambault and, of course, visited her daughter.[18] Nor did a visit to the South of France mean continuous residence at the Château de Grignan, but rather a series of excursions to Montpellier, Aix for the winters, Lambesc for the *Assemblée des Communautés,* and diplomatic visits to the hated Bishop Forbin-Janson at Marseilles.[19]

When Madame de Sévigné was almost sixty-five (considered a very advanced age in the seventeenth century), she took a three-week trip her friends deemed "un voyage d'outremer,"

---

[16] (1) Fall of 1644: according to the *Journal d'Olivier Lefèvre d'Ormesson,* IX[1], 231.

(2) 1646: see verse letter of Bussy-Rabutin and Pierre Lenet sent in March to Monsieur and Madame de Sévigné.

(3) 1648: see her letter to Bussy, 15 mars 1648 (I, 99), announcing the birth of Charles.

(4) 1651: her husband had taken her to Brittany so that he might have more elbow room for his love affairs in Paris. N.b., Conrart, p. 593: "Il l'avoit menée depuis peu en Basse-Bretagne où est son bien, et faisoit état de l'y laisser long-temps."

(5)-(7) 1652, 1654, and 1656: see her letters to Ménage.

(8) 1658: according to the *Mémoires de M. de Coulanges,* ed. Monmerqué (Paris: J. J. Blaise, 1820), pp. 49–50.

(9) 1661: see her letters to Ménage and M. de Pomponne.

(10) 1665: see *Journal d'Olivier Lefèvre d'Ormesson,* entry date 12 août 1665, IX[2], 467.

(11) 1666: according to A. Bourdeaut, "Madame de Sévigné au pays nantais," *Mémoires de la société d'histoire et d'archéologie de Bretagne,* VII (1926), 250. "Mme de Sévigné consentit, le 26 août 1666, a être marraine des enfants de ses deux gérants. La cérémonie eut lieu à Saint-Denis de Nantes ... ."

(12)-(16) 1671, 1675, 1680, 1684, 1689: see her letters to Madame de Grignan.

[17] As has been established by Madeleine Hérard in *Madame de Sévigné: Demoiselle de Bourgogne* (Dijon: by the author, 1959), especially pp. 69–72, Madame de Sévigné was in Burgundy at least five times: 1656, 1664, 1672, 1673, 1677 and probably once or twice more with her husband before his death in 1651.

[18] Three trips: July 1672, October 1690, May 1694.

[19] She went alone with M. de Grignan on several occasions: Montpellier (October 1672), Lambesc (December 1672), Marseilles (January 1673).

traveling by litter from Vitré in Brittany all the way to the Château de Grignan. On the day of her arrival in Lyons (where she rested before embarking on the last lap of the journey), she wrote her daughter that she was not in the least bit tired and could readily dispense with any rest at all.

Je me porte si parfaitement bien, que j'en suis surprise moi-même; je ne suis point du tout fatiguée, et je ne souhaite que de m'embarquer samedi et dimanche.

.   .   .   .

Pour moi, si j'étois maîtresse, je partirois demain, ... mais on me gouverne ... .[20]

Her manner of traveling was characteristic. Resourceful and brimming with life, she made the best of tedium and inconveniences. In 1680, the old Abbé de Coulanges accompanied her; they traveled peacefully together down the Loire. Madame de Sévigné had their carriage placed so that they might enjoy a panoramic view and managed to lighten her uncle's discomfort with a few surprising "commodités," as she informed the Comte de Guitaut.

... J'avois soin de lui faire porter une petite cave pleine du meilleur vin vieux de notre Bourgogne; il prenoit cette boisson avec beaucoup de patience, et quand il avoit bu, nous disions: "Le pauvre homme!" car j'avois aussi trouvé l'invention de lui faire manger du potage et du bouilli chaud, dans le bâteau.[21]

Seldom was she without a book in her hands, especially when her companion was the Abbot who, while an excellent business manager and a kindly uncle, had little flair for conversation.[22]

[20] A Madame de Grignan, 19 octobre 1690 (III, 779).
[21] 18 mai 1680 (II, 706–7). Madame de Sévigné is, of course, quoting Molière.
[22] "... Je me trouve fort bien d'être une substance qui pense et qui lit; sans cela notre bon abbé m'amuseroit peu: vous savez qu'il est fort occupé *des beaux yeux de sa cassette;* mais pendant qu'il la regarde et la visite

If Charles de Sévigné or the family's philosopher, l'Abbé La Mousse, had come along, they all read aloud to each other favorite poems and plays. Often she would leave her carriage for a brisk walk alongside it; she compared herself in her need for regular, energetic activity to Monsieur's second wife, famed among contemporaries for an almost masculine vigor.[23]

Madame de Sévigné prided herself on knowing how to handle the boredom which frequently threatens a life of leisure—varied activities simultaneously pursued.

> ... On va loin sans mourir d'ennui, pourvu qu'on se donne des occupations, et qu'on ne perde point courage. Le beau temps a remis tous mes ouvriers en campagne, cela me divertit. Quand j'ai du monde, je travaille à ce beau parement d'autel, que vous m'avez vu traîner à Paris. Quand je suis seule, je lis, j'écris, je suis en affaires dans le cabinet de notre abbé.[24]

To her, boredom and inactivity were "deux vilaines bêtes"[25] to the eradication of which she bent her considerable resources. On the first of December 1675, alone at Les Rochers, she informed her daughter how occupied reading alone kept her. In the morning there was a history of France,[26] after dinner Nicole's *Essais, La vie de Saint Thomas de Cantorbéry,* or Maimbourg's *Histoire de l'hérésie des Iconoclastes.* In the evening, she read by candlelight whatever had large enough print not to strain her eyes. At Livry the following fall, she was reading, at one and the same time, a book by her friend Arnauld d'Andilly (probably

---

de tous côtés, le cardinal Commendon me tient une très-bonne compagnie." (The reference is to Fléchier's *La vie du cardinal Commendon.*) A Madame de Grignan, 11 septembre 1675 (I, 850).

[23] "Enfin, ma chère bonne, me voilà par voie et par chemin, par le plus beau temps du monde. Je fais fort bien une lieue ou deux à pied aussi bien que Madame." A Madame de Grignan, 13 décembre 1671 (I, 429).

[24] A Madame de Grignan, 28 juin 1671 (I, 321).

[25] A Madame de Grignan, 14 décembre 1689 (III, 619).

[26] Gérard-Gailly suggests Mézeray's as likely.

L'histoire de l'Ancien Testament); Sander's *Le schisme d'Angle-terre;* and "des livres de furies"—all the polemical opuscules exchanged by those warring linguists Bouhours and Ménage.[27]

Nor was this ambitious program easily abandoned. Madame de Sévigné had a reputation in the family as a finisher-off of books, which was not to say a little in those days when novels stretched out like accordions. Once her daughter got tired of Tacitus and forsook Germanicus in the swamps of Germany. Her mother proclaimed the discovery of a new reason for them to be reunited: "J'achève tous les livres, et vous les commencez; cela s'ajusteroit fort bien si nous étions ensemble ... ."[28]

Her correspondence was enormous; far greater than even those portions of it that have come to light would suggest. At Les Rochers in April 1690, she made a list of those people to whom she regularly wrote, leaving out business letters, letters to her servants in Paris, to lawyers and officials, to members of the family, like Mademoiselle de Méri and Bussy, and the spate of complimentary notes required of a woman in her social position. The list included: Madame de Grignan; her lifelong friends Madame de Lavardin, Madame de La Fayette, Madame de Mouci, Madame d'Uxelles, Madame de La Troche, Madame de Vins (Pomponne's sister-in-law); l'Abbé Bigorre (her "gazette"); Monsieur and Madame de Coulanges and the Duke and Duchess de Chaulnes (four separate letters since the Duke was in Rome with Monsieur de Coulanges for the papal election and their wives had stayed behind in Paris). Of course this is a much reduced list, for many of her closest friends were dead by 1690 (La Rochefoucauld, Retz, the Comte de Guitaut, d'Hacqueville, for example). Fortunately she was a facile writer, even to the point of prolixity, able to translate her thoughts rapidly into

---

[27] A Madame de Grignan, 16 septembre 1676 (II, 201). Four years later (25 septembre 1680) she was reading in Brittany: Corneille, Boileau, Sarasin, Voiture, Plutarch, Nicole's *Préjugés contre les calvinistes,* a Protestant minister's answer to this last book, and the *Koran.*
[28] A Madame de Grignan, 8 juillet 1671 (I, 329–30).

words and images. Her creative imagination was "always on tap."

When she felt a need to relax after a day of visiting, news collecting, reading, churchgoing, arranging matters at the Hôtel Carnavalet, and two hours of writing business and family letters, she looked forward to the refreshment of writing a voluminous letter to her daughter.

> Me voilà plantée au coin de mon feu; une petite table devant moi, labourant depuis deux heures mes lettres d'affaires de Bretagne; une lettre à mon fils, ... et puis je me vais délasser et rafraîchir la tête à écrire à ma chère fille.[29]

Many of Madame de Sévigné's characteristic reactions, views, and tastes may be ascribed to her active disposition. She had little patience for sedentary habits and languorous manners, even when they were displayed by Madame de Grignan.

> Vous me paroissez dans une négligence qui m'afflige; il est vrai que vous ne demandez que des prétextes; c'est votre goût naturel; mais moi, qui vous ai toujours grondée là-dessus, je vous gronde encore.[30]

And she hated unpunctuality and irresolution. Madame de Grignan, on the contrary, found decisions difficult; she wavered endlessly from one alternative to its opposite. Madame de Sévigné philosophized:

> C'est une grande vérité, ma bonne, que l'incertitude ôte la liberté. Si vous étiez contrainte, vous seriez toute détermi-

---

[29] A Madame de Grignan, 15 décembre 1688 (III, 275). A change of activity was her way of relaxing. Hence, after all her worry and news-hunting while her grandson was being introduced to war at Philippsburg, Madame de Sévigné looked forward to a stay at Brévannes: "... C'est en faisant de l'exercice que je reposerai mon corps et mon esprit de tout ce que j'ai souffert, et pour vous, et pour votre enfant." A Madame de Grignan, 10 novembre 1688 (III, 241).

[30] A Madame de Grignan, 4 mars 1672 (I, 488). Note also: "Soyez bien paresseuse avant que j'arrive, afin que vous n'ayez plus aucune paresse dans le corps quand j'arriverai. Il est vrai que nos humeurs sont un peu opposées ... ." A Madame de Grignan, 8 juillet 1672 (I, 586).

née: vous ne seriez point suspendue comme le tombeau de
Mahomet ... . Pour moi, vous avez vu que je décide comme
un concile ... .[31]

Nor did she, like her daughter, permit a painful interlude to
elapse between a decision and its execution. When Madame de
Sévigné made up her mind to do something, she launched into
it impatiently.

Obstacles seemed to her a valuable test of one's mettle. Once,
speaking of the young Blanchefort, son of the late Maréchal de
Créquy and member of a house whose fortunes seemed totally
ruined, she commented: "... Il fera peut-être une aussi grande
fortune que ses pères, se voyant présentement à la hauteur de
tous les autres. Rien, à mon avis, n'est meilleur pour être honnête
homme, que d'avoir à recommencer une fortune toute entière." [32]
Her heroes in life, history, and fiction were of this type, undaunted by fate or difficulties. Indeed she criticized Tacitus'
Germanicus as "trop sage et trop politique." "Je vois des héros
qui ne sont pas si prudents, et dont les grands succès font approuver la témérité," she wrote.[33]

What Madame de Sévigné most admired was character in
action, the rapid reversal of situations, intense surprises, *coups
de théâtre*—these satisfied her mobile sensibility. She could understand that one might be swept along to feats of valor by the
fever of the moment; but an unimpetuous bravery, forewarned
of risks and perils: this was incomprehensible.

Vous ne m'expliquez que trop bien vos périls [in a recent
trip]. Je ne les comprends pas, c'est-à-dire je ne comprends
pas comme on s'y peut exposer. J'aimerois mieux aller à
l'occasion: j'affronterois plus aisément la mort dans la chaleur
du combat, avec l'émulation des autres et le bruit des

[31] A Madame de Grignan, 4 novembre 1676 (II, 241–42).
[32] Au Comte de Bussy-Rabutin, 25 avril 1687 (III, 156).
[33] A Madame de Grignan, 8 juillet 1671 (I, 329).

trompettes, que de voir de grosses vagues me marchander et me mettre à loisir à deux doigts de ma perte ... .[34]

Even her frequent reverie was not a refuge from action. She would moralize on political and family events; reflect upon her daughter's illnesses and the remedies she might take; dream up expedients helpful to the Grignan affairs. Most important of all, she busied herself devising ways to facilitate a reunion with her daughter. Madame de Grignan assured her that just thinking of those you love makes them present.[35] Despite her powerfully evocative imagination, Madame de Sévigné refused this "spiritual" solution:

> L'ennuyeuse chose que d'être si peu spirituelle, que de ne pouvoir pas faire un pas sans son corps! Vous m'allez dire que l'esprit fait assez de chemin, et qu'on pense, et que c'est toute la même chose. Oh! non, ma belle, cela est bien différent, et je ne serai point contente, que mon corps et mon âme ensemble n'aient le plaisir de vous voir.[36]

As soon as she had recovered from one separation, she would set about planning the next reunion, arranging residences suitable for the Grignan family, or persuading the omnipresent Abbé de Coulanges to consider a trip south.

When Madame de Sévigné suffered her first serious illness, an attack of rheumatism, in the winter of 1676, her reaction to this curtailment of her activity proved typical. She laughed at her new-found delicacy and contrasted it with her natural manner.

> Au reste, si vous m'aviez vue faire la malade et la délicate dans ma robe de chambre, dans ma grande chaise, avec des

---

[34] A Madame et A Monsieur de Grignan, 2 juin 1672 (I, 561).

[35] Madame de Grignan would have subscribed to Proust's sentiment: L'absence n'est-elle pas pour qui aime la plus certaine, la plus efficace, la plus vivace, la plus indestructible, la plus fidèle des présences?" "Confession d'une jeune fille," *Les plaisirs et les jours* (35ème éd. Paris: Gallimard, 1924), p. 142.

[36] A Madame de Grignan, 14 août 1680 (II, 816).

oreillers, et coiffée de nuit, de bonne foi vous ne recon-
noîtriez pas cette personne qui se coiffoit en toupet, qui
mettoit son busc entre sa chair et sa chemise, et qui ne
s'asseyoit que sur la pointe des sièges pliants: voilà sur quoi
je suis changée.[37]

The previous January she had analyzed her case with less humor
and more superlatives:

... Jamais une femme n'a été plus humiliée, ni plus traitée
contre son tempérament. ... Je suis impatiente, ma fille, et je
ne comprends pas comment on peut vivre sans pieds, sans
jambes, sans jarrets et sans mains.[38]

Charles, who took care of his mother during this seizure, described to his sister the full extent of Madame de Sévigné's impatience; she was ready to be hobbling about at the first sign of
relief.[39] And to seek that relief, she was prepared to demand advice of every doctor with any reputation, in any part of France.
Indeed one of the matters of dispute in their family was Madame
de Grignan's relative reluctance to pursue medical advice. Madame de Sévigné could not understand such passivity and patience: she herself was always trying things. Useless as they might
prove, at least she had the consolation of her own activity.

... J'avoue ma foiblesse, et combien je m'accommode mal des
moindres maux; si j'étois en votre place, j'aurois obéi ponctuel-
lement à La Rouvière; j'essayerois mille petits remèdes
inutiles pour en trouver un bon; et mon impatience et mon
peu de vertu me feroient une occupation continuelle de
l'espérance d'une guérison.[40]

[37] A Madame de Grignan, 22 mars 1676 (II, 59).
[38] A Madame de Grignan, 27 janvier 1676 (II, 30–31).
[39] "Ma mère croyoit que du moment qu'elle n'auroit plus de douleurs,
elle pourroit aller à cloche-pied: elle est un peu attrapée de s'en voir si
éloignée. Tout ira bien, pourvu que l'impatience ne fasse point de mauvais
effet." A Madame de Grignan, 31 janvier 1676 (II, 33).
[40] A Madame de Grignan, 21 août 1680 (II, 823).

Madame de Sévigné envisaged love the same way she envisaged illness—"une occupation continuelle." [41] Once she wrote
that a sure mark of her affection was the desire she felt to write
to her daughter twelve times a day.[42] The strange thing is that
Madame de Sévigné meant it. Love accelerated her activity; it
gave her new reasons and new ways to deploy her energies. She
traveled about Paris giving her daughter's messages and regards
to Grignan relatives and friends, important political figures, and
all the Provençal dignitaries visiting the capital.[43] With the Comte
de Grignan's brothers and his uncle, the Bishop of Uzès, she
plotted diplomatic strategy and made forays to court. An inde-
fatigable visitor of her amiable friend, the Foreign Minister
Pomponne, she also reached the Louvois-Le Tellier family
through their niece, Madame de Coulanges. Her son-in-law
called her his ambassador to Paris and with good reason.[44] In
her daughter's behalf, Madame de Sévigné ran eternal errands,
picking out, personally, trinkets, furniture, and articles of cloth-
ing—which she would not have wasted her time on had the items
been for herself.[45] "Pourvu que vous ayez intérêt à quelque chose,"

---

[41] Note for example: "Être avec lui [Retz] et faire quelque chose pour
vous, voilà ce qui m'est uniquement bon. Son Eminence a été ce matin chez
un de vos présidents, et moi chez l'autre et chez deux juges: ce seroit à
moi à vous remercier de me donner les moyens de vous être bonne; cela
seul me peut contenter." A Madame de Grignan, 29 mai 1675 (I, 724).

[42] A Madame de Grignan, 30 décembre 1671 (I, 442).

[43] Note for example: "J'ai été faire des compliments pour vous à l'hôtel
de Rambouillet; on vous en rend mille. Mme de Montausier est au désespoir
de ne vous pouvoir venir voir. J'ai été chez Mme du Puy-du-Fou [second
mother-in-law of Grignan]; j'ai été pour la troisième fois chez Mme de
Maillanes. Je me fais rire en observant le plaisir que j'ai de faire toutes
ces choses." A Madame de Grignan, 13 mars 1671 (I, 222–23).

[44] Note: "... M. Le Camus me vint voir. Je lui fis voir ce qu'il avoit à dire
sur les soins, le zèle et l'application de M. de Grignan pour faire réussir l'affaire
de Sa Majesté. M. de Lavardin vint aussi, qui m'assuroit qu'il m'en rendroit
compte en bon lieu avant la fin du jour. ... Le soir, j'allai chez Monsieur
d'Uzès, ... nous parlâmes fort de vos affaires. A Madame de Grignan, 25
décembre 1671 (I, 439).

[45] "Nous vous achèterons une très-belle robe de chambre; vous n'avez
qu'à ordonner: j'ai entrepris de vous ôter tous les embarras de l'arrivée, et

she wrote to Madame de Grignan, "elle est digne de mes soins. Je n'ai pas tant d'amitié pour moi, Dieu m'en garde." [46] Indeed, she was constantly demanding "commissions." She even developed architectural talents when her daughter's apartment at the Hôtel Carnavalet was being renovated:

> ... J'y donne mon avis la première; je ne suis pas si sotte que vous pensez, quand il est question de vous. Il y a des histoires qui nous content de plus grands miracles; et pourquoi certaines amitiés cèderoient-elles à *l'autre?* ainsi je deviens architecte.[47]

Madame de Sévigné's emotions were a fuel. When she acted, it was with a special verve and energy unemotional people seldom display. And it was not simply the force of external circumstances or even ambition which drove her to act. The impulse to do was natural and intrinsic to her; it stamped her every gesture with dynamic vitality; it expressed itself in all her attitudes, her tastes —and even in the way she showed her love.

---

que vous soyez le lendemain comme les autres sont après quinze jours ... ."
À Madame de Grignan, 2 février 1674 (I, 702).

[46] À Madame de Grignan, 13 mai 1671 (I, 290).

[47] À Madame de Grignan, 1 mai 1680 (II, 683).

CHAPTER IV

A "Primaire" Tempo

MANY MODERN CRITICS feel a temptation to write about Madame de Sévigné as if she were still alive. Virginia Woolf, for example, remarked in her essay on Madame de Sévigné that using the present tense seemed natural.[1] Edward FitzGerald, a curious Victorian devotee of the Marquise (best known for his translation of the *Rubáiyát of Omar Khayyám*), voiced a similar opinion when he exclaimed in one of his letters: "The fine Creature! much more alive to me than most Friends."[2] And Lytton Strachey, in his *Portraits in Miniature,* wrote: "Madame de Sévigné was one of those chosen beings in whom the forces of life are so abundant and so glorious that they overflow in every direction and invest whatever they meet with the virtue of their own vitality."[3]

What makes Madame de Sévigné seem, even now, unquenchably alive? What fosters this illusion of living in her presence which has haunted readers for almost three centuries? A trick of the pen? The natural expression of her personality in her letters?

[1] *Death of the Moth,* p. 54.

[2] *Letters of Edward FitzGerald,* ed. J. M. Cohen (Carbondale, Illinois: Southern Illinois University Press, 1960), to Mrs. Kremble, April 1876, p. 209. FitzGerald spent his last years making a list of the *dramatis personae* of Madame de Sévigné's letters which, after his death, was published as a *Dictionary of Madame de Sévigné,* ed. Mary Eleanor FitzGerald Kerrich (2 vols.; London: Macmillan & Co., Ltd., 1914).

[3] *Portraits in Miniature and Other Essays* (New York: Harcourt Brace & Co., 1931), p. 50.

Virginia Woolf suggested an answer when she described with what zest Madame de Sévigné threw herself into the immediate moment:

> She is free . . . to explore; to enjoy, to plunge this way and that; to enter wholeheartedly into the myriad humors, pleasures, oddities and savours of her well nourished, prosperous, delightful present moment.[4]

It is true, of course, that letter writers (and especially inveterate letter writers) are usually caught up in current realities, and extract from them every last nuance. But Madame de Sévigné draws special notice by the extraordinary value she set on immediate experience, reaching out for the here and the now as if it alone were real and everything else insignificant. Compared to the moment being lived, there was no past; nor could she think of the future: they faded and disappeared from her consciousness.

When, for example, Madame de Grignan reached Provence in 1671 and sent her mother an account of the perils she had weathered in crossing the Rhone River for the first time, Madame de Sévigné responded not to the fact that the crossing was long passed, nor to the knowledge that her sentiments would appear ridiculous by the time her letter reached the Château de Grignan, but exclusively to the fright which startled her nerves at that very instant.

> Je sais bien qu'il est passé. Mais il est impossible de se représenter votre vie si proche de sa fin, sans frémir d'horreur. ... Ma bonne, je ne soutiens pas cette pensée, j'en frissonne, et m'en suis réveillée avec des sursauts dont je ne suis pas la maîtresse. ... Cette lettre vous paroîtra bien ridicule; vous la recevrez dans un temps où vous ne songerez plus au pont d'Avignon. Mais j'y pense, moi, présentement![5]

---

[4] *Death of the Moth*, p. 55.
[5] A Madame de Grignan, 3 mars 1671 (I, 214–15).

Such a lament runs through her correspondence like a leitmotif. For letters sometimes spent two weeks or more on the way (particularly from Brittany to Provence). When they arrived, their contents jangled amidst new fears and hopes. While this disheartened her, she saw no alternative.

> Je serai satisfaite sur toutes ces questions avant que vous receviez cette lettre; mais il est impossible de ne pas dire ce que l'on pense dans le moment qu'on écrit, quoiqu'on en connoisse l'inutilité.[6]

French characterologists, or to be more precise, those influenced by the work of Otto Gross,[7] consider such absorption in the present, such attentiveness to the moment as it is being lived, a distinguishing feature of personality, which they call "primarité." In their view, some people ("secondaires") live under the influence of the past and future; others ("primaires") turn their thoughts, their feelings, their lives toward the moment. This (according to Gross and his successors) is because sensations and impressions passing through the mind of a "primaire" exhaust their effect at once, or while still in the conscious mind; in the consciousness of a "secondaire," however, impressions go on resonating for a very long time.

Carl Jung, in studying psychological types, has gone on to link "primarité" with extraversion—a turning outward toward the given (since the past and future are entirely interior). Here is his description of a "primaire," couched in the technical parlance of psychologists:

---

[6] A Madame de Grignan, 25 juin 1677 (II, 278). Note also: "C'est le malheur des commerces si éloignés: toutes les réponses paraissent rentrées de pique noire; il faut s'y résoudre ... la contrainte seroit trop grande d'étouffer toutes ses pensées. Il faut entrer dans l'état naturel où l'on est, en répondant à une chose qui vous tient au coeur: résolvez-vous donc à m'excuser souvent." A Madame de Grignan, 3 mars 1671 (I, 215).

[7] Particularly his *Die cerebrale Sekundarfunction.* See René Le Senne, *Traité de caractérologie* (5ème éd., Paris: Presses Universitaires de France, 1957), pp. 87–88.

The psychological picture, in such a case, would show a constant and rapidly renewed readiness for action and reaction, hence a kind of capacity for deviation, a tendency to a superficiality of associative connections, a certain incoherence, therefore, in so far as significance is expected of the association. On the other hand, many new themata crowd up in the unit of time, though not at all deeply engaged or clearly focused, so that heterogeneous ideas of varying values appear. . . .[8]

Among the many critics interested in Madame de Sévigné, by far the largest group has described her in terms reminiscent of Jung's "primaire." They emphasize, in particular, her rapid tempo of life and the disparate, incompatible ideas and images which arrest her attention and then succeed one another without visible transition. To cite a few prominent examples:

Le Baron de Walckenaer: Ce qui étonne le plus dans Madame de Sévigné c'est cette nature vive, passionnée, flexible, variable, apte à recevoir les impressions les plus opposées, à s'en laisser alternativement dominer.[9]

Jean-Baptiste Antoine Suard: Ce qui la distingue particulièrement, c'est cette sensibilité momentanée, qui s'émeut de tout, se répand sur tout, reçoit avec une rapidité extrême différents genres d'impressions.[10]

Gabriel Brunet: ... Si je voulais parler des caractères qu'on pourrait dire essentiels dans le cas de Mme de Sévigné ... ce que je mettrais en vedette, c'est d'abord un rythme de vie. Rapidité, vivacité de toutes les opérations de l'esprit, passage brusque, sans transition, d'un état spirituel à un autre. D'où cette impression d'une vie intérieure en mue per-

---

[8] Carl Gustav Jung, *Psychological Types or The Psychology of Individuation,* trans. H. Godwin Baynes (London: Routledge & Kegan Paul, Ltd., 1953), p. 339.
[9] *Mémoires ... ,* IV, 6.
[10] *Mélanges de littérature* (Paris: Dentu, 1803), III, p. 234–35.

pétuelle, en vifs changements, et cela par bonds, sans états intermédiaires.[11]

Madame de Sévigné's contemporaries, as well, talked about this side of her personality. Somaize, in his *Grand dictionnaire historique des prétieuses*, eulogized: "Elle a une promptitude d'esprit la plus grande du monde à connoistre les choses et à en juger." [12] Bussy described querulously the obverse side of the coin:

... Dites-nous, s'il vous plaît, ce que c'est que madame de Sévigny, car je n'ai vu jamais deux personnes s'accorder sur son sujet.

—C'est la définir en peu de mots que ce que vous dites là, répondit Bussy: on ne s'accorde point sur son sujet parce qu'elle est inégale, et qu'une seule personne n'est pas assez long-temps bien avec elle pour remarquer le changement de son humeur ... .[13]

Living in the moment means, of course, perpetual metamorphosis. As sensations and impressions change and flicker past, the "primaire," fully attuned, changes with them. He is, to use Bussy's term, "inégal": never the same. This means, of course, that his experiences stand apart from one another. Or, to vary

---

[11] *Evocations littéraires*, p. 65.

[12] Cited in *Lettres de Madame de Sévigné* ... (GEF), I, 323.

[13] *Histoire amoureuse des Gaules*, I, 304. Note also this passage on page 311: "Madame de Sévigny est inégale jusqu'aux prunelles des yeux et jusqu'aux paupières; elle a les yeux de différentes couleurs, et les yeux étant les miroirs de l'âme, ces égaremens sont comme un avis que donne la nature à ceux qui l'approchent de ne pas faire un grand fondement sur son amitié." Later, after their reconciliation, Bussy professed to be impressed by her alertness and presence of mind, which he described in a letter to Corbinelli, dated 1 September 1677: "Mais admirez la fermeté de notre amie, et son bon naturel. Dans le moment que nous versâmes, elle parloit de l'histoire de don Quichotte. Sa chute ne l'étourdit point, et pour nous montrer qu'elle n'avoit pas la tête cassée, elle dit qu'il falloit remettre le chapitre de don Quichotte à une autre fois, et demanda comment se portait l'abbé." *Correspondance de Roger de Rabutin* ... , 1 septembre 1677 (III, 340).

the terms, "primaire" time (if such an expression can be ventured) differs from Bergsonian *durée;* it is no continuous stream of feelings and perceptions, one flowing into the next, but rather a series of successive instants, each one separate and distinct.

In describing her philosophy of life (which she recognized to be largely temperamental), Madame de Sévigné spoke of taking the moment as it comes, accepting and enjoying it to the full, and letting it go once the new moment had succeeded the old.

> Quelle sottise de ne point suivre les temps, et de ne pas jouir avec reconnoissance des consolations que Dieu nous envoie après les afflictions qu'il veut quelquefois nous faire sentir! La sagesse est grande, ce me semble, de souffrir la tempête avec résignation, et de jouir du calme quand il lui plaît de nous le redonner: c'est suivre l'ordre de la Providence. La vie est trop courte pour s'arrêter si longtemps sur le même sentiment; il faut prendre le temps comme il vient, et je sens que je suis de cet heureux tempérament; *e me ne pregio* comme disent les Italiens.[14]

Thus both by nature and intent she refused to cling to the past. But if she turned away from the past, it, in turn, left little trace on her "well nourished, prosperous, delightful present moment." What happened in her life before 1671, the beginning of her correspondence with Madame de Grignan? Why do the details of her childhood disappear into obscurity? Her correspondence confides so many of her thoughts; it is voluminous and intimate; scholars in abundance have worked to establish the facts of her early life (Mallevoue, Depping, Lemoine, and Gérard-Gailly, for example).

The truth is that Madame de Sévigné's richly detailed correspondence has little to say about her youth, even less than legal

[14] Au Comte de Bussy-Rabutin, 14 mai 1686 (III, 125). But she wrote to her daughter rather differently: "...Ne suivez point mon exemple, ni celui du monde corrompu, qui suit le temps et change comme lui." 27 septembre 1671 (I, 394).

certificates, family papers, account books, and the casual remarks of her contemporaries. Who would know from her letters, for example, that after her parents died she was raised amidst the family of Emmanuel de Coulanges, that his parents, in fact, acted, until her marriage, as father and mother to her? Their names never appear in her correspondence.[15] Madame de Sévigné mentions her own mother once in eleven hundred letters, and then confuses the facts of her mother's life.[16] Henri de Sévigné, who narrowly escaped ruining her life, is mentioned in a few casual asides, as is her father (whom she never knew). What passes for fact in one literary manual or Sévigné biography after another is speculation (e.g., Gérard-Gailly's contention that she did not feel the loss of her mother) and outright error (e.g., she was brought up at Livry; she never saw her paternal grandmother, Sainte Chantal). What is more, the speculations and errors have hardened into the kind of legends which die hard: for, after all, there is almost nothing to put in their place.[17]

Clearly, Madame de Sévigné began recording experiences (i.e., began to have a past) only when her daughter left Paris; whatever happened to her before then left little impress on her thoughts.

The same discontinuity expresses itself in her way of writing a letter. She was no enemy of interruptions. On the contrary,

---

[15] This has nothing to do with family feeling. Madame de Sévigné was warmly attached to her relatives—Madame de La Trousse, Mademoiselle de Méri, Emmanuel de Coulanges, Monsieur de Saint-Aubin, etc.

[16] "J'ai revu le marquis de Toiras, Monsieur, que vous m'avez envoyé; ... ce m'est une religion que la vénération que j'ai pour cette maison; ce sentiment m'est inspiré dès ma plus tendre jeunesse; et j'ai appris par la même tradition que le maréchal auroit épousé ma mère, si la mort traîtresse et désobligeante n'eût emporté ce héros." Au Président de Moulceau, 22 mai 1682 (II, 910–11). Madame de Sévigné's mother died before the Maréchal whom Monsieur de Rabutin-Chantal had followed to the Ile de Ré (in 1627), where he met his death.

[17] Auguste Bailly's biography of Madame de Sévigné, published as late as 1955, insists that the Abbé de Coulanges raised her at Livry (pp. 25 ff.) and goes on to speculate about the kind of education she received there.

she liked to set things down in bits and pieces, compose her letters *à plusieurs reprises*, rather than at one sitting. In the morning, after dashing off a few paragraphs, she would set them aside to make her rounds in Madame de La Fayette's *faubourg*, where the latest news and gossip were to be gathered. Sometimes a letter begun early in the day and continued at different moments snatched from her varied activities would be concluded late in the evening after she had taken supper with Coulanges, La Rochefoucauld, or Madame de Lavardin and her well-informed brother-in-law, the Bishop of Le Mans. Such rambling leads inevitably to letters specked with redundancies and bereft of transitions. Madame de Sévigné resigned herself to these ills. Why go against nature? she asked.

> Quelquefois même il arrive une singulière chose: c'est qu'oubliant ce que je vous ai mandé au commencement de ma lettre, j'y reviens encore à la fin, parce que je ne relis ma lettre qu'après qu'elle est faite; et quand je m'aperçois de ces répétitions, je fais une grimace épouvantable; mais il n'en est autre chose, car il est tard: je ne sais point raccommoder et je fais mon paquet. Je vous mande cela une fois pour toutes, afin que vous excusiez cette radoterie.[18]

Curiously these very repetitions, which made her wince so uncomfortably, seldom sound like repetitions at all. Infinite variety clothes her expression, even when the same thoughts and feelings are expressed. Indeed, a favorite pastime of Sévigné admirers is embroidering upon the startling diversity of her outpourings of love for Madame de Grignan, which sound as impassioned after twenty years as they did after two. Similarly, when she wrote whole groups of letters about the same events, she put new spark into each one. Under the influence of Turenne's tragic death, for example (more than eighteen letters speak of it), she displayed an inexhaustible capacity to renew herself.

---

[18] A Madame de Grignan, 11 mars 1672 (I, 495–96).

All this in no way contradicts what has been described as "primarité." Previous experiences faded quickly from her consciousness and left her free to benefit from the fresh, untarnished, immediate moment. And so, whenever she heard a retelling of Turenne's death and the grief of his followers (or the indifference of the court), it seemed more a discovery than a repetition or an addition to what she already knew. New feelings, new impetus, spurred her to write one more affecting passage on the same theme.[19]

Thus also, familiar pleasures did not easily turn stale for her. The sight of Livry's deep woods evoked, after many years, a fresh flush of joy, as if she had never seen her well-cherished *abbaye* before.[20] And books she had once dearly loved were on second reading, strange and new.

> C'est un plaisir, ma bonne, que de n'avoir point de mémoire: nous relisons Sarasin, et je suis aussi aise que la première fois; *des petites Lettres,* tout de même: ce sont des lectures nouvelles ... .[21]

To give yet one more illustration, in 1670 Madame de Sévigné first exposed herself to Bourdaloue's eloquence: her response

[19] The name Turenne evokes irresistibly that of Condé. Madame de Sévigné wrote a moving description of his last moments, as well, in a letter she addressed to her friend the magistrate Moulceau (13 décembre 1686: III, 135–37). As she was writing, the Comte de Briolle passed by with another depiction of the great General's final moments. Fresh "chaudes larmes" filled Madame de Sévigné's eyes and she took up her letter once more on a new impulse.

[20] "... Chacun a ses visions plus ou moins marquées. Une des miennes présentement, c'est de ne me point encore accoutumer à cette jolie abbaye, de l'admirer toujours comme si je ne l'avois jamais vue ... ." A Madame de Grignan, 4 août 1677 (II, 316).

[21] A Madame de Grignan, 15 septembre 1680 (II, 1243). Note also: "... Vous dites que j'ai relu trois fois les mêmes romans, cela est offensant; ce sont de vieux péchés qui doivent être pardonnés, en considération du profit qui me revient de pouvoir relire aussi plusieurs fois les plus beaux livres du monde, les Abbadie, Pascal, Nicole, Arnauld, les plus belles histoires, etc. Il y a plus de bien que de mal à cette qualité docile ... ." A Madame de Grignan, 8 février 1690 (III, 674).

was heady enthusiasm. Yet twenty-two years later, after many repeated "exposures," she discovered his sermons anew.

> Le P. Bourdaloue a fait des merveilles cet avent. Ceux qui ont de la mémoire disent qu'ils connoissent ses sermons; pour moi, qui n'en ai point, ils me sont nouveaux.[22]

The two passages just cited show that Madame de Sévigné sometimes mistook "primarité" for a faulty memory. "Mistook" is the proper word, for her memory, rather than faulty, was enviably precise. She could quote almost to perfection the most various of authors (including Bourdaloue himself) and filed away innumerable snippets of gossip and information for Madame de Grignan's entertainment. What seems likely is that she made a distinction between memory as "recall" of information, on the one hand, and memory as "carry-over" of feelings and thoughts, on the other.

For, to go one step further, rather than carry over experiences, she felt that her current impressions recovered the past, opened it up, brought it to life. Verbs like "renouveler" and "réveiller," abound in her letters. Each departure of Retz "revived" the anguished memory of separation from Madame de Grignan and, after his death, that of his nephew, the Duc de Lesdiguières, "m'a renouvelé celle de ce pauvre Cardinal."[23] A letter from Ménage in 1656 "reawakens" the charm of their earlier friendship.[24] A portrait, a place, a letter powerfully evoke Madame de Grignan's presence. This is memory, but it is "primaire" or discontinuous memory: separate incidents flash through the mind when the present, for the moment, disinters the past.

Another of Madame de Sévigné's "primaire" traits (one she confessed with delightful candor) was her openness to suggestion.

---

[22] A la Comtesse de Guitaut, 28 décembre 1692 (III, 823).
[23] Au Comte de Guitaut, 26 mai 1681 (II, 898).
[24] "Votre souvenir m'a donné une joie sensible, et m'a réveillé tout l'agrément de notre ancienne amitié." 23 juin 1656 (I, 111).

She caught her moods and sometimes her opinions as well from the all-powerful present moment.

In fact, it is hard to imagine anyone more malleable. One can guess from the tone of her letters what book she was reading, whose house she had just visited, whether the sun had shone that day. After a visit to the Faubourg Saint-Germain where Monsieur de La Rochefoucauld and Madame de La Fayette held forth, Madame de Sévigné wrote in meditative gray:

> ... Nous faisons quelquefois des conversations d'une tristesse qu'il semble qu'il n'y ait plus qu'à nous enterrer.[25]

But in fine weather, alone in her woods, she took on quite another mood:

> Nous avons un petit été Saint-Martin, froid et gaillard, que j'aime mieux que la pluie; je suis toujours dehors, faite comme un loup-garou. Le dessus de mon humeur dépend fort du temps: de sorte que pour savoir comme je suis, vous n'avez qu'à consulter les astres ... .[26]

Even her grammatical practice reflects to a surprising extent the kinds of books she favored. Sommier has noticed this in his painstaking *Lexique de la langue de Madame de Sévigné*, for which he wrote an interesting *Introduction grammaticale:*

> C'est ainsi que cet emploi, si fréquent chez elle, *bien plus rare chez ses contemporains,* de prépositions telles que par et sur devant l'infinitif, nous révèlerait, quand même elle ne nous en dirait rien, l'attrait qu'avaient pour elle les littératures méridionales.[27] [Italics mine.]

Her opinions, inconsistent and diverse, changed with startling abruptness, contradicted each other, and reflected the influence

---

[25] A Madame de Grignan, 30 mai 1672 (I, 559).
[26] A Madame de Grignan, 10 novembre 1675 (I, 903).
[27] *Lettres de Madame de Sévigné ...* (GEF), XIII, p. VI. (Sommier's *Lexique* extends through volumes XIII and XIV of the GEF ed.) The taste for Spanish and Italian literature was common among the cultured public of the period, but, as Sommier points out, Madame de Sévigné was more influenced than most by her readings.

of her wide range of friends. She could reconcile Jansenism with
sympathy for human frailty, *frondeur* independence with reverence for the pomp of Versailles. But there was one opinion, in
particular, she lacked the strength to resist—that of the last person she spoke to:

> ... Je suis toujours de l'avis de celui que j'entends le dernier.
> Les uns disent oui, les autres disent non, et moi je dis oui
> et non ... .[28]

Naturally, changing fashions had no trouble beguiling her,
even when she managed an initially hostile reaction. During
the spring of 1671, for example, all Paris was talking about a
new hairdo. Madame de Sévigné, writing on 18 March, scoffed
at its complexities: "Ma fille c'étoit la plus ridicule chose qu'on
peut s'imaginer." [29] Two weeks later, infatuated with this "coiffure
hurluberlu," she begged Madame de Grignan to try it out.

> Du reste, consultez votre paresse et vos dents; mais ne
> m'empêchez pas de souhaiter de pouvoir vous voir coiffée
> ici comme les autres.[30]

To give another example, chocolate was introduced in France
in the middle of the seventeenth century (1651, to be exact);
Madame de Sévigné alternately adored and denounced it.

> Le chocolat n'est plus avec moi comme il étoit: la mode m'a
> entraînée, comme elle fait toujours. Tous ceux qui m'en
> disoient du bien m'en disent du mal; on le maudit, on
> l'accuse de tous les maux qu'on a; il est la source des vapeurs
> et des palpitations; ... enfin, mon enfant, le grand maître,
> qui en vivoit, est son ennemi déclaré: vous pouvez penser
> si je puis être d'un autre sentiment.[31]

And coffee, also a novelty, had strange fortunes in her household. Secretly, Madame de Sévigné relished it. But someone was

[28] Au Comte de Bussy-Rabutin, 16 mai 1672 (I, 545).
[29] I, 229.
[30] A Madame de Grignan, 4 avril 1671 (I, 246–47).
[31] A Madame de Grignan, 15 avril 1671 (I, 258).

always there to persuade her nothing was worse. Naturally, she dispatched her friends' opinions to Madame de Grignan as gospel truth. So, according to her letters of 1676 and 1679, coffee burned the chest: Madame de Grignan should avoid it like the plague.[32] In January, 1680, the pendulum swung the other way: someone had convinced Madame de Sévigné that mixing a bit of honey with coffee reversed its harmful effects.[33] By the following month she threw up her hands in despair:

> ... Ah! ma fille, que puis-je dire là-dessus? et que sais-je ce que je dis? ... le café engraisse l'un, il emmaigrit l'autre ... suivez votre goût ... .[34]

Despite her occasional scepticism about doctors (natural in one who adored Molière), she was easily gulled by the latest medical fads. She tried out and recommended such fashionably bizarre nostrums as: "L'eau de la Reine de Hongrie," "le baume tranquille," "la poudre de M. de Lorme," "la poudre de sympathie," and "l'eau de poulet." After contracting rheumatism at Les Rochers in 1676, she consulted many renowned doctors of the day, adopting their remedies each time with excited enthusiasm followed swiftly by an attack of disappointment. Monsieur de Lorme's divine powders were much praised at first.[35] By mid-March, she had come under a new influence.

---

[32] A Madame de Grignan, 10 mai 1676 (II, 92); à Madame de Grignan, 8 novembre 1679 (II, 497–98).

[33] A Madame de Grignan, 10 janvier 1680 (II, 560).

[34] A Madame de Grignan, 16 février 1680 (II, 610). Nor was this the last of coffee's vicissitudes in the Sévigné family. On 21 December 1689 (III, 626), Madame de Sévigné reminded her daughter that her sufferings could be related to her "heated" blood—"heated," that is, by coffee. On 29 January 1690 (III, 664), Madame de Sévigné "opined" (along with some "experts") that coffee mixed with milk was good for colds; besides, she was indulging in it for Lent, herself—though she had previously renounced the drink under the influence of the all-knowing Chevalier de Grignan: "Le café est tout à fait disgracié; le Chevalier croit qu'il l'échauffe, et qu'il met son sang en mouvement; et moi en même temps, bête de compagnie, comme vous me connoissez, je n'en prends plus ... ." A Madame de Grignan, 1 novembre 1688 (III, 230).

[35] "Je me suis purgée une fois de la poudre de M. de Lorme, qui m'a fait des merveilles; je m'en vais encore en reprendre; c'est le véritable

Je vous apprendrai donc que, ne sachant plus que faire pour mes mains, Dieu m'a envoyé M. de Villebrune, qui est très-bon médecin: il m'a conseillé de les faire suer, et tout à l'heure je l'ai fait à la fumée de beaucoup d'herbes fines; je suis assurée que ce remède est le meilleur, et que cette transpiration est la plus salutaire. Je ne pars que mardi, à cause de l'équinoxe que Villebrune m'a dit qu'il falloit laisser passer ici, et m'a a donné cent exemples: enfin je n'ai que Villebrune dans la tête.[36]

Once in Paris, she ran from quack to quack on the most casual suggestion and relegated Monsieur de Villebrune's advice to deep oblivion.

Madame de Sévigné sometimes changed her mind about people with the same disconcerting abandon. As in Proust's *A la recherche du temps perdu,* so too in the pages of her correspondence, the dramatis personae undergo startling changes. One is led to believe, in the course of Fouquet's trial, that no greater hypocrite nor no more foolish sycophant existed than the Chancellor Séguier. Suddenly he died and became a saint:

Pour M. le chancelier, il est mort très-assurément, mais mort en grand homme. Son bel esprit, sa prodigieuse mémoire, sa naturelle éloquence, sa haute piété, se sont rassemblés aux derniers jours de sa vie.[37]

When the much pilloried Madame de Marans (Madame de Grignan's erstwhile "enemy" and supposedly nothing but a bundle of pretenses) "converted" to religion, who was there to make assurances of her sincerity?

---

remède pour toutes ces sortes de maux: après cela on me promet une santé éternelle ... ." A Madame de Grignan, 3 février 1676 (II, 36).

[36] A Madame de Grignan, 18 mars 1676 (II, 56).

[37] A Madame de Grignan, 3 février 1672 (I, 467). Cf. this passage: "On dit que le chancelier est fort effrayé de l'érésipèle de M. de Nesmond, qui l'a fait mourir; il craint que ce ne soit une répétition pour lui. Si cela pouvoit lui donner les sentiments d'un homme qui va paroître devant Dieu, encore seroit-ce quelque chose; mais il faut craindre qu'on ne dise de lui comme d'Argant: *E morì come visse.*" A M. de Pomponne, 1 décembre 1664 (I, 133).

... Elle hait autant les nouvelles du monde qu'elle les aimoit; elle excuse autant son prochain qu'elle l'accusoit; elle aime autant Dieu qu'elle aimoit le monde.[38]

Even Monsieur de Forbin-Janson (who suffered more from Madame de Sévigné's pen than anyone else) came in for some warm praise when he changed his bishopric from Marseilles to Beauvais: "Je vous assure, ma fille, que Monsieur de Beauvais, qui étoit ici l'autre jour, parut à Monsieur le Chevalier et à moi un vrai parent et ami des Grignans ... ."[39]

Apparently Madame de Grignan did not share with her mother the tendency to be swept off her feet by a sudden show of friendliness. Judging from the tone of some letters, Madame de Sévigné was particularly vulnerable to this charge and took pains to justify herself. After a handsome reception given her in Brittany by Monsieur de Lavardin (the son of her good friend) and many letters extolling his superb personal qualities, she wrote defensively to Madame de Grignan:

Je ne suis point entêtée, ma bonne, de M. de Lavardin; je le vois tel qu'il est: ses plaisanteries ni ses manières ne me charment point du tout; je les vois comme j'ai toujours fait; mais je suis assez juste pour rendre au vrai mérite ce qui lui appartient, quoique je le trouve pêle-mêle avec les désagréments. C'est à ses solidement bonnes qualités que je me suis attachée, et par bonheur je vous en avois parlé à Paris, car sans cela vous croiriez que l'enthousiasme d'une bonne réception m'auroit enivrée ... .[40]

Bussy was as vexed as Madame de Grignan by this brand of naïveté. He lampooned it neatly in his novel with a satirical sketch of Madame de Sévigné at court:

Un soir que le roi venoit de la faire danser, et s'étant remise à sa place, qui étoit auprès de moi: "Il faut avouer, me dit-

---

[38] A Madame de Grignan, 15 janvier 1674 (I, 682).
[39] A Madame de Grignan, 21 mars 1689 (III, 391).
[40] A Madame de Grignan, 16 octobre 1675 (I, 880).

elle, que le roi a de grandes qualités; je crois qu'il obscurcira
la gloire de tous ses prédécesseurs." Je ne pus m'empêcher
de lui rire au nez, voyant à quel propos elle lui donnoit ces
louanges ... . Elle étoit alors si satisfaite de Sa Majesté que
je la vis sur le point, pour lui témoigner sa reconnoissance,
de crier: Vive le roi! [41]

Madame de Sévigné's emotions generally flared quickly, shifted,
contradicted each other at a brisk tempo. She was seldom the
same from one minute to the next, as she had to confess when
the Abbé La Mousse tried instructing her in Christian equanimity.

Ma Mousse me trouve quelquefois assez raisonnable là-
dessus; et puis un souffle, un rayon de soleil emporte toutes
les réflexions du soir.[42]

Hanging on to a grudge, for example, was beyond her powers.[43] When Fouquet compromised her and set off a scandal by
including her letters among those of his conquests, she had every
reason to cut him out of her life. Yet despite the unpopularity
of his cause, and warnings from her solicitous old tutor Chapelain (scandalized by Fouquet's conduct), she was among Fouquet's most ardent and audacious supporters. Indeed she addressed heated letters (which could easily have been intercepted)
to a man dragged down in Fouquet's disgrace.

Her up-and-down relations with Bussy are an even clearer

[41] *Histoire amoureuse des Gaules*, I, 309–10. This passage will doubtless
recall Madame de Sévigné's exaltation when the King singled her out for
special attention at a performance of Racine's *Esther* (III, 350–52).

[42] A Madame de Grignan, 20 septembre 1671 (I, 386).

[43] Note, for example, her reaction to Mademoiselle de Montgobert who,
as Madame de Grignan's companion, brooded over any sign of disaffection:
"Est-il possible qu'on puisse bouder dans vos belles prairies, par un si beau
temps, et conserver du noir dans l'humeur, sous un soleil si brillant? Il me
semble que tout d'un coup j'oublierois mon chagrin; et au lieu de me
charger d'une haine et d'une colère, j'ouvrirois mon coeur à l'amitié et à
la confiance; mais chacun a ses manières, et les manières sont toutes
différentes." A Madame de Grignan, 28 juillet 1680 (II, 799).

illustration. One day in 1670, for example, as she sat rummaging through family papers, she came upon something that reminded her of Bussy's *Histoire amoureuse des Gaules* and the subsequent scandal. On a sudden impulse she dispatched a hurtful letter; a few minutes later, remorse got the better of her anger: "Je me presse de vous écrire, afin d'effacer promptement de votre esprit le chagrin que ma dernière lettre y a mis. Je ne l'eus pas plutôt écrite que je m'en repentis." [44]

Another time she left Paris for Brittany in bad economic straits, bent on a course of militant action. Her Breton farmers, she wrote, would have to pay up their back debts, or else . . .

> ... Je m'en vais, comme une furie, pour me faire payer; je ne veux entendre ni rime ni raison: c'est une chose étrange que la quantité d'argent qu'on me doit; je dirai toujours comme l'Avare: "De l'argent, de l'argent ... ." [45]

Once she got there "avarice" and "fury" subsided into generosity:

> ... J'ai donné, depuis que je suis arrivée, d'assez grosses sommes: un matin, huit cents francs, l'autre mille francs, l'autre cinq; un autre jour trois cents écus: il semble que ce soit pour rire, ce n'est que trop une vérité. Je trouve des métayers et des meuniers qui me doivent toutes ces sommes, et qui n'ont pas un unique sol pour les payer: que fait-on? Il faut bien leur donner. [46]

Disquieted by the merest trifle, she was just as easily reassured. Once she took it into her head to worry about the effect on her daughter of receiving and reading letters before retiring for the night. How would Madame de Grignan fall asleep? After a few letters on this theme, one word from Madame de Grignan sufficed to remove forever this "petit dragon." [47]

And the flimsiest bagatelle could amuse and distract her. An

[44] Au Comte de Bussy-Rabutin, 6 juillet 1670 (I, 170).
[45] A Madame de Grignan, 3 mai 1680 (II, 686).
[46] A Madame de Grignan, 15 juin 1680 (II, 745–46).
[47] A Madame et A Monsieur de Grignan, 18 mars 1689 (III, 391).

irresistible, darting curiosity, sudden whimsical gaiety, a brief spell of melancholy, succeed one another with no visible sign of transition. In a single letter she can run through the gamut of emotions, reporting everything from frivolous nothings to affecting death scenes. Here is a frequent type of protestation:

> J'admire, ma bonne, que j'aie pu vous écrire tout ceci, ayant sur le coeur la tristesse et la surprise de la mort subite et terrible du pauvre abbé Bayard ... .[48]

Furthermore, though deeply stricken by each separation from her daughter, Madame de Sévigné trifled with frivolities in the very letters which describe her profound anguish and despair.

If her emotions change rapidly, they are nonetheless sharp and brimming with intensity. As Mesnard, in his biographical introduction to the Grands Ecrivains de la France edition of her letters, has written: "L'affliction est sincère; le coeur est vraiment déchiré; mais le sourire est bien près des larmes." [49] (Such instantaneous alteration and alternation in mood has perhaps contributed to the disaffection of such "non-primaire" critics as Lanson. But in impugning the sincerity of her feelings, they have mistaken short-lived emotions for lack of them.)

Perhaps it was the very restlessness of her emotions which made Madame de Sévigné so responsive to the changing moods and diverse temperaments of others. For unlike the introvert with his "heavy, sticky affect" (as Jung put it),[50] she was free to follow and assimilate variations of sensibility and manner. Indeed sometimes she carried this freedom to the extreme and disappeared behind her companion. Thus it was that on her first trip to Provence in 1672 (though herself full of expectation), the mood that emerges from her letters is that of the drowsy, stodgy uncle who accompanied her:

[48] A Madame de Grignan, 4 octobre 1677 (II, 364).
[49] *Lettres de Madame de Sévigné* ... (GEF), I, 192.
[50] *Psychological Types*, p. 198.

Nous voyageons un peu gravement. M. de Coulanges nous eût été bon pour nous réjouir. ... Pour avoir de la joie, il faut être avec des gens réjouis; vous savez que je suis comme on veut, mais je n'invente rien.[51]

On another trip, this time to Brittany with Madame de Chaulnes, she adjusted effortlessly to the vigorous manners of the Duchess who liked to set out at daybreak for each lap of the long journey: "Ainsi je m'en vais remonter ma journée, et par la facilité de mon esprit je ne serai blessée de rien." [52] In 1687 they had traveled together to Bourbon l'Archambault, though Madame de Sévigné had preferred Vichy for its scenic beauty. "J'eus plus tôt fait de m'accommoder à ses manières," she explained.[52] And during the winter of 1688–89, she was "la bête de compagnie" of the Chevalier de Grignan, restricted to his room at l'Hôtel Carnavalet by a severe case of the gout. All his friends became her friends; his seriousness she readily assimilated; soon they were inseparable companions. With her cousins Monsieur and Madame de Coulanges, she was witty and high-spirited; with the *bien Bon* Abbé, she became an accountant. For her cousin Mademoiselle de Méri and for Madame de Grignan, she even attuned herself to splenetic "humeurs." [53] Like La Fontaine's famous reed, Madame de Sévigné was among those who bend but never break.

[51] A Madame de Grignan, 16 juillet 1672 (I, 591–92). In his excellent book on Madame de Sévigné (Paris: Hachette et Cie, 1888), Gaston Boissier singled out this aspect of her character for particular comment: "S'accommoder ainsi, s'approprier à l'esprit des autres, en recevoir le choc qui anime le sien, 'ne rien inventer,' mais prêter un charme nouveau aux idées qui viennent du dehors, les rajeunir, les rafraîchir par la vivacité du sentiment et la finesse de l'expression, c'est le caractère et le charme de la femme. En ce sens, on peut dire que Mme de Sévigné a été plus femme qu'aucune autre." (p. 103.)

[52] A Madame de Grignan, 12 avril 1689 (III, 415).

[53] Victor Cousin has written: "Il était dans sa nature vive et prompte de se mettre à l'unisson de ceux qui l'entretenaient: elle est frivole avec Coulanges; elle eût été assez gaillarde avec Ninon, austère avec Pascal, sublime avec Bossuet; compassée même avec madame de Maintenon; avec Bussy, sa malice excitée n'épargne personne." "Lettres Inédites de madame

In letters, she adapted her style to her correspondent. When she wrote to the *chansonnier* Coulanges, it was on a note of gay frivolity: "Le style qu'on a en lui écrivant, ressemble à la joie et à la santé."[54] Her letters to the sympathetic Comte de Guitaut, on the contrary, read almost as movingly as those meant for Madame de Grignan. Bussy got elegant badinage or saucy railleries, sometimes with a mordant twist. At times she played along with his vanity and prejudices, even to the point of expressing aristocratic indifference to things which really touched her.[55]

Furthermore, though sociable in the extreme, she accepted a *villégiature* far from Paris quite tranquilly. Most of her friends considered such retreats "le désert"; but adjustments were painless for Madame de Sévigné: she could live almost as agreeably at Les Rochers as in the great world of society. This was true even in her youth, when the delights of Paris must have been particularly appetizing. Mademoiselle de Scudéry testifies with frank admiration.

> ... Ce que j'admire encore plus, c'est que quand il le faut, elle se passe du monde et de la cour, et se divertit à la campagne avec autant de tranquillité que si elle étoit née dans les bois. En effet elle en revient aussi belle, aussi gaie et aussi propre que si elle n'avoit bougé d'Erice [Paris].[56]

Once, in 1680, Madame de Sévigné examined her past and noted how at odds it was with her exuberant nature; almost as if some great *quid pro quo* had been committed, she wrote. For by natural disposition, she, rather than Madame de Grignan, should have had the active, gregarious life. Yet cost what it might, she adjusted to this, too, gracefully.

---

la duchesse de Longueville à madame la marquise de Sablé," *Journal des savants,* janvier 1852, p. 53.

[54] A Madame de Grignan, 15 novembre 1684 (III, 31).

[55] Her letter to him about the Breton revolt, for example, is in complete contrast to the letter she wrote her daughter on the very same day (see next chapter, p. 104).

[56] *Lettres de Madame de Sévigné* ... (GEF), I, 320.

... Vous vous accommodez de votre place souveraine, exposée, brillante: *la pauvre femme!* et moi, de ma fortune
médiocre, de mon obscurité et de mes bois.[57]

And yet perhaps Madame de Sévigné had the best of the bar-
gain. For interweaving a secluded life at Les Rochers and Livry
with her convivial activities in Paris satisfied a pronounced
need for change. As the critic Saint-René Tallandier has written:

... Elle est ainsi, la solitude menaçait de la faire mourir mais
le monde la tue; elle se rafraîchit de l'une dans l'autre; il
lui faut de ces alternances.[58]

Certainly she enjoyed a change of scene, if her many different
residences, in Paris alone, mean anything. She lived in at least
six, and probably more, different houses between the time of
her marriage (1644) and her settling at l'Hôtel Carnavalet
(1677).[59] This is, of course, in addition to the jaunts which at
frequent intervals interrupted her stay in Paris, sometimes for
as much as a year or more.

In natural scenery, too, change and diversity fascinated her.
Her favorite seasons were those of transition—spring and fall.
At Les Rochers she insisted on a growing, changing landscape,
even if it meant chopping down fine old trees and replacing them
with new sprouts.[60] The trees of Provence, on the other hand,

---

[57] A Madame de Grignan, 12 juin 1680 (II, 740).

[58] *Madame de Sévigné et sa fille* (Paris: B. Grasset, 1938), pp. 120–21.

[59] In 1646, she lived on the Rue Saint-Paul according to her daughter's
birth certificate. In 1649, the Rue des Lions was her home: Anne de
Gohory's will mentions this address. Madame de Grignan's marriage con-
tract mentions the Rue du Temple (1669); her marriage act speaks of the
Rue Sainte-Avoye (according to Mesnard, p. 235). In 1671, Madame de
Sévigné moved to the Rue de Thorigny and in 1672 to the Rue Saint-
Anastase.

[60] See Phyllis E. Crump, *Nature in the Age of Louis XIV* (London:
George Routledge & Sons, Ltd., 1928), and especially p. 175: "It is perhaps this taste for variety also which urges her to fell trees in great num-
bers ... so that she may indulge her love of planting new ones, and thus
vary the appearance of her woods."

bored her: they refused to change from their endless shade of green.[61]

Even her religious practices had to be varied. She would often interlard her prayers with texts from the ancient fathers to avoid monotonous, if orthodox, regularity.

> Nous ôtâmes doucement: "Souvenez-vous, très-pieuse Vierge Marie," et nous disions des oraisons de saint Augustin, de saint Prosper, et des *Miserere* en françois; enfin, ma bonne, c'étoit un ragoût qui réveilloit notre attention, et c'est ce que j'observe encore en changeant quelquefois de prières, pour éviter la distraction et l'inattention qui vient de la routine.[62]

Curious about everything new from card games to promenades and intellectual fads, she kept in touch with all the recent innovations in Paris. Ménage sent her his latest books and all the interesting works being published while she was away. During the exciting period when Pascal launched his *Provinciales* on the Paris public, Madame de Sévigné awaited each letter impatiently.[63] She was to be found among the curiosity seekers at the Hôtel de Nevers sympathetic to the Jansenist cause. Rapin paints it all in his *Mémoires:*

> Mais le grand théâtre où se débitoit avec plus de bruit et même avec plus d'applaudissement le nouvel évangile de Port-Royal étoit alors l'hôtel de Nevers, qui est à présent l'hôtel de Conty, au bout du Pont-Neuf, chez la comtesse du Plessis, femme du secrétaire d'Etat. La politesse de sa maison, dont elle faisoit les honneurs, la bonne chère, car la table y étoit d'une grande délicatesse et d'une grande

---

[61] "Ce que vous dites des arbres qui changent est admirable; la persévérance de ceux de Provence est triste et ennuyeuse: il vaut mieux reverdir que d'être toujours vert." A Madame de Grignan, 7 juin 1675 (I, 733).

[62] A Madame de Grignan, 19 juillet 1690 (III, 753).

[63] In 1656 (letter dated 12 septembre 1656; I, 112) she thanked Ménage for sending her in Brittany the eleventh *Provinciale.*

somptuosité, la compagnie la plus choisie de Paris, tant de gens de la robe que de la cour, et toutes sortes de divertissements d'esprit y attiroient tant de monde, mais du monde poly, que c'étoit le rendez-vous le plus universel de la cabale ... le prince de Marcillac, depuis duc de Larochefoucault, le maréchal d'Albret, la marquise de Liancourt, la comtesse de Lafayette, la marquise de Sévigné ... et tout ce qu'il y avoit de brillant parmi la jeunesse de qualité qui florissait alors dans la ville ou à la cour, se rendoient régulièrement en cet hôtel ou alloient à Fresnes, maison de plaisance de la comtesse, à sept lieues de Paris, pour y faire des conférences d'esprit. ... Ce n'est pas que tous ceux qui s'y trouvoient fussent du party, car la plupart y alloient par un esprit d'intrigue et de curiosité ... .[64]

So inquisitive was she about all the latest novelties, that despite her aversion for metaphysics, she plunged into the works of Descartes and even Malebranche (if not his *Recherche de la vérité*, at least his *Conversations chrétiennes*). She would frequent the fairs to see the sideshow attractions,[65] and, when a comet appeared in the skies of Paris, she was among those who stayed up late into the night to watch its curious path.[66]

System and method were as foreign to her as change was native. Though naturally active and pragmatic, she aimed for immediate results and lacked long-range endurance. This is the very fact about herself that Madame de Sévigné brought forward to persuade Madame de Grignan that in accompanying the Duchesse de Chaulnes to Bourbon l'Archambault (rather than go alone to Vichy) she had made a wise decision: "J'ai fait tous ces remèdes avec une règle et une mesure dont j'eusse été in-

---

[64] *Mémoires du P. René Rapin de la compagnie de Jésus sur l'église et la société, la cour, la ville, et le jansénisme: 1644–1669,* ed. Léon Aubineau (Paris: Gaume Frères et J. Duprey, 1865), I, 403–04.

[65] "Nous avons été voir à la foire une grande diablesse de femme, plus grande que Riberpré de toute la tête; elle accoucha l'autre jour de deux gros enfants qui vinrent de front, les bras au côté: c'est une grande femme tout à fait." À Madame de Grignan, 13 mars 1671 (I, 222).

[66] See A M. de Pomponne, 17 décembre 1664 (I, 140).

capable sans Mme de Chaulnes." [67] Doubtless her business affairs would not have been in such good order were it not for the indispensably methodical *bien Bon.* She frequently acknowledged her inferiority in the ordering of financial transactions [68] and admitted at the Abbé's death that she had been leaning heavily on him. All her tranquility, she wrote to Bussy, had come from this source.

> Je lui devois la douceur et le repos de ma vie; c'est à lui à qui vous devez la joie que j'apportois dans votre société: sans lui, nous n'aurions jamais ri ensemble; vous lui devez toute ma gaieté, ma belle humeur, ma vivacité, le don que j'avois de vous bien entendre, l'intelligence qui me faisoit comprendre ce que vous aviez dit et deviner ce que vous alliez dire; en un mot, le bon abbé, en me retirant des abîmes où M. de Sévigné m'avoit laissée, m'a rendue telle que j'étois, telle que vous m'avez vue, et digne de votre estime et de votre amitié.[69]

One of the reasons she so enjoyed life at Livry and Les Rochers was that there no system reigned; she could indulge her taste for freedom. It was pleasant to shun all set patterns and social duties. *Fantaisie* or chance governed the activities of the day. Rabelais' "Fais ce que voudras," she said, was the motto of her domain. And if some suffocating troupe of bores drew up in their carriage at the front gate, she could escape from the back of her house to the woods.[70]

She loved fancy better than order. The supple whimsy of La Fontaine and the *fantaisiste* poets, their graceful elegance, she defended with passion against dull, heavy minds.

[67] A Madame de Grignan, 9 octobre 1687 (III, 182).
[68] "Vous avez une capacité sur les affaires qui me surprend; on peut avoir beaucoup d'esprit sans en avoir de cette sorte: je l'admire d'autant plus, qu'il est cent piques au-dessus de ma tête: vous savez ceux dont je me servois ... ." A Madame de Grignan, 21 mai 1690 (III, 718).
[69] 13 novembre 1687 (III, 188).
[70] Note also: "Ces allées sont d'une beauté, d'une tranquillité, d'une paix, d'un silence à quoi je ne puis m'accoutumer. ... Je me trouve fort à mon aise toute seule; je crains qu'il ne me vienne des madames, c'est-à-dire de la contrainte." A Madame de Grignan, 2 octobre 1675 (I, 865).

Il y a certaines choses qu'on n'entend jamais, quand on ne les entend pas d'abord: on ne fait point entrer certains esprits durs et farouches dans le charme et dans la facilité des ballets de Benserade et des fables de La Fontaine: cette porte leur est fermée, et la mienne aussi ... .[71]

Madame de Sévigné approached letter writing with the same abandon. "En vérité, il faut un peu, entre bons amis, laisser trotter les plumes comme elles veulent: la mienne a toujours la bride sur le cou," she remarked.[72] Indeed, she exploited her "primaire" propensities to good end. When she wrote without organization, pursuing the unique experience of each separate moment, she obtained the most felicitous effects from her pen.[73] Yet she often mocked her own impulsive, zigzag approach to composition:

Mais n'admirez-vous point, ma très-chère et très-bonne, le fagotage de mes lettres? Je quitte un discours, on croit en être quitte, et tout d'un coup je le reprends: *versi sciolti*.[74]

Bussy got impatient with her. For him a letter was something neatly laid out: you answered in order every observation received from a correspondent, referring carefully, by a date, to the letter in question. Madame de Sévigné paid him no heed.[75]

Sommier's *Lexique* singles out her frequent changes of grammatical structure in midstream and her orthographic fantasies which, according to the few autograph letters that exist, surpassed the contemporary mania for outlandish spelling. Madame de Sévigné was given to writing the same word in various ways as

[71] Au Comte de Bussy-Rabutin, 14 mai 1686 (III, 126).

[72] A Madame de Grignan, 24 novembre 1675 (I, 919).

[73] Those few unspontaneous bits of *préciosité* she composed for her *mondain* acquaintances (e.g., the marriage of Mademoiselle, the young man who refused to glean, etc.) do not represent Madame de Sévigné at her best, anthologists notwithstanding.

[74] A Madame de Grignan, 12 janvier 1674 (I, 679).

[75] Once, when Madame de Sévigné wanted to send a statement about her daughter's health to a famous doctor at Montpellier, M. Barbeyrac, she sent it first to her friend Moulceau because—"Je vous conjure de vouloir bien le lire et le faire entendre à M. Barbeyrac; car je n'écris pas méthodiquement, et c'est vous seul qui pouvez l'expliquer." 29 février 1696 (III, 898).

whim might dictate.[76] She also tended to use, in the same sentence, one word for two different meanings—a link which is not a link (and not necessarily for stylistic effect). Here are two examples:

> ... Je vous assure que vous n'y réussirez que par la raison; elle [Pauline] en a; vous saurez faire valoir celles que vous lui direz.[77]

> Il faut en tout regarder la Providence; sans cela, on supporteroit avec peine celles que Dieu vous envoie.[78]

Antoine Adam has writen of her cavalier attitude in respect to the grouping of words.

> En ce siècle où l'effort de Chapelain, de Conrart, de Vaugelas aboutit à faire de la régularité la première vertu de l'écrivain, Mme de Sévigné mêle à plaisir mots abstraits et concrets, verbes et substantifs, parce que l'impression compte pour elle, et non pas les rapports logiques et les symétries de l'intelligence.[79]

She continually put side by side archaisms, technical and colloquial vocabulary, and borrowings from the provincial stock of Provence and Brittany.

Juxtaposition and dissonance, rather than logical linking, distinguish her style. Frequently she piled together chaotic groups of variegated impressions. Here is a famous example:

> J'ai été à cette noce de Mlle de Louvois: que vous dirai-je? Magnificence, illustration, toute la France, habits rabattus et rebrochés d'or, pierreries, brasiers de feu et de fleurs, embarras de carrosses, cris dans la rue, flambeaux allumés, reculements et gens roués; enfin le tourbillon, la dissipation, les demandes sans réponses, les compliments sans savoir ce que l'on dit, les civilités sans savoir à qui l'on parle, les pieds entortillés dans les queues ... .[80]

[76] See Sommier, pp. LXXIII–IV.
[77] A Madame de Grignan, 8 juin 1689 (III, 454).
[78] Au Comte de Bussy-Rabutin, 15 décembre 1685 (III, 118).
[79] *Histoire de la littérature française au XVIIe siècle*, IV, 156.
[80] A Madame de Grignan, 29 novembre 1679 (II, 517).

The effect is often cinematographic, particularly when she ticked off at an accelerated pace these unlinked, sharply focused images. To give a more homely example, here is the Marquise herself in the act of letter writing as servants removed the furniture around her and dispatched it to the Hôtel Carnavalet:

> Nous sommes en l'air; tous mes gens occupés à déménager, vos meubles sont portés les premiers: j'ai campé dans ma chambre; je suis présentement dans celle du *bien Bon,* sans autre chose qu'une table pour vous écrire: c'est assez.
>
> .   .   .   .
>
> On m'ôte mon écritoire, mon papier, ma table, mon siège. Oh! déménage donc tant que tu voudras, me voilà debout.[81]

In these passages there is no inventory à la Balzac, no explanation of the impression, nor even an attempt to be complete— merely a rapid winding off of disparate images which appeal directly to the imagination and create the sensation of movement in time.

Ellipsis, according to Sommier, is the most marked characteristic of her style.[82] It betrays what another critic has called her "obsession de vitesse"[83] and makes her portraits strikingly vivid. Examples abound:

> Vineuil est bien vieilli, bien toussant, bien crachant, et dévot, mais toujours de l'esprit: il vous fait mille et mille compliments.[84]
>
> ... Il [Langlade] a fait la révérence au Roi, mais c'est au pied de la lettre; car le Roi ne lui dit pas un mot, mais un visage doux.[85]
>
> ... Je vous demande si vous ne connoissez point M. de Bruys de Montpellier, autrefois huguenot, présentement les

[81] A Madame de Grignan, 15 octobre 1677 (II, 376 and 380).
[82] See his *Lexique,* p. XLVI.
[83] Gabriel Brunet, p. 6.
[84] A Madame de Grignan, 17 septembre 1675 (I, 854).
[85] A Madame de Grignan, 1 décembre 1679 (II, 524).

poussant à outrance par des livres dont nous sommes
charmés ... .[86]

Impulsive, alert, flexible, "primaire"—she was a genius of im-
provisation. A few critics, it is true, have held her letters to be
labored—it is hard, after all, to imagine someone dashing off
a masterpiece! But if nothing else, the repetitions, negligences,
and irregularities which shocked her first editor, the Chevalier
de Perrin, into "repairing" the text, underline her spontaneity.
Nor is it conceivable, active as she was, that she could have found
the time to labor painstakingly all those hundreds of letters which,
in fact, she did not always take the trouble to reread. When Madame de Grignan praised a particularly felicitous passage, her
mother had difficulty recollecting just what it was she had written.[87] Though the desire to please and titillate urged her on
(with driving insistence when her daughter was the audience),
Madame de Sévigné did so by following to the full the inspira-
tion of the moment. It dictated the shape and form of what she
wrote.

Quand je commence, je ne sais point du tout où cela ira, si
ma lettre sera longue ou si elle sera courte; j'écris tant qu'il
plaît à ma plume, c'est elle qui gouverne tout ... .[88]

Proust has said that style is a clue to an artist's inner nature
and personal vision. Madame de Sévigné's way of writing is an
especially faithful mirror.

And there is a wonderful harmony here between the genre she
cultivated—which flourishes on rapid passage from one idea to
the next (even abrupt illogical passage)—and her own personality so mobile, so impressionable, and so alive.

[86] A Madame de Grignan, Au Comte de La Garde, Au Comte de Grignan,
et A Pauline, 23 avril 1690 (III, 712).

[87] "Vous m'auriez bien étonnée de me renvoyer ce que je vous ai dit de
Mme de La Sablière; ce n'est pas qu'il ne m'eût été nouveau, car j'écris
vite, et cela sort brusquement de mon imagination." A Madame de
Grignan, 4 août 1680 (II, 804).

[88] A Madame et A Monsieur de Grignan, 30 juillet 1677 (II, 310).

CHAPTER V

Synthesis: A "Colérique" Character

THE PRECEDING CHAPTERS, by dwelling on the details of Madame de Sévigné's individual characteristics (emotionalism, activeness, "primarité"), tend to blur the total image.

Nanteuil, a seventeenth-century painter, got the portrait straight and full. Interestingly, what shines forth from his canvas is no restrained and proper seventeenth-century *grande dame*, but a robust, unaristocratic figure, generous and bursting with life. Her recent biographer, Auguste Bailly, has described the effect. Nanteuil's pastel, he writes: "nous donne une impression de santé lumineuse, de sérénité épanouie .... Ce visage si rond, aux joues si pleines, ce cou un peu massif, ces épaules et cette gorge d'une excessive générosité, cet éclat et cette surabondance nous font songer ... à une blonde et drue Flamande ou à une grasse servante d'auberge déguisée en marquise." [1] Or (to be more flattering) she calls to mind Rubens' great resplendent creatures in their luxuriant vitality.[2] Her portrait introduces her well: she

---

[1] *Madame de Sévigné*, p. 13. Madame de Sévigné had her own complaints on this matter: "... Je voudrois que le mien [mon portrait] fût un peu moins rustaud: il ne me paroît point propre à être regardé agréablement, ni tendrement." A Madame de Grignan, 7 août 1675 (I, 791).

[2] M. L'Eleu in his article "Madame de Sévigné dans le Maine," *Bulletin de la société d'agriculture, sciences et arts de la Sarthe*, L (1925), 14, agrees: "Quand nous regardons ses portraits, nous ne pouvons nous tenir de chantonner ... 'C'est un Rubens.'"

was thoroughly unceremonious, a spirited, outgoing, and expansive woman.

French characterologists call such a person "colérique." Though the term evokes an image of belligerence and fireworks, it is not altogether ill-chosen. If the idea of belligerence can be played down in favor of adjectives like "excitable," "effusive," "immoderate"—"colérique" will serve quite well. But no hint of irascibility should creep in to contradict Madame de Sévigné's genius for social life.

And it was true genius. Nothing more impressed her contemporaries. According to Madame de La Fayette, Madame de Sévigné irradiated cordiality, high spirits, and charm. Her very presence seems to have infected people with a sense of elation.

> ... Votre miroir ... ne peut vous dire combien vous êtes aimable quand vous parlez, et c'est ce que je veux vous apprendre. ... Tout ce que vous dites a un tel charme, et vous sied si bien, que vos paroles attirent le ris et les grâces autour de vous; et le brillant de votre esprit donne un si grand éclat à votre teint et à vos yeux, que, quoiqu'il semble que l'esprit ne dût toucher que les oreilles, il est pourtant certain que le vôtre éblouit les yeux ... .[3]

She loved society, entertainment, laughter, and conversation. "Votre présence augmente les divertissemens, et les divertissemens augmentent votre beauté, lorsqu'ils vous environnent," wrote Madame de La Fayette.[4] She was meant for high-pitched pleasures, full of excitement, exhilaration, and enthusiasm. She boasted of it. "Vous me souhaitez, ma bonne, quand vous avez bien de la musique et de la joie: vous avez raison, c'est *l'humeur de ma mère.*"[5]

---

[3] *Lettres de Madame de Sévigné* ... (GEF), I, 321–22.
[4] *Ibid.*, 322.
[5] A Madame de Grignan, 21 juillet 1680 (II, 793). Her early life may have fostered this penchant. Gérard-Gailly's *L'enfance et la jeunesse heureuse de Madame de Sévigné* insists on the gaiety and affection of her bourgeois maternal relatives, the Coulanges, in the midst of whom she was

Among the many *mondain* talents Madame de Sévigné possessed besides cleverness, was a flair for making others, even the dull-witted, seem clever. Her grandson's friend, the *mémorialiste* Saint-Simon, paid her the compliment Falstaff laid claim to: "I am not only witty in myself, but the cause that wit is in other men." [6] Her reputation as a raconteur extended to her listeners as well as her correspondents. In salon circles she was prized for brilliant, spontaneous conversation. How comprehensible is Madame de Coulanges' remark: "C'est une chose délicieuse que de demeurer avec Madame de Sévigné." [7]

Bussy-Rabutin, on the other hand, censored her lack of moderation. He found her effulgent gaiety and excitement, her "grand feu," too extreme for "une dame de qualité," or so he querulously alleged in the *Histoire amoureuse des Gaules*.[8] Yet what they shared was a passion for spicy, bold wit. Madame de Sévigné appreciated her cousin most as a "fagot à son esprit," and put up with his overweening pride for the pleasure of laughing with him. For the very same end, she cultivated many *originaux* like

---

raised—surrounded, he says, by cousins, aunts, and uncles of assorted ages and types.

[6] "J'étois fort des amis du jeune marquis de Grignan, son petit-fils. Cette femme, par son aisance, ses grâces naturelles, la douceur de son esprit, en donnoit par sa conversation à qui n'en avoit pas ... ." *Mémoires*, III, 77–78.

[7] Addendum to Madame de Sévigné's letter (A Madame de Grignan) of 10 février 1672 (I, 475). (Madame de Sévigné stayed in the home of her cousins for a while after returning from Brittany.) Charles de Sévigné was so lastingly impressed by his mother's way of telling a story that once when he wished to praise a tale of his sister's he could find no more illustrious comparison than a story Madame de Sévigné had related more than twenty years earlier. "... Rien ne peut être comparé, que le récit plein de gravité que ma mère fit chez feu Madame de ce bal où M. de Montmouth avoit été ... ." Au Comte et A la Comtesse de Grignan, 4 janvier 1690 (III, 640).

[8] "Il n'y a point de femme qui ait plus d'esprit qu'elle, et fort peu qui en aient autant; sa manière est divertissante. Il y en a qui disent que pour une femme de qualité, son caractère est un peu trop badin. Du temps que je la voyois, je trouvois ce jugement-là ridicule, et je sauvois son burlesque sous le nom de gaité; aujourd'hui qu'en ne la voyant plus son grand feu ne m'éblouit pas, je demeure d'accord qu'elle veut être trop plaisante" (p. 307.)

the extravagantly giddy Comtesse de Fiesque, the sardonic Lenet, and Brancas, lost in his amusingly misty oblivion. But perhaps Bussy was right: her laughter was not always seemly. Nor was it Coulanges' relatively harmless *chansons*, alone, that she admired. Montreuil, Marigny, Saint-Pavin, bristling with verses salacious, subversive, or both, found a ready audience in her. To their names may be added that of the Baron de Blot, an author whose *libertinage*, in the full seventeenth-century sense of the word, was second only to that of Théophile and Cyrano de Bergerac.[9] There was something daring and excessive about the Marquise de Sévigné.

More than wit and laughter, though, she pursued affection. And everywhere her successes were astounding; her conquests, innumerable.[10] She managed to convert even the passion of rejected lovers (like Ménage, Fouquet, and Bussy) into friendship. To name but a sampling of her closest friends, there was: Madame de La Fayette, Madame de Lavardin, Madame de La Troche, Madame de Mouci, Monsieur de La Rochefoucauld, Retz, d'Hacqueville (despite her aversion for his illegible handwriting), d'Harouys, Madame de Marbeuf, Madame de Vins, Madame de Verneuil, Monsieur de Guitaut, Corbinelli, Madame d'Uxelles,

[9] His *chansons* are mentioned in her letter to Madame de Grignan, 1 mai 1671 (I, 280): "... Elles ont le diable au corps, mais je n'ai jamais tant vu d'esprit."

[10] Madame de Sévigné had friends everywhere—in Brittany, Burgundy, Provence, wherever she traveled. Note this passage about M. de Pommereuil, Brittany's first intendant: "J'ai passé un jour à Vitré avec M. de Pommereuil, qui me dit, quasi devant la princesse, qu'il avoit séjourné pour l'amour de moi. Il a fait un grand bruit, dès Malicorne et dès Laval, de notre connoissance, et de l'amitié qu'il a pour moi; je n'en avois rien dit, car je hais ce style de dire toujours que tout est de nos amis ... ." A Madame de Grignan, 18 décembre 1675 (I, 942). When she arrived in Lyons in 1672, she wrote her daughter: "... On me promène, on me montre; je reçois mille amitiés; j'en suis honteuse; je ne sais ce qu'on a à me tant estimer." 27 juillet 1672 (I, 594). The same year she went to Montpellier: "M. de Vardes vint au-devant de nous ... Mme de Verneuil, que voilà à ma main droite ... me reçut avec transport ... Toute la ville me court ... ." A Madame de Grignan, 1 ou 8 octobre 1672 (I, 597).

Madame de Chaulnes, Pomponne, and Monsieur de Moulceau.[11]
The Abbé de Coulanges clung throughout his life to his niece;
he left her everything he possessed—years before his death. "N'en
parlez à personne," Madame de Sévigné wrote her daughter, "la
famille le dévoreroit." [12] Madame de Marbeuf, wife of a Breton
magistrate, and the Duchesse de Chaulnes were, frankly, infatuated with Madame de Sévigné. They talked of her incessantly.[13]

She was often warm in her relations with servants—Pilois,
the gardener; [14] Beaulieu, the maître d'hôtel; [15] the accomplished
Hébert; [16] Marie and Hélène.[17] And they responded to her

[11] Other good friends include: la Grande Mademoiselle, Ménage, Chapelain, Madame du Plessis-Guénégaud, la Princesse de Tarente, Mademoiselle
de Scudéry, Madame Scarron, Arnauld d'Andilly, La Mousse, etc.

[12] A Madame de Grignan, 23 mai 1671 (I, 299).

[13] Note this passage on Madame de Chaulnes: "Je vous prie de voir
quelquefois cette duchesse de Chaulnes: comme elle n'est point versée dans
l'amitié, elle a toute la ferveur d'une novice, et me mande qu'elle ne
cherche que les gens avec qui elle peut parler de moi; qu'elle alloit chez
Mme de La Fayette, et qu'elle vous verroit au retour de Versailles; enfin
j'ai fait aimer une âme qui n'avoit pas dessein d'aimer." A Madame de
Grignan, 27 décembre 1684 (III, 44). And this one on Madame de
Marbeuf: "Elle seroit ravie de me plaire et d'être dans un lieu où elle me
pourroit voir, car c'est une passion, qui pourtant ne la rend point incommode." A Madame de Grignan, 13 novembre 1675 (I, 907).

[14] "Mais rien ne m'a été plus agréable que le compliment de Pilois, qui
vint le matin avec sa pelle sur le dos, et me dit: 'Madame je viens me
réjouir, pas moins, parce qu'on m'a dit que Madame la Comtesse étoit accouchée d'un petit gars.' Cela vaut mieux que toutes les phrases du monde."
A Madame de Grignan, 2 décembre 1671 (I, 423–24).

[15] "Il se passe à votre hôtel de Carnavalet une scène bien pitoyable et
bien triste pour moi: c'est mon pauvre Beaulieu; je le crois mort présentement, mais samedi 24° juin il souffrit encore tout ce qu'on peut souffrir. Il
avoit le côté ouvert; ... . Ce pauvre garçon est résigné, et prie Dieu, et lui
demande miséricorde, et puis il parle de sa chère maîtresse qu'il eût bien
voulu revoir encore une fois, et lui rendre encore ses services; ... des grosses
larmes lui tombent des yeux, et à moi aussi; je ne suis pas propre à soutenir
cette pensée et cet état d'un garçon si digne de mon affection, si fidèle, si
digne de ma confiance, si attaché à moi." A Madame de Grignan, 2 juillet
1690 (III, 739–40).

[16] "A propos de Chantilly, j'ai eu un grand chagrin pour le fidèle Hébert.
Gourville, qui vouloit qu'il lui découvrît tout ce qui se fait à l'hôtel de
Condé, l'a attaqué sur certains revenants-bons des choses qu'il doit donner
à chacun ... quoi qu'il en soit, il est dehors avec la douleur d'être seulement soupçonné; l'état où il est marque son innocence; je ne l'en estime
pas moins, je vous en assure, et je n'aurai point de repos que je ne l'aie

warmth. A certain Anne de Gohory, hired as a *gouvernante* at the birth of Madame de Sévigné, is particularly characteristic. Only death could separate them. For even after Madame de Sévigné's marriage Anne de Gohory followed her. And when the old woman died, she left this note in her will:

> ... Elle n'a demeuré près de la personne de madame la marquise de Sévigné depuis son mariage que par pure affection qu'elle lui a toujours portée et porte pour l'avoir élevée toute jeune et n'ayant jamais eu aucun besoin de lui demander aucune reconnaissance ni appointement depuis ledit temps, ayant eu assez de bien de son chef pour s'entretenir honorablement.[18]

In his book on daily life in seventeenth-century France, Georges Mongrédien has touched on the character of Madame de Sévigné's relations with people outside of her class. He finds her a rare *châtelaine* under the ancien régime.

> Dès qu'elle arrive en Bretagne tout le monde lui fait fête. Elle ... s'occupe de ses paysans, prend part à leurs peines et à leurs joies. Elle parle dans sa correspondance de ses "chers ouvriers." [19]

This bent for friendly intimacy independent of class grated on Bussy's aristocratic nerves:

> Elle aime généralement tous les hommes, quelque âge, quelque naissance et quelque mérite qu'ils aient, et de

replacé dans quelque bonne condition ou commission. Il a de l'esprit, il écrit à merveilles; il a senti les injustices de la cour, comme le berger de la fable; s'il trouvoit ma livrée dans son coffre: *Doux trésors*, diroit-il, *je vous reprends."* A Madame de Grignan, 4 octobre 1679 (II, 461–62).

[17] That they shared in her feelings is evident from the following passage: "Je voudrois que vous vissiez comme on me crie en rentrant ici: 'Il y a des lettres de Madame la Comtesse!' Tous mes gens sont bien instruits de ce qui me tient au coeur. Vous les nommez tous, vous faites fort bien ... ." A Madame de Grignan, 23 juin 1677 (II, 274).

[18] Cited by Jean Lemoine in *Madame de Sévigné, sa famille et ses amis d'après des documents inédits* (Paris: Hachette et Cie, 1926), p. 120.

[19] *La vie quotidienne sous Louis XIV* (Paris: Hachette et Cie, 1948), p. 208.

quelque profession qu'ils soient; tout lui est bon, depuis le manteau royal jusqu'à la soutane, depuis le sceptre jusqu'à l'écritoire.[20]

After her death in 1696, it became even more apparent how beloved she was by a wide variety of people—from her exuberant Coulanges cousins to servants and Duchesses. Her friends wrote of their grief to the Grignan family. From Philippe Emmanuel de Coulanges came this poignant testimony to Pauline, Madame de Sévigné's young granddaughter:

> ... Quel coup pour tous tant que nous sommes! quant à moi, je me perds dans la pensée que je ne verrai plus cette pauvre cousine, à qui j'ai été si tendrement attaché depuis que je suis au monde, et qui m'avoit rendu cet attachement par une si tendre et si constante amitié. Si vous voyiez, Madame, tout ce qui se passe ici, vous connoîtriez encore plus le mérite de Madame votre grand'mère; car jamais il n'y en eut de plus reconnu que le sien, et le public lui rend, avec des regrets infinis, tout l'honneur qui lui est dû. Mme de Coulanges est dans une désolation qu'on ne peut vous exprimer, et si grande, que je crains qu'elle n'en tombe bien malade. Depuis le jour qu'on nous annonça la cruelle maladie, qui à la fin nous l'a enlevée, nous avons perdu toute sorte de repos. Mme la duchesse de Chaulnes s'en meurt; la pauvre Mme de la Troche ... . Enfin nous nous rassemblons pour pleurer, et pour regretter ce que nous avons perdu ... .[21]

Madame de La Fayette's words, written but a year before her own death, reveal even more: "Croyez, ma très chère, que vous estes la personne du monde que j'ay le plus véritablement aimée." [22]

Bussy ascribed his cousin's many conquests to her readiness to praise—and to praise lavishly:

[20] *Histoire amoureuse des Gaules*, p. 308.
[21] *Lettres de Madame de Sévigné* ... (GEF), X, 385.
[22] *Correspondance*, ed. André Beaunier (2 vols.; Paris: Gallimard, 1942); letter dated 24 janvier 1692, II, 218.

... Elle aime l'encens, elle aime d'être aimée, et pour cela elle sème afin de recueillir, elle donne de la louange pour en recevoir.[23]

Madame de La Fayette described, too, her friend's ubiquitous *bienveillance,* but recognized that Madame de Sévigné's naturally cordial air was apt to make any of her polite phrases seem a compliment.[24] This time, as so often, Bussy has twisted truth in the direction of caricature. By attributing his cousin's abundant use of flattery to calculated opportunism (rather than "primaire" enthusiasm), he may have thought to explain the number of her friendships—but he failed to explain their intensity.

Flattery, alone, does not stir such a response, particularly in someone like Madame de La Fayette. The Marquise de Sévigné was loved because she loved—abundantly, loyally, and without shame. She showered affection on everyone who touched her heart from Fouquet to Retz and Corbinelli. Napoleon (to mention one of her famous readers) felt convinced that her letters about Fouquet's trial proclaimed a great passion. André Bertière speaks of her "tendresse si vive, si démonstrative" for Retz.[25] Here is Madame de Sévigné's comment on her attachment to the Chevalier de Grignan:

Je suis blessée de le quitter; ... le Chevalier est fort; moi, je suis foible; il se passera bien de moi, je ne suis pas de même pour lui ... .[26]

Her friends remained friends for a lifetime. More than forty years of almost daily companionship joined her to Madame de

---

[23] *Histoire amoureuse des Gaules,* pp. 307–8.

[24] "Vous êtes la plus civile et la plus obligeante personne qui ait jamais été; et par un air libre et doux, qui est dans toutes vos actions, les plus simples complimens de bienséance paroissent en votre bouche des protestations d'amitié; et tous les gens qui sortent d'auprès de vous s'en vont persuadés de votre estime et de votre bienveillance, sans qu'ils se puissent dire à eux-mêmes quelle marque vous leur avez donnée de l'un et de l'autre." *Lettres de Madame de Sévigné* ... (GEF), I, 322–23.

[25] *Revue d'histoire littéraire de la France,* LIX, 321.

[26] A Madame de Grignan, 11 avril 1689 (III, 414).

La Fayette,[27] Madame de Lavardin, and Madame de La Troche. The Arnauld family and particularly Pomponne, whose fate led him from exile to the King's cabinet and back to disgrace again, boasted of her unalterable devotion. Fouquet, Retz, Corbinelli, put her to the same test, proving her fidelity immune to public opinion. The most poignant witness of all is d'Harouys, languishing for debt in a Vincennes cell—where he evoked Madame de Sévigné, dead six months before:

> Ce pauvre mourant parlait toujours de Madame de Sévigné; il disoit: "Si elle étoit au monde, elle seroit de celles qui ne m'abandonneroient pas." [28]

What is even more significant than her loyalty is her trust in the loyalty of her friends, whatever their offense. Her relations with the Duc and Duchesse de Chaulnes offer an illustration. The Duc promised repeatedly to name her son, Charles, emissary of the Breton nobility to Versailles. Charles was delighted and staked his hopes on this promise: he had had a surfeit of country obscurity at Les Rochers. Yet when the King summoned the Duc to his presence, Chaulnes never breathed Charles' name. Madame de Grignan was immediately sceptical. Her mother refused to be robbed of her confidence.

> C'est à quoi je ne comprends rien, et à quoi je ne veux plus penser, sans pouvoir croire néanmoins qu'ils ne m'aiment plus.[29]

"Mon coeur les justifie," she continued.[29]

---

[27] Note this passage on their friendship: "La longue habitude ne m'avoit point accoutumée à son mérite: ce goût étoit toujours vif et nouveau; je lui rendois beaucoup de soins, par le mouvement de mon coeur, sans que la bienséance où l'amitié nous engage y eût aucune part; j'étois assurée aussi que je faisois sa plus tendre consolation, et depuis quarante ans c'étoit la même chose ... ." À la Comtesse de Guitaut, 3 juin 1693 (III, 828–29).

[28] This quotation comes from a letter written by Madame de Coulanges to Pauline de Simiane (25 octobre 1696) and is cited in: *Lettres de Madame de Sévigné* ... (GEF), X, 423.

[29] A Madame de Grignan et A Pauline de Grignan, 28 septembre 1689 (III, 552).

If Bussy proved an exception, it was because his offense struck too deep. Madame de Sévigné pardoned his venting personal ire in a public caricature of her when he made assurances that the caricature would never be published. She renewed their friendship, took pleasure in his company, laughed once more with him, only to undergo the supreme humiliation of being made a fool and a simpleton in her own eyes.

> Je vis que vous vous étiez moqué et de Mme de Montglas, et de moi; que j'avois été votre dupe, que vous aviez abusé de ma simplicité, et que vous aviez eu sujet de me trouver bien innocente, en voyant le retour de mon coeur pour vous, et sachant que le vôtre me trahissoit ... .[30]

> C'est ma grande douleur: c'est de m'être remise avec vous de bonne foi, pendant que vous m'aviez livrée entre les mains des brigands ... .[31]

Yet despite the scandal and her wounded pride, when (in May 1666) Bussy left the Bastille, ill and weak, she was the first person to visit him. Their friendship, once revived, continued until their death.

Her natural confidence in people reflects too in the omnipresent epithet "bon" which she glued to names: la bonne Marbeuf, la bonne Tarente, la bonne Troche, le bon d'Hacqueville, and, of course, "le bien Bon." Even that Breton incubus, the affected and affectionate Mademoiselle du Plessis (who plagued, fatigued, amused, and irritated Madame de Sévigné with a strident, unsolicited devotion) proved the rule, not the exception: "A la réserve de ce que je vous disois l'autre jour, je ne pense pas qu'il y ait une meilleure créature." [32] Gaston Boissier, in his excellent study of Madame de Sévigné, has called attention to the sparseness of bitter or resentful comments in this intimate family cor-

---

[30] Au Comte de Bussy-Rabutin, 26 juillet 1668 (I, 153–54).
[31] Au Comte de Bussy-Rabutin, 28 août 1668 (I, 156).
[32] A Madame de Grignan, 20 octobre 1675 (I, 886).

respondence. Even her flashes of wit did not draw blood the way
Bussy's did.[33] Her contemporary Somaize must have had this
in mind when he remarked in his *Grand dictionnaire historique
des prétieuses:* "Elle ... hait mortellement la satyre ... ." [34]

Madame de Sévigné's attractiveness and what critics call her
"health" (a term invariably applied to her) [35] springs from her
rich, unquenchable capacity to love. Hurt, humiliation, sorrow,
seldom checked or froze her affection. As a child, she suffered
the loss of one loved one after another: mother, father, grand-
mothers, an adored grandfather; [36] later, what she suffered from
her husband and daughter formed the poignant drama of her
life. But she loved, accepted pain, and went on loving. Therein
lies the enduring strength of her character.

In Sévigné lore, it is often hinted that Madame de Sévigné's
warmth stopped short of generosity. The source of this opinion
may be traced to those biographers and champions of Bussy-
Rabutin who feel obliged to take sides in the quarrel between
the two cousins. They adduce proof that what angered Bussy

---

[33] "Ce qui frappe d'abord, c'est de voir combien elle est, en général,
bonne, aimable et bienveillante. Ce mérite est d'autant plus remarquable
qu'il s'agit d'une correspondance intime, où elle pouvait ouvrir son coeur
sans crainte." *Madame de Sévigné*, p. 24. Note also on p. 26: "Elle n'est pas
toujours tendre pour les sots qui l'ennuient et les importuns qui viennent
la déranger; il lui arrive de rapporter de bonnes histoires pour amuser sa
fille, et, une fois qu'elle est en train de les raconter, sa verve l'emporte ...
mais sa plaisanterie n'égratigne pas, comme celle de Bussy, et il y a
toujours quelque chose de souriant dans sa malice."

[34] Quoted in *Lettres de Madame de Sévigné* ... (GEF), I, 323.

[35] See, for example: Sainte-Beuve, *Causeries du lundi,* 3ème éd. (Paris:
Garnier Frères, 1850), I, 52: "Cette riche et forte nature ... cette nature
saine et florissante;" and Emile Faguet, *Dix-septième siècle; études littéraires* (Paris: Société française d'imprimerie et de librairie [ancienne maison
Lecène, Oudin et Cie], 1903), p. 377: "... Surabondante de vie forte et
saine, toujours en pleine fleur de santé physique, intellectuelle et morale ... ."

[36] Note this passage, cited by Lemoine (*Madame de Sévigné, sa famille
et ses amis ...* , 100–1), from a letter written by Madame de Sévigné's
paternal uncle André Frémyot to his sister Sainte Chantal: "Votre petite-
fille fait une perte inestimable, car ce pauvre défunt l'aimoit d'un amour
vraiment paternel et il la gouvernoit si doucement qu'il en faisoit tout ce
qu'il vouloit."

was her reluctance to lend him money when, as recent scholarship has shown, she had more than enough funds to do so.[37] Bussy, himself, except for what he said in the *Histoire amoureuse des Gaules,* would disagree with his advocates. He attributed her hesitation (which followed immediate and enthusiastic assent), to the too prudent counsel of her uncle and mentor.[38] The Abbé de Coulanges, as Bussy knew, had little regard for Rabutin fractiousness and extravagance; doubtless he considered Bussy a scapegrace and a thoroughly bad risk. When Bussy asked for funds a second time, however, he got them immediately.[39] The rumor of her miserliness, created and spread solely by his portrait, failed to stop her from providing dowries, military posts, and "establishments" for her children. She signed away her property and impoverished herself to the point of humiliation, depending on Madame de Guitaut to help her collect the few revenues to which she was still entitled. At the age of sixty-three, lacking even the funds to stay at the Hôtel Carnavalet, Madame de Sévigné retired to Les Rochers where she managed to pay Charles a small pension. Her friends, worried about this forced retirement (to what they considered a damp and dangerous climate), tried to get her to accept an anonymous loan and a more comfortable winter in Paris; their efforts met with failure.

All this happened after the Abbé's death. While he was still

---

[37] See Gérard-Gailly's introduction to the Pléiade edition of Madame de Sévigné's letters, I, 37.

[38] "... Votre premier mouvement fut de m'assister lorsque notre ami Corbinelli vous en alla prier de ma part; et je ne doute pas que si vous n'eussiez consulté que votre coeur, je n'eusse reçu le secours que je vous demandois; mais vous prîtes conseil de gens qui ne m'aimoient pas tant que vous faisiez, qui vous portèrent à prolonger les affaires par des formalités inutiles." *Correspondance de Roger de Rabutin ...* , 29 juillet 1668 (I, 114).

[39] "... Après notre paix vous eûtes besoin d'argent; je vous donnai une procuration pour en emprunter; et n'en ayant pu trouver, je vous fis prêter sur mon billet deux cents pistoles de M. Le Maigre ... ." Au Comte de Bussy-Rabutin, 28 août 1668 (I, 156).

alive, he checked his niece's generosity more than is generally recognized. And his precautions seemed to have stirred up many an impassioned scene. When Madame de Grignan stayed in Paris at her mother's home, the old Abbé grumbled about expenses, implying that the Grignans did not contribute their full share. Scrupulous in matters of conscience, Madame de Grignan would torment herself and her mother with doubts and reproaches. Madame de Sévigné, in turn, attacked the Abbé furiously.

> Au reste, ma bonne, ne me venez point parler de dégâts et de dommages; l'abbé renonce fort d'avoir parlé dans ce sens; au contraire, disant que votre pension étoit très-forte. Je sais bien que deux ou trois fois je l'ai entendu parler de cette sorte à mon fils et à d'autres; mais pour en avoir le coeur content une bonne fois, je veux voir en détail la dépense que nous avons faite, et celle que je dois faire seule; naturellement, j'y ajouterai votre grosse pension, et je verrai la juste vérité, et je démêlerai la mauvaise humeur, que peut donner l'âge et les soins de l'avenir, des choses de fait, qui sont incontestables .... Je ne puis dire la furie où j'en ai été contre lui.[40]

Madame de Sévigné showered her husband with the same unstinting generosity she later showed her children. Yet he was a perfect scoundrel. This passage from the *Journal* of Olivier Lefèvre d'Ormesson (who negotiated the purchase of an office for the young Marquis) exposes his character:

[40] A Madame et A Monsieur de Grignan, 25 octobre 1679 (II, 488). Note also: "Il est vrai que la pénitence que j'ai fait faire à l'Abbé, m'a un peu consolée; il a bien vu et connu que c'étoit me perdre et m'arracher toute l'amitié que j'ai pour lui, que de vous faire sentir ces mauvaises humeurs. Son retour naïf et sincère m'a contentée, et j'ai voulu lui faire sentir la honte et la confusion de vous avoir dit des faussetés, qu'il m'avoue, et qui vous doivent assurer pour toujours que jamais vous n'avez pesé un seul grain sur moi; au contraire, au contraire, dis-je! Jugez de ma colère, puis qu'il vous faisoit croire ce qui n'étoit pas; car je l'ai voulu examiner. Et quand cela auroit été?" A Madame de Grignan, 5 janvier 1680 (II, 556–57).

Le mercredy 4 janvier [1646], M. de Sévigné me vint dire, après disner, que Mme de la Trousse, M. l'abbé et M. le coadjuteur [Retz] s'obligeoient pour luy solidairement, et me pria d'aller aussytost conclure. J'y fus, et M. du Perreux me demanda du temps pour y penser. Au retour, M. de Collanges et l'abbé furent étonnés de la prière de M. de Sévigny, parce qu'il ne s'estoit engagé que sous condition d'y trouver ses seuretés, et, les ayant consultés, il se trouvoit qu'il n'en pouvoit avoir avec M. de Sévigny mineur, et me pria de retourner rompre la proposition sur ses raisons. Il se plaignoit de M. de Sévigny, qui l'avoit engagé, et Mme de la Trousse, contre leur intention.[41]

Despite all advice and repeated evidence of her husband's dissipation, she contracted huge debts to please him. Tallemant commented indignantly:

Ce Sévigny n'estoit point un honneste homme, et il ruinoit sa femme qui est une des plus aimables et des plus honnestes personnes de Paris ... . Il avoit fort peu de bien; il faisoit des marchez qu'après il rompoit; on la fit séparer ... . Cependant, *par amitié, elle s'engagea jusques à cinquante mille escus.* Ces esprits de feu, pour l'ordinaire, n'ont pas grand cervelle.[42] [Italics mine.]

In business affairs, too, she displayed a generous nature. Though harried for lack of funds, she paid her farmers and workers well, giving them foodstuffs in abundance when no money was available. This is the conclusion of Jean Lemoine and H. Bourde de La Rogerie after a close scrutiny of the account books of her *receveur,* l'Abbé Rahuel.[43] Her expenditures on food, wine, charity,

[41] Olivier Lefèvre d'Ormesson, IX[1], 241.

[42] *Les historiettes,* V, 315. N.b., The word "amitié," was stronger in the seventeenth century than it is today. See Gaston Cayrou, *Le français classique: lexique de la langue du dix-septième siècle* (Paris: Didier, 1948), p. 30: "Il a alors un sens très fort, et indique une affection sérieuse, une tendresse profonde."

[43] *Madame de Sévigné aux Rochers ... ,* p. 28: "Malgré ses impérieux besoins d'argent, elle se montra humaine et si son fermier général de

and the improvement of her property generally surpassed whatever income she obtained from Les Rochers.[44]

A recently published article, purporting to describe the "real" Madame de Sévigné, contends that her contemporaries kept an eloquent silence about her qualities of heart.[45] This is outright falsehood (probably again inspired by the ghost of Bussy-Rabutin). Saint-Simon, who knew the family well, and who has scarcely earned acclaim for magnanimity, called her "si aimable" and "extrêmement bonne." [46] La Rochefoucauld, another infrequent eulogist, said she satisfied his ideal of friendship in all its circumstances and dependencies.[47] Madame de La Guette, who first met her as Mademoiselle de Rabutin-Chantal at Sucy, the Coulanges' summer residence, described her thus:

> C'est une dame qui n'a point de plus grand plaisir que quand elle peut obliger quelqu'un, étant la générosité même.[48]

Madame de La Fayette, especially, should be quoted because of the closeness of their friendship:

Bodégat, maître Jean Lemoine, se vit traîner devant la justice par des créanciers impitoyables, on ne compta point parmi eux, encore que sa créance fut la plus importante, Madame de Sévigné, désarmée à l'avance par les beaux yeux brillants et la belle taille de la petite fermière. Elle fit régner autour d'elle la joie et l'aisance. Si souvent les fermiers ne payaient pas parce que, suivant le cri général qui se répétait de Bretagne en Bourgogne et de Bourgogne en Provence, rien ne se vendait, ils pouvaient du moins vivre sans peine des produits de leurs fermes et les ouvriers, les artisans, les journaliers recevaient de leur côté un salaire suffisamment rémunérateur."

[44] As an example of her charity, page after page of this account book records expenditures for the orphan Louison whom Madame de Sévigné raised at Les Rochers.

[45] Herz, *Modern Language Notes*, LXXIV, 622.

[46] *Mémoires*, III, 77–78.

[47] "M. de La Rochefoucauld dit que je contente son idée sur l'amitié, avec toutes ses circonstances et dépendances." A Madame de Grignan, 25 février 1671 (I, 207). "Idée," in the seventeenth century, often meant image or ideal; see Cayrou, p. 475.

[48] *Mémoires de Madame de La Guette*, ed. P. Moreau (Paris: P. Jannet, 1856), p. 50.

Votre coeur, Madame, est sans doute un bien qui ne se peut
mériter; jamais il n'y en eut un si généreux, si bien fait et
si fidèle.[49]

Why then does the legend of Madame de Sévigné's heartless-
ness continue to crop up in one form or another? Aside from
Bussy's portrait, nothing has contributed more to establish and
perpetuate it than her reaction to the Breton uprising of 1675
and to the barbarity with which it was suppressed. Madame de
Sévigné spoke flippantly of this insurrection: that much is perfectly true. But attention to the chronology of her letters proves
that her flippancy soon evolved into something quite different.

When the uprising began, she was in Paris preparing for a
trip to Les Rochers. Her informants wrote and spoke of rock
throwing, raids, and burning châteaux: thus the peasants dem-
onstrated their hatred for new taxes. Informed only by these
"on dit" and desirous of quelling her daughter's anticipatory
alarm, Madame de Sévigné, still determined on her trip, wrote
frivolously of "petites tranchées," "une colique pierreuse," (19
juin 1675) and "ces coquins qui jettent des pierres dans le jardin
du patron" (3 juillet 1675). Her words darkened, however, as
the peasants grew more violent and began to hang members of
the local nobility: the rebellion had taken on overtones of revo-
lutionary Jacquerie.[50]

Filled with sympathy for her friends the Chaulnes, governors
of the Province (who lived in serious danger before royalist
troops arrived), she commiserated with their cause.[51] Yet when

---

[49] *Lettres de Madame de Sévigné* ... (GEF), I, 322.
[50] See Georges Mongrédien, *La vie quotidienne sous Louis XIV,* p. 233:
"Il s'agit de tout autre chose que d'une révolte née de la colère et de la
souffrance ... on se trouve en présence d'un plan complet de refonte sociale.
Le mouvement est autant dirigée contre la noblesse et ses privilèges que
contre les nouveaux impôts."
[51] "Mme de Chaulnes y est à demi morte des menaces qu'on lui fait tous
les jours; on me dit hier qu'elle étoit arrêtée, même les plus sages l'ont
retenue, et ont mandé à M. de Chaulnes, qui est au Fort-Louis, que: si les
troupes qu'il a envoyé quérir ici par un nommé Beaumont que j'ai vu

the troops were about to be dispatched, Madame de Sévigné wrote sadly: "M. de Fourbin doit partir avec six mille hommes pour punir cette province, c'est-à-dire la ruiner."[52] Once in Brittany, having seen the suffering and devastation of the Province with her own eyes, she began using adjectives like "triste" and "pauvre" in one letter after another.[53] Soon she was calling for an amnesty; since the King granted a pardon to the leader of the Guyenne rebellion, she said, "on ne doit pas nous la refuser" (2 octobre 1675).[54] Shortly after this, however (20 octobre 1675), a jarring note appears in a letter to Bussy:

> Les mutins de Rennes se sont sauvés il y a longtemps: ainsi les bons pâtiront pour les méchants; mais je trouve tout fort bon, pourvu que les quatre mille hommes de guerre qui sont à Rennes, sous MM. de Fourbin et de Vins, ne m'empêchent point de me promener dans mes bois, qui sont d'une hauteur et d'une beauté merveilleuses.[55]

Why did she suddenly switch to this detached vein? Perhaps she had in mind Bussy's attitude toward peasant upheavals and his habit of copying and circulating her letters. In any case, proof abounds that in writing to her cousin she did not express her true sentiments. In fact, on the very same day (20 octobre 1675) she sent a letter to Madame de Grignan (ever the confidante of her feelings)[56] full not only of sympathy for the sufferings of Brittany but of deep personal involvement.

---

font un pas dans la province, ils mettront en pièces Mme de Chaulnes." A Madame de Grignan, *24 juillet 1675* (I, 770).

[52] A Madame et A Monsieur de Grignan, *31 juillet 1675* (I, 779).

[53] E.g., "Nos pauvres bas Bretons .... On ne laisse pas de pendre ces pauvres bas Bretons ...." A Madame de Grignan, 24 septembre 1675 (I, 860).

[54] A Madame de Grignan (I, 866).

[55] Au Comte de Bussy-Rabutin et A Mademoiselle de Bussy (I, 888).

[56] The Chevalier de Perrin, Madame de Sévigné's first editor, commented on the difference between her letters to Bussy and those to Madame de Grignan: "... Quelque admirables qu'elles soient, elle ne nous empêchent point de penser qu'elle écrit à son cousin; au lieu qu'en lisant celles-ci, nous croyons qu'elle parle à sa fille." Quoted in *Lettres de Madame de Sévigné ...* (GEF), XI, 490.

Il s'en faut beaucoup que je n'aie peur de ces troupes; mais je prends part à la tristesse et à la désolation de toute la province. ... Me voilà bien Bretonne, comme vous voyez ... .[57]

Breton patriotism increasingly came to the fore. She complained bitterly about the King's augmented demands upon the Province, the brutalities of his troops, the exile of the Parlement, and the cruel new taxes. Angrily she scored the court's insistence upon an increased annual gift:

On augmente le nôtre; je pensai battre le bonhomme Boucherat, quand j'en entendis parler; je ne crois pas que l'on puisse donner la moitié. Les états s'ouvriront demain, c'est à Dinan. Tout ce pauvre parlement est malade à Vannes; Rennes est une ville déserte. Les puntions et les taxes ont été cruelles; il y auroit des histoires tragiques à vous en conter d'ici à demain.[58]

Several passages, styled in an ironic vein almost suggestive of Voltaire, contrast barbarous punishments with an attenuated depiction of the offenses they were supposed to suppress.[59]

Although unable to write in complete freedom, for the mails were tampered with and her son-in-law, himself, was a provincial governor, she ended by judging the Duc de Chaulnes and his harsh measures with the condemnation they deserved.

Vous jugez superficiellement de celui qui gouverne celle-ci [cette province], quand vous croyez que vous feriez de

[57] A Madame de Grignan (I, 885).

[58] A Madame de Grignan, 13 novembre 1675 (I, 907).

[59] Note, for example: "On a chassé et banni toute une grande rue, et défendu de les recueillir sur peine de la vie, de sorte qu'on voyoit tous ces misérables, vieillards, femmes accouchées, enfants, errer en pleurs au sortir de cette ville, sans savoir où aller, sans avoir de nourriture, ni de quoi se coucher. ... On a pris soixante bourgeois; on commence demain à pendre. Cette province est un bel exemple pour les autres, et surtout de respecter les gouverneurs et les gouvernantes, de ne leur point dire d'injures, et de ne point jeter des pierres dans leur jardin." A Madame de Grignan, 30 octobre 1675 (I, 895). Jean Félix Nourrisson, in his *Histoire et philosophie: études accompagnées de pièces inédites* (Paris: Didier et Cie, 1860), has, in fact, seen in Madame de Sévigné a forerunner of Voltaire (see his preface, pp. v–vi). "Natura non facit saltum," he says.

même; non, vous ne feriez point comme il a fait, le service du Roi même ne le voudroit pas.[60]

This passage (seldom quoted) strikes a contrast to her remarks of the previous summer. Once on the scene, she lost whatever detachment she might have had. Although she was rarely moved by humanitarianism in the abstract, the sight of suffering—peasants kneeling in the fields, ravaged farms, homeless waifs—kindled her sympathies.[61] She grew to identify herself with her adopted province, detested the troops, and even criticized the Chaulnes, to whom she felt tied by gratitude, as well as personal and class loyalty. Paradoxically, the Duc de Chaulnes owes to his friend Madame de Sévigné (for both her faithful and ironic descriptions) the impression of villainy his name still evokes in French history.

Quite in character, once moved to sympathy Madame de Sévigné did something about it. At the provincial estates of 1671, for example, she spoke out for the "misérables." [62] With her son-

[60] A Madame de Grignan, *11 décembre 1675* (I, 934–35). Marianne Schmidt, in *Madame de Sévigné und das öffentliche Leben ihrer Zeit* (Munich: B. Heller, 1935), contrasts the Marquise's attitude to that of the Bishop of Saint-Malo who wrote Colbert: "Vous êtes, Mr., si bien averti par M. le duc de Chaulnes du bon estat qu'a desja produit l'arrivée des trouppes du roy en Basse-Bretagne ... , mais je me sens obligé de vous dire qu'après les furies de ce peuple barbare et les mauvaises intentions qui vous ont paru en bien d'autres esprits ... , si les chastiments ne sont sévères et les exemples un peu forts, tandis qu'on a la force en la main, il est à craindre qu'après le retour des trouppes l'humeur séditieuse ne reprenne bien des gens, quand il sera question de faire exécuter les édits." Schmidt, p. 21, citing *Correspondance administrative sous le règne de Louis XIV*, ed. G. B. Depping, I, 550–51. Madame de Sévigné criticized this prelate's egotism, selfishness, and sycophancy in her letter to Madame de Grignan of 8 décembre 1675 (I, 930).
[61] Note Bailly, p. 190: "Elle n'est pas altruiste par principe, elle ne songe que fugitivement aux infortunes qu'elle ne voit pas, mais celles qui se présentent à elle, visibles, éveillent dans son coeur un mouvement d'amitié et le désir de porter secours."
[62] "J'ai fait plaisir à plusieurs personnes: J'ai fait un député, un pensionnaire; j'ai parlé pour des misérables, et de *Caron pas un mot*, c'est-à-dire rien pour moi; car je ne sais pas demander sans raison." A Madame de Grignan, 6 septembre 1671 (I, 377).

in-law she intervened to help, among others, a servant of Fouquet, condemned to the galleys for his fidelity, and a gypsy captain whose granddaughter's tale of woe had stirred her. She befriended persecuted Jansenists, sought them protectors and employment. In behalf of one Jansenist priest, Monsieur Trouvé, forced to flee Paris, she wrote letters of entreaty to Monsieur de Guitaut.[63] As she explained to her daughter:

> ... Hélas! ma bonne, vous savez comme je suis pour les malheureux, et à quel point je me tiens offensée de certaines injustices ... .[64]

She served family and friends indefatigably. Madame de La Trousse (for whom she postponed her first trip to Provence), Madame de La Fayette, Madame de Coulanges, the petulant Mademoiselle de Méri, even Bussy [65] benefited from her care when they fell ill.[66] Nor did she allow custom or her daughter to dissuade her from personally tending Marie-Blanche de Grignan when the child contracted smallpox. "Je ne l'ai point abandonnée," she wrote Madame de Grignan, "je suis pour le mauvais air, comme vous êtes pour les précipices; il y a des gens avec qui je ne le crains pas." [67]

Everyone looked to her as an *amie secourable*. When the pious Monsieur de Saint-Aubin died he could think of entrusting his

---

[63] Au Comte de Guitaut, 25 septembre 1677 (II, 360).

[64] A Madame de Grignan, 24 septembre 1677 (II, 358).

[65] "... Les soins que vous m'avez rendus pendant ma maladie m'ont tellement réchauffé pour vous, qu'il n'y a que l'amour plus fort que ce que je sens; mais ce que je sens sera assurément plus durable que l'amour, car j'aurai pour vous, toute ma vie, la plus tendre amitié qu'on aura jamais." *Correspondance de Roger de Rabutin ... ,* 10 octobre 1683 (V, 373).

[66] When her daughter was in Paris, she sacrificed a precious trip to Livry they were to make together in order to tend an ailing friend, Madame de La Troche. "Il faut renoncer, ma bonne, à toute sorte d'amitié, et même d'honnêteté, pour songer à quitter La Troche en l'état où elle est: il faut être amie ou ne l'être pas. En un mot, je demeure ici, et je vous demande, ma très-bonne et très-chère, de vous en aller à Livry." A Madame de Grignan, juin–juillet 1678? (II, 401).

[67] A Madame de Grignan, 11 juillet 1672 (I, 590).

wife to no one else.[68] After Pomponne suffered disgrace, she put herself at the disposition of his family (now deserted by their would-be friends). She did the same for the Cardinal de Bouillon when his Uncle Turenne met a tragic death. The Cardinal invited her to attend the family funeral at Saint-Denis; there she was one of a very few outsiders.[69]

Perhaps even more than her readiness to help, people valued in Madame de Sévigné a wealth of sympathetic understanding. It is noteworthy that in her unhappiness over Lauzun, Mademoiselle de Montpensier felt particularly drawn to Madame de Sévigné.

> Elle me fit pleurer à force de pleurer. J'y suis encore retournée deux fois; elle est fort affligée, et m'a toujours traitée comme une personne qui sentoit ses douleurs; elle ne s'est pas trompée. J'ai retrouvé dans cette occasion des sentiments qu'on ne sent guère pour des personnes d'un tel rang.[70]

Interestingly, too, the Duchesse de Longueville, stricken by the death of her beloved son at the passage of the Rhine and surrounded by a crowd of consolers, singled out Madame de Sévigné. Perhaps she sensed the Marquise's intuitive understanding. This was what Madame de Sévigné wrote upon returning home:

[68] Mesnard writes in his biographical introduction to the GEF edition of Madame de Sévigné's letters (I, 145): "Dans son testament il la loua beaucoup 'et par son coeur dont il dit des merveilles, 'et par leur ancienne amitié.' Il laissait une femme, qui semble avoir été jusque-là peu agréable à la famille dans laquelle elle étoit entrée. Mais il compta, en mourant, sur la bonté de madame de Sévigné, et ce fut à elle qu'il la recommanda."

[69] "Je reviens, ma bonne, du service de M. de Turenne à Saint-Denis. Mme d'Elbeuf m'est venue prendre, et m'a paru me souhaiter; le petit cardinal m'en a priée d'un ton à ne pouvoir le refuser. ... Il n'y avoit d'amis que MM. Boucherat, de Harlay, de Barillon, et Monsieur de Meaux; Mmes Boucherat y étoient, et les nièces." A Madame de Grignan, 30 août 1675 (I, 838–39).

[70] A Coulanges, 31 décembre 1670 (I, 186).

Je ne vous dis point mes réponses: elles furent comme elles devoient être; et, de bonne foi, j'étois si touchée que je ne pouvois pas mal dire; la foule me chassa. Mais enfin la circonstance de la paix est une sorte d'amertume qui me blesse jusqu'au coeur quand je me mets à sa place.[71]

She also felt pain for her friend La Rochefoucauld, putative father of Madame de Longueville's young son. Entering imaginatively into their feelings, she pictured a consoling reunion for these long estranged lovers.

... J'ai dans la tête que s'ils s'étoient rencontrés tous deux dans ces premiers moments, et qu'il n'y eût eu que le chat avec eux, je crois que tous les autres sentiments auroient fait place à des cris et à des larmes, qu'on auroit redoublés de bon coeur: c'est une vision.[72]

Sometimes what she felt surpassed sympathy, so completely did she involve herself in the feelings of those she loved. Surely no one grasped, as did Madame de Sévigné, the meaning of La Rochefoucauld's death to Madame de La Fayette.

... Où Madame de La Fayette retrouvera-t-elle un tel ami, une telle société, une pareille douceur, un agrément, une confiance, une considération pour elle et pour son fils? Elle est infirme, elle est toujours dans sa chambre, elle ne court point les rues; M. de La Rochefoucauld étoit sédentaire aussi: cet état les rendoit nécessaires l'un à l'autre; rien ne pouvoit être comparé à la confiance et aux charmes de leur amitié. Ma bonne, songez-y, vous trouverez qu'il est impossible de faire une perte plus sensible, et dont le temps puisse moins consoler. Je ne l'ai pas quittée tous ces jours ... .[73]

One of the gifts she repeatedly displays in her letters is a creative identification with people; the power to get inside them,

[71] A Madame de Grignan, 27 juin 1672 (I, 578).
[72] A Madame de Grignan, 20 juin 1672 (I, 573).
[73] A Madame et A Monsieur de Grignan, 17 mars 1680 (II, 647).

share their feelings, and make them speak in character, aptly and well. But with all his equanimity and cleverness, could Fouquet really have spoken as movingly as she made him speak? When her Paris neighbors, the Guitauts, saw their house burn, how keenly, but also how "novelistically," she penetrated Monsieur de Guitaut's dilemma:

> Il faisoit pitié; il vouloit aller sauver sa mère qui brûloit au troisième étage; sa femme s'attachoit à lui qui le retenoit avec violence; il étoit entre la douleur de ne pas secourir sa mère et la crainte de blesser sa femme, grosse de cinq mois: il faisoit pitié.[74]

Further, as she moved about in the great assemblies and social gatherings of her day, she caught and "vibrated" the communal emotions. More than anyone else, she has transmitted French enthusiasm for the seemingly unconquerable luck of Louis XIV's early reign, the pathos of General Turenne's sudden death, the dramatic vicissitudes of Fouquet's trial, the ludicrous ineptitude of the ceremony in which the King paid off both his favorites and ruined aristocrats with the title: Chevalier du Saint-Esprit.[75]

If Madame de Sévigné shared in the emotions of others, they could scarcely miss sharing hers. Voluble, demonstrative, open, she proclaimed her feelings with every gesture. And her loquac-

---

[74] A Madame de Grignan, 20 février 1671 (I, 204).

[75] Perhaps her special penchant for mimicry and parody ought also to be mentioned in this context. She loved to mime accents and mannerisms (e.g., les filles de la reine: 13 mars 1671, I, 223; la Du Plessis' mode of talking: 5 juillet 1671, I, 326). She would parody Descartes' psychological jargon (5 août 1676, II, 162; 25 octobre 1688, II, 225), the chapter titles of *Amadis de Gaule* (20 juillet 1679, II, 435–36), the *précieuse* bent for topographical imagery (2 novembre 1689, III, 582–83). She used her "lettre de la prairie" (22 juillet 1671, I, 341–42) with its simple subject (the dismissal of a lazy servant) to parody long-winded narrations with their divagations and relentless avoidance of the main point. In her letter dated 12 juillet 1671 (I, 332) she mentions having written to Charles in the style of La Calprenède. Madame de Sévigné seems also to have been known for her dramatic talent: "... Moi, qu'on croit assez bonne pour le théâtre ... ." 15 janvier 1672 (I, 456).

ity, not to say garrulity, seemed amusing, even to Madame de Sévigné herself. She once made fun of it by appending to a particularly voluminous letter this strangely prophetic ending: "Livre dédié à Madame la comtesse de Grignan, mère de mon petit-fils." [76] "Il est dangereux," she warned, "de me mettre en train de parler." [77] Her verbal opulence grated on a posthumous competitor, Lady Mary Wortley Montagu, who commented:

> Copiousness of words, however ranged is always false elo-
> quence, though it will ever impose on some sort of under-
> standings.[78]

Madame de Sévigné squandered affection in the same measure. When her grandson came to Paris, for example, she wrote Madame de Grignan, "Je l'embrasse fort souvent, vous êtes mon prétexte; car je le prends quelquefois en trahison." [79] The infant Marie-Blanche de Grignan, entrusted to her grandmother's care at the age of a few months, benefited similarly. Although in the seventeenth century very young children of aristocratic families seldom got more than perfunctory attention, Madame de Sévigné was a veritable nursemaid. She played with her granddaughter by the fireside and described all her mannerisms and babytalk to the perhaps not overly interested Madame de Grignan. The Marquise had but one fear: as usual, she loved too much and too hard: "... Je crains de l'aimer un peu trop, mais je ne saurois tant mesurer toutes choses." [80] Tallemant remarked on her extravagant demonstrations of affection for her tutor Ménage:

---

[76] A Madame et A Monsieur de Grignan, 23 décembre 1671 (I, 439).
[77] A Madame de Grignan, 19 octobre 1689 (III, 570).
[78] *Letters [by] Lady Mary Wortley Montagu* (London: J. M. Dent & Sons, Ltd., 1934), p. 438. Even Madame de Sévigné's handwriting was expansive: "... Le papier et mon écriture la [la lettre] font paroître aussi d'une taille excessive: il y a plus dans une feuille des vôtres que dans six des miennes ... ." A Madame de Grignan, 3 juillet 1677 (II, 286).
[79] A Madame de Grignan, 22 décembre 1688 (III, 284).
[80] A Madame de Grignan, 15 avril 1672 (I, 519). Later, when the child was placed in a convent, Madame de Sévigné did not forget her. She tried to intercede with her daughter to lighten the lot of Marie-Blanche, seeking

Elle baisoit un jour Ménage comme son frère; des galans
s'en estonnaient. "On baisoit comme cela, leur dit-elle dans
la primitive église." [81]

Her exuberant gestures and frequent tears [82] (earlier alluded to)
further illustrate her readiness to externalize feelings.

As a matter of fact, she found it all but impossible to hold
things in. When something affected her—pleasantly or un-
pleasantly—she needed urgently to say so. Or, to use Jung's
terminology, her reactions were not systolic, they were diastolic.

> ... Je suis naturelle; et quand mon coeur est en presse, je ne
> puis m'empêcher de me plaindre à ceux que j'aime bien: il
> faut pardonner ces sortes de foiblesses.[83]

> Vous me ravissez d'aimer les *Essais de morale:* n'avois-je
> pas bien dit que c'étoit votre fait? Dès que j'eus commencé
> à les lire, je ne songeai plus qu'à vous les envoyer; car vous
> savez que je suis communicative, et que je n'aime point à
> jouir d'un plaisir toute seule.[84]

Friendship meant an exchange of confidences (rather than of
services) to her. She found consolation in sharing burdens and
anxieties. Besides, she could not help speaking her mind.

> Vous pouvez m'apprendre bien des choses, ma bonne; mais
> pour la confiance et la sincérité dans le commerce de l'amitié,
> je ne recevrai des leçons ni de vous, ni de personne. Voyez-
> vous bien sur quel ton je le prends? Je ne suis que trop

---

to have the child placed with her aunt, where she would enjoy some affection and an easier life. (N.b., 9 juin 1680, II, 734–35 and 3 juillet 1680,
II, 768: "Je souhaite que vous décidiez en faveur de mon opinion sur la
destinée de la petite d'Aix; elle me fait pitié.")

[81] *Les historiettes,* V, 316.

[82] Madame de Sévigné looked upon tears as a welcome release: "Ne soyez
jamais en peine de ceux qui ont le don des larmes; je prie Dieu que je
ne sente jamais de ces douleurs où les yeux ne soulagent point le coeur: il est
vrai qu'il y a des pensées et des paroles qui sont étranges, mais rien n'est
dangereux quand on pleure." A Madame de Grignan, 29 mai 1675 (I, 724).

[83] A Madame de Grignan, 24 juin 1671 (I, 316).

[84] A Madame de Grignan, 12 janvier 1676 (II, 20).

sincère, et je serois incapable de vous cacher une incommodité, si je l'avois.[85]

Madame de La Fayette, less effusive and more prudent, believed her friend overdid sincerity. There is a stab of criticism in one passage of her otherwise encomiastic portrait:

> Il y a des gens qui vous soupçonnent de ne le [votre coeur] montrer pas toujours tel qu'il est; mais, au contraire vous êtes si accoutumée à n'y rien sentir qui ne vous soit honorable, que même vous y laissez voir quelquefois, ce que la prudence vous obligeroit de cacher.[86]

Madame de Grignan more than shared Madame de La Fayette's views. Standoffish, stiff, and uncommunicative, she felt uneasy about her mother's habit of showing letters around and making intimate confidants of all their friends.[87] To be sure,

---

[85] A Madame de Grignan, 16 octobre 1680 (II, 874). Note in this context her letter to Bussy during the period when his daughter was seeking an annulment of her marriage to La Rivière. Madame de Sévigné counseled that the girl be allowed to give vent to her anger by writing to the man she hated. It would have a cathartic effect, she thought. "C'est qu'on aime à dire ce qu'on pense, c'est pour se soulager qu'on écrit; et si cela contribue au repos de l'âme, je le conseille, et je suis en cette rencontre contre notre cher Corbinelli: sa fermeté tient un peu du barbare. Comme dans la scène d'Horace et de Curiace, notre ami prend sur lui, pour ne jamais blesser la gloire; et moi je demande permission à la gloire de prendre un peu sur elle pour me donner de la paix et de la tranquillité. On se trouve fort soulagé quand on a mis sur une feuille de papier tout ce qu'on a sur le coeur." 10 septembre 1681 (II, 903). Note also: "... J'honore tant la communication des sentiments à ceux que l'on aime, que je ne penserois jamais à épargner une inquiétude, au préjudice de la consolation que je trouverois à faire part de ma peine à quelqu'un que j'aimerois. Voilà mes manières, voilà *l'humeur de ma mère* ... ." A Madame de Grignan, 1 décembre (II, 523).

[86] *Lettres de Madame de Sévigné* ... (GEF), I, 322. Madame de Sévigné admitted to admiring directness more than diplomatic restraint: "Sur les questions que vous faites à votre frère, je décide hardiment que j'aime mieux celui qui est en colère et qui le dit, que le *traditor* qui cache son venin sous les belles et douces apparences." A Madame de Grignan, 12 janvier 1676 (II, 23).

[87] Note this passage: "Je ne puis me résoudre à jouir toute seule du plaisir de les lire; mais ne craignez rien, je ne fais rien de ridicule là-dessus ... . Je ne fais voir que ce qui convient, et vous croyez bien que je me rends maîtresse de la lettre, pour qu'on ne lise pas sur mon épaule ce que je ne

Madame de Grignan had cause for embarrassment: Madame de Sévigné spent her life talking of her daughter to anyone who would listen; those who shared or seemed to share her adoration became her intimate friends. At the same time, however, she undertook to convince her daughter that she could be discreet and even secretive. Madame de Grignan never agreed.

> Au nom de Dieu, ne croyez point que je dise jamais un mot là-dessus; j'aimerois mieux mourir: vous ne connoissez pas encore mes petites perfections sur ce chapitre-là; j'aurois pourtant de bons témoins; mais on ne sauroit prouver qu'on est discrète, car en le prouvant on ne le seroit plus.[88]

One of the witnesses she did not cite was Pomponne. Many years earlier she had pictured for him Séguier's bizarre demonstrations of piety at the convent of Sainte-Marie (in the *faubourg* Saint-Antoine). But she ended up by adding: "Cependant n'en

---

veux pas qui soit vu." A Madame de Grignan, 24 mai 1676 (II, 100). As for her confidants, note the following: "Je l'aime [d'Hacqueville] comme un confident qui entre dans mes sentiments, je ne saurois mieux dire." 17 avril 1671 (I, 262). "La liaison de M. de Coulanges et de moi est extrême par le côté de la Provence. Il me semble qu'il m'est bien plus proche qu'il n'étoit; nous en parlons sans cesse." 18 mars 1671 (I, 227). "J'ai vu mes amies, qui sont en vérité les vôtres: je les en aime mieux; sans cela, je ne serois point à mon aise avec elles. Mme de Lavardin est toujours entêtée de votre vrai mérite ... ." 6 octobre 1688 (III, 210). "Vous savez comme Corbinelli m'est bon, et de quelle sorte il entre dans mes sentiments." 5 juin 1675 (I, 728).

[88] A Madame de Grignan, 3 janvier 1689 (III, 301). To give an example of Madame de Sévigné's indiscretion, note this letter explaining why she wrote to the Archevêque d'Arles (Grignan's uncle and the family patriarch) about her son-in-law's gambling and extravagance: "Je ne sais si vous êtes fâchée contre moi, d'avoir écrit à Monsieur l'Archevêque. ... Je comprends que M. de Grignan est un peu en colère contre moi; le hasard fait de plaisantes choses! [The letter had fallen into his hands.] Mais je ne trouve pas qu'il y eût beaucoup de mal à parler confidemment à Monsieur l'Archevêque d'une peine qui nous est commune. ... Mais voilà qui est fait, je n'en parlerai plus, et je vous prie même de raccommoder ce que j'ai gâté: je suis très-capable de faire les fautes qui viennent de l'excès de la part et de l'intérêt que je prends à ce qui vous touche." A Madame de Grignan, 10 janvier 1680 (II, 559).

parlez point; car la mère supérieure m'a priée de ne pas faire courir cette petite histoire." [89] One is reminded of Boileau's use of the anecdote about the barber who would dig a hole in the earth, if necessary, in order to shout to his full—"Midas, le roi Midas, a des oreilles d'âne."

Sometimes her feelings rose in such a swell they could not be checked; writing proved a form of release:

> ... Ce que je ferai ... c'est de penser à vous. Je n'ai pas encore cessé depuis que je suis arrivée, et ne pouvant tenir tous mes sentiments, je me suis mise à vous écrire ... . Je ne sais en quelle disposition vous serez en lisant cette lettre. ... Elle sert toujours à me soulager présentement; c'est tout ce que je lui demande.[90]

Often she gave impulsive vent to feelings of jealousy, impatience, and anger. In one of her attempts to soothe relations between her daughter and her daughter's companion, Mademoiselle de Montgobert, Madame de Sévigné used arguments of a strikingly personal tone:

---

[89] 24 novembre 1664 (I, 126). Madame de Grignan had apparently been well warned. Note this passage: "Ne craignez jamais que l'amitié au lieu de la haine m'empêche de garder ce que vous me diriez. J'ai trop de respect ou, pour mieux dire, de tendresse, pour ne pas conserver ce que vous me confieriez. J'ai des preuves de cette vérité, et l'expérience vous l'auroit fait comprendre, *si l'on n'avoit pris plaisir à me décrier sur ce sujet.*" [Italics mine.] A Madame et A Monsieur de Grignan, 2 juin 1672 (I, 561). But Madame de Grignan also knew from experience, witness this passage: "... *Le hasard* a fait qu'avec confiance je me plaignis hier à Monsieur le Chevalier que vous n'aviez pas assez d'indulgence pour toutes ces misères; que vous me les faisiez quelquefois trop sentir, que j'en étois quelquefois affligée et humiliée." [Italics mine.] A Madame de Grignan, fin juillet 1678? (II, 406).

[90] A Madame de Grignan, 24 mars 1671 (I, 235–36). Note this incident in her relations with the Chevalier de Grignan when they won a legal victory for the Grignans: "... M. Bailly est sorti, comme la colombe, et m'a dit, avec une mine grave: 'Madame, vous avez obtenu ce que vous souhaitiez.' Je n'en ai pas fait de finesse à Monsieur le Chevalier, ni à Vaille, ni à Rochon; nos coeurs ont été épanouis; ma joie vouloit briller. Monsieur le Chevalier m'a grondée; il m'a dit qu'il ne me mèneroit plus avec lui, si je ne savois me taire: c'est sa menace. J'ai voulu parler un peu haut, d'un air

Vous croyez bien, ma bonne, que je suis dans tous vos
sentiments; mais je veux vous apprendre la jalousie, du moins
par théorie, et vous assurer (*credi a me pur che l'ho provato*)
que l'on dit quelquefois bien des choses qu'on ne pense pas;
et quand on les penseroit, ce ne seroit point la marque de
ne pas aimer; tout au contraire, à faire l'anatomie de ces
sortes de discours pleins de colère et de chagrin, on y
trouveroit beaucoup de véritable tendresse et d'attache-
ment.[91]

Once the Marquise found at Les Rochers some dull company
Charles had been unable to get rid of. Her appearance made
them abandon the premises—which delighted her, for, as she
wrote to Madame de Grignan: "Je ne suis point docile, comme
vous savez, à de certaines impertinences; et comme je ne suis pas
assez heureuse pour rêver comme vous, je m'impatiente, et je dis
des rudesses." [92] At Vichy she got into trouble with a Jesuit.
From their very first encounter they were at odds. "Je vous
admire, en vérité, d'être deux heures avec un jésuite sans disputer," she wrote.[93] M. de Grignan's brothers came in for the
sharpest attacks. One of them seemed to her guilty of the blackest
ingratitude for neglecting his aged uncle whose *coadjuteur* he was.

Pour Monsieur le Coadjuteur, je vous avoue, ma bonne,
que je suis impitoyable à ses longues et cruelles froideurs,
pour ne pas dire inhumanités. Je lui souhaite d'aussi longs
remords et une compagnie de *dragons* longtemps logés dans
son coeur, soutenue des remords et des repentirs qu'il mérite.
Quoi? il aura percé, vingt ans durant, le coeur de ce bon
et illustre prélat; il lui aura fait souffrir toutes les peines que
l'ingratitude fait souffrir ... et il ne seroit pas un peu battu

---

de triomphe; il m'a encore menacée: il m'a dit que qui ne savoit point dis-
simuler, ne savoit point régner." A Madame de Grignan, 16 mars 1689 (III,
385).
    [91] A Madame de Grignan, 6 août 1680 (II, 809).
    [92] A Madame de Grignan, 4 octobre 1684 (III, 22).
    [93] A Madame de Grignan, 6 octobre 1680 (II, 867).

des Furies présentement? Ma chère bonne, cela ne seroit pas juste, et je serois au désespoir qu'il ne sentît point cette peine: toute ma crainte, c'est qu'elle ne soit pas assez longue. ... Ma bonne, il faut que cela passe: je me souviens de ce que j'ai vu à Grignan; cela prend sur la bonté du coeur.[94]

After the death of Madame de Meckelbourg (formerly Duchesse de Châtillon, a heroine of the *Histoire amoureuse des Gaules*), her avarice, in the midst of the wretchedness of the poor, made Madame de Sévigné explode with indignation, especially when it became known how much gold the Duchess had been hoarding.[95] The Marquise's many epistolary "duels" with Bussy are further examples of her impulsive ire. Even her grief was effusive. Each separation from her daughter (as earlier

[94] A Madame de Grignan, 28 mars 1689 (III, 401).

[95] "Ah! ne me parlez point de Mme de Meckelbourg: je la renonce. Comment peut-on, par rapport à Dieu et même à l'humanité, garder tant d'or, tant d'argent, tant de meubles, tant de pierreries, au milieu de l'extrême misère des pauvres dont on étoit accablé dans ces derniers temps? mais comment peut-on vouloir paroître aux yeux du monde, ce monde dont on veut l'estime et l'approbation au delà du tombeau, comment veut-on lui paroître la plus avare personne du monde? ... Je parlerois un an sur ce sujet ... ." A Madame de Coulanges, 3 février 1695 (III, 876). Note also this outburst against Madame d'Uzès (related to Mme de Grignan's stepdaughters) whose muddleheadedness Madame de Sévigné blamed for depriving Grignan's daughters of family funds for their support: "... Mais de voir une laide bête, à qui on laisse tout le loisir possible de travailler aux affaires de sa maison et de se rendre considérable par cet endroit, négliger cette occasion d'être bonne à quelque chose et de se faire pardonner tous ses désagréments, qui n'y pense seulement pas, qui s'amuse à discourir de toutes choses, hormis de ce qui la devroit uniquement occuper, et qui se trouve toute ruinée, toute abîmée, toute accablée, au milieu des plus grands revenus qu'on puisse avoir, ma chère bonne, je vous avoue que cela me met en furie, et que je voudrois qu'il y eût une punition pour celles qui font un si mauvais usage de leur esprit et de leur laideur ... ." A Madame de Grignan, 21 mai 1690 (III, 718). During this same period of waning Grignan fortunes, Madame de Sévigné unleashed her wrath on members of the family who failed to contribute to the outfitting of the Marquis de Grignan, her young grandson, on whom all hopes of saving the name and honor of the Grignans now depended. Note for example her letter to Madame de Grignan of 6 novembre 1689 (III, 589): "... Je suis plus en furie que jamais contre votre Carcassone. Ah! mon Dieu! ce n'est pas un homme, c'est une belle et grande machine où il manque un ressort."

described), provoked feelings akin to the most clamorous mourning.

These "eruptions" often followed a pattern: a rapid rise, then an outburst of feeling and an equally rapid dissipation or shift of emotions. An illustration is offered by a passage addressed to the Chevalier de Grignan, who was detained by the gout in Provence and could not continue his promising military career. Angrily Madame de Sévigné lashed out at Grignan extravagance and at the Chevalier for not intervening with his imprudent elder brother. Then suddenly her anger fell as she thought of the Chevalier's illness and what it must mean to a man of such promise and with so natural a bent for action.

> Pourquoi, non M. de Grignan mais vous, comme sortant de cette place, ne décidez-vous pas sur ce qui est nécessaire? Ne voyez-vous pas bien qu'un homme qui est gâté par les vastes idées des grands Adhémars doit tout jeter par les fenêtres, et ne doit rien trouver de trop grand? ... Pourquoi n'avez-vous pas défendu le superflu ... . Enfin pourquoi songez-vous aux Adhémars quand vous savez le fond de leur sac? Mais je me laisse emporter au plaisir de grêler sur vous de deux cents lieues loin: c'est un plaisir qu'on ne prend guère en présence; j'ai profité de l'occasion une bonne fois, et je continue. ... Je finis le ton des reproches pour vous dire que j'ai pensé la première que ce n'étoit pas une chose soutenable pour vous que de voir partir Monseigneur le Dauphin et tout le monde pour la guerre ... .[96]

Madame de Sévigné's praises could be as immoderate as her wrath: she insisted on elevating her friends to divinity. Not to mention Retz, that "héros du bréviaire," d'Harouys provides an outstanding example. This worthy treasurer of the provincial government of Brittany possessed, according to her, the magnanimous soul of a Turenne. D'Harouys was a model for kings

---

[96] A Madame de Grignan et Au Chevalier de Grignan, 19 avril 1690 (III, 706–7).

to follow.[97] Of course he went bankrupt (a difficult and embarrassing matter for the Province of Brittany, as may be imagined), but that was because he was so generous, she explained. Her grandson's military career she described in the most lavish terms. What a victory for the Grignan family when he went off to his first siege and received a flesh wound (not in battle—while talking to his comrades in the trenches)! After all, though the wound has been passed off as a mere trifle, nothing at all, Madame de Maintenon had remarked (to the everlasting honor of the Grignans): "C'est mieux que rien." In 1689, the eighteen-year-old hero was serving under the Maréchal de Boufflers. Here is Madame de Sévigné's radically touched-up depiction of his exploits:

> Ce marot! entrer l'épée à la main, et forcer ce château, et tuer et enlever onze ou douze cents hommes! représentez-vous un peu cet enfant devenu un homme, un homme de guerre, un brûleur de maisons ... .[98]

Of course the most extravagant praise was reserved for Madame de Grignan. She wrote like Pascal; [99] she could endure only very serious, theoretical books (hence her contempt for novels and histories could be excused); [100] her filial devotion resembled that of "le pieux Enée en femme"; [101] in the most brilliant of provincial governments she reconciled magnificence with economy.[102] Indeed, Madame de Grignan so accustomed herself to works of supererogation that her mother could find no better historical parallel than Regulus, the Roman who voluntarily re-

[97] A Madame de Grignan, 24 septembre 1675 (I, 861).

[98] A Madame de Grignan, 11 septembre 1689 (III, 530). The last sentence is particularly characteristic. Each phrase magnifies a bit more than the previous one the prowess and new-found maturity of the Marquis.

[99] A Madame de Grignan, 24 avril 1689 (III, 426).

[100] A Madame de Grignan, 17 mai 1680 (II, 703): "... Vos lectures même sont trop épaisses: vous vous ennuyez des histoires et de tout ce qui n'applique point; c'est un malheur d'être si solide et d'avoir tant d'esprit ... ."

[101] A Madame de Grignan, 29 décembre 1688 (III, 294).

[102] A Madame de Grignan, 14 décembre 1689 (III, 618).

turned to Carthage for a martyr's death rather than violate his pledged honor.[103] Madame de Sévigné saw her daughter as a sublime heroine of the Cornelian variety. "Si Rome pouvoit être sauvée," she wrote, "vous la sauveriez." [104] "Votre rôle est héroïque et d'un cothurne qui passe toutes mes forces. Il me semble que vous avez le monde à soutenir ... . Vous me faites souvenir d'Horace, qui sépara ses ennemis pour les combattre séparément ... ." [105] This enhances even Stendhal's *cristallisation*. And if we are to believe Saint-Simon, the *cristallisation* had no basis in reality:

> Mme de Grignan, beauté vieille et précieuse dont j'ai suffisamment parlé mourut à Marseille ... et quoiqu'en ait dit Mme de Sévigny dans ses lettres, fut peu regrettée de son mari, de sa famille et des Provençaux.[106]

These qualities of exaggeration and explosive excitement are mirrored too in Madame de Sévigné's style. How many of her letters begin with an exclamation! Most of those not introduced by a "Je" or "Vous," the normal opening of a letter, launch out with something like: "Mon Dieu, ma bonne!"; "Hélas, ma petite!"; "Voici ... ma chère!"; "Plût à Dieu, ma fille ... !"; "Ah! ma bonne, quelle lettre!" A few begin even more explosively: "Quoi!" [107] "Des scorpions!" [108] "Que de victoires, ma bonne! que de terreurs!" [109] Apostrophes and exclamative interruptions punctuate sentence after sentence. An interesting, if enigmatic, letter from Madame de La Fayette to her friend bears witness to the eruptive quality of Madame de Sévigné's manner. Quite out of character, the novelist begins exclamatively: "Hé bien, hé

[103] A Madame de Grignan, 15 janvier 1672 (I, 456).
[104] A Madame de Grignan, 21 mai 1690 (III, 718).
[105] A Madame de Grignan, 2 juillet 1690 (III, 738).
[106] *Mémoires*, XIII, 50.
[107] A Madame de Grignan, 16 août 1671 (I, 359); A Madame de Grignan, 20 octobre 1679 (II, 478); A Madame de Grignan, 7 août 1675 (I, 788).
[108] A Madame de Grignan, 28 octobre 1671 (I, 409).
[109] A Madame de Grignan, 19 juillet 1690 (III, 753).

bien, ma belle, qu'avez-vous à crier comme une aigle!" [110] The letter scarcely resembles the *Princesse de Clèves:* it has the quality of an echo or perhaps of a pastiche.

Then too, Madame de Sévigné's prose abounds in superlatives and intensifiers. A hot shower administered to her at Vichy she called, characteristically, "toute la plus bouillante que vous puissiez vous imaginer." [111] One much quoted letter, now an inevitable anthology piece, exhaustively demonstrates how at home she was with the superlative adjective. The letter in question announces the imminent marriage of that miniscule Don Juan, Lauzun, with the Grande Mademoiselle, hoydenish spinster of the royal family. *Précieux* adverbs abound: *parfaitement, entièrement, terriblement, outrageusement, horriblement, divinement* protrude everywhere as do the infinite words *infini, infinité,* and *infiniment.*[112] Madame de Sévigné naturally took to hyperbole. When the imprisoned Fouquet's doctor and valet were separated from him, she asked: "Y a-t-il rien au monde de si horrible que cette injustice?" [113] The King's bastard, the Duc de Maine, was no precocious child; he was "un prodige d'esprit." [114] Madame de Grignan's brother-in-law went to see the taciturn Colbert and had, of all things, "une conversation divine" [115] with him. If the weather was bad, she called it "un temps enragé." [116] Moreover, Madame de Sévigné was seldom curious, she was "dévorée

---

[110] *Correspondance,* letter dated 30 juin 1673, II, 41. Madame de Sévigné used this expression in speaking of herself: "C'est de cela que je crie comme une aigle." A Madame de Grignan, 25 octobre 1671 (I, 409).

[111] A Madame de Grignan, 28 mai 1676 (II, 105).

[112] Here are some examples: "Quelquefois je trouve une longueur infinie d'un ordinaire à l'autre ..." (III, 33); "La fin infinie d'un rhumatisme est une chose incroyable ..." (II, 42); "Les compliments qu'on vous fait sont infinis" (I, 259); "Il nous paroît que son [Retz] courage est infini ..." (I, 748); "L'infinité de verbiage dont nous remplissons nos lettres" (II, 15); "Les infinités de contretemps qui vous empêchent d'y aller." (III, 79).

[113] A M. de Pomponne, 25 décembre 1664 (I, 145).

[114] A Madame de Grignan, 7 août 1676 (II, 166).

[115] A Madame de Grignan, 17 février 1672 (I, 480).

[116] A Madame de Grignan, 8 janvier 1676 (II, 19).

de curiosité"; [117] nor was she simply afraid, "je mourais de peur," she wrote.[118] During the many wars of the period, she awaited news "avec transissement," [119] or "avec trémeur," [120] and sometimes "dans une inquiétude épouvantable." [121]

One of her characteristic epistolary tricks was to make of the merest incident a drama.[122] This can be seen most clearly by contrasting the *Journal* of her informant during the Fouquet trial, Olivier Lefèvre d'Ormesson, with her letters of that period. D'Ormesson, *rapporteur* in the proceedings, wrote that the Chancellor Séguier had been told by Colbert to suspend the trial while prayers were being said for the Queen, whose health was failing. The King, himself, had gone forth to bring her the Holy Sacrament "accompagné de toute la cour, avec grand nombre de flambeaux." [123] Here is Madame de Sévigné's hyperbolic description:

> Ce fut *la plus magnifique* et *la plus triste chose* du monde, de voir le Roi et toute la cour, avec des cierges et *mille* flambeaux, aller quérir et reconduire le saint sacrement. Il fut reçu avec *une autre infinité de lumières*. La Reine fit un effort pour se soulever, et le reçut avec une dévotion qui fit fondre en larmes tout le monde.[124] [Italics mine.]

D'Ormesson writes that during the trial one of the judges, favorable to Fouquet, fell ill. "M. de Massenau s'est trouvé mal

[117] A Madame de Grignan, 5 octobre 1673 (I, 607).
[118] A M. de Pomponne, 21 décembre 1664 (I, 143).
[119] A Madame de Grignan, 2 août 1675 (I, 783).
[120] A Madame de Grignan, 7 août 1676 (II, 167).
[121] A Madame de Grignan, 8 avril 1672 (I, 513).
[122] Madame du Deffand emphasized this habit of magnifying and dramatizing in a letter to that renowned Sévigné devotee, Horace Walpole: "Tout son esprit n'était que passion, imagination et sentiment; elle ne voyait rien avec indifférence et elle peignait les amours de sa jardinière avec la même chaleur qu'elle aurait peint celles de Cléopâtre et de Mme de Clèves." Quoted by F. Vézinet in *Le XVII⁰ siècle jugé par le XVIII⁰* ... , p. 127.
[123] *Journal*, IX², 249.
[124] A M. de Pomponne, 18 novembre 1664 (I, 122–23).

de la colique néphrétique, s'est retiré un quart d'heure et a vuidé une pierre, et il est revenu." [125] Madame de Sévigné's version is a dramatic embellishment, full of precise and affecting details and, of course, strong adjectives.

Il faut que je vous conte encore une action *héroïque* de Masnau. Il étoit *malade à mourir,* il y a huit jours, d'une colique néphrétique; il prit plusieurs remèdes, et se fit saigner à minuit. Le lendemain, à sept heures, il se fit traîner à la chambre de justice, il y souffrit des *douleurs inconcevables.* M. le chancelier le vit pâlir, il lui dit: "Monsieur, vous n'en pouvez plus, retirez-vous." Il lui répondit: "Monsieur, il est vrai, mais il faut mourir ici." M. le chancelier, le voyant quasi s'évanouir, lui dit, le voyant s'opiniâtrer: "Eh bien, Monsieur, nous vous attendrons." Sur cela il sortit pour un quart d'heure, et dans ce temps il fit *deux pierres d'une grosseur si considérable,* qu'en vérité cela pourroit passer pour *un miracle,* si les hommes étoient dignes que Dieu en voulût faire.[126] [Italics mine.]

Sometimes her letters moved close to oratory as she launched into a sudden dramatic *tirade* on Providence, love, death, or the approach of old age.[127] Despite the competition of many illustrious contemporaries, perhaps no one in the seventeenth century wrote a funeral oration more moving than her famous letters on the death of Turenne.

With all her liking for society and for the emotional interchange and excitement it afforded, Madame de Sévigné grew impatient with constraint and overrefinement both in style and in manners. She detested "le délicat des mauvaises ruelles" [128]

[125] *Journal,* IX², 272.

[126] A M. de Pomponne, 17 décembre 1664 (I, 141).

[127] She mocked herself for it: "Comment, ma bonne? j'ai donc fait un sermon sans y penser? j'en suis aussi étonnée que M. le comte de Soissons, quand on lui découvrit qu'il faisoit de la prose." A Madame de Grignan, 12 juin 1680 (II, 738).

[128] A Madame de Grignan, 14 septembre 1675 (I, 853).

and the supersubtle expressions of many of her contemporaries.[129]
Her letters abound in popular locutions and proverbs.[130] Half
amused, she took exception to the formal manner in which her
daughter addressed letters: "Je hais le dessus de vos lettres où
il y a: *Madame la marquise de Sévigné;* appelez-moi *Pierrot.*" [131]

Her social relations, too, reflect a distaste for too much ceremony. Despite a reputation for exquisite politeness, this is the
way she desported herself once at Les Rochers:

> Pilois est toujours mon favori, et je préfère sa conversation
> à celle de plusieurs qui ont conservé le titre de chevalier au
> parlement de Rennes. Je suis libertine plus que vous: je
> laissai l'autre jour retourner chez soi un carrosse plein de
> Fouesnellerie, par une pluie horrible, faute de les prier de
> bonne grâce de demeurer; jamais ma bouche ne put pro-
> noncer les paroles qui étoient nécessaires.[132]

There was in her a streak of *sans gêne* and robust familiarity
coupled with a total lack of prudishness. Sainte-Beuve has likened
her to Molière's Dorine.[133] This particularly shows through pas-

---

[129] Note her reaction to a love letter written to Charles by Madame de
Bagnols: "Pour son style, il m'est insupportable et me jette dans des gros-
sièretés, de peur d'être comme elle. Elle me fait renoncer à la délicatesse, à
la finesse, à la politesse, crainte de donner dans ses tours de passe-passe ... ."
A Madame de Grignan, 13 août 1677 (II, 327).

[130] For example: "Ce qui est différé n'est pas perdu" (III, 573); "Je ne
veux entendre ni rime ni raison" (II, 686); "Les bons comptes font les
bons amis" (III, 802); "La fortune est toujours pour les gros bataillons"
(I, 656–57).

[131] A Madame de Grignan, 30 décembre 1671 (I, 445).

[132] A Madame de Grignan, 28 juin 1671 (I, 319). Note also: "Il est vrai
que je hais plus la contrainte que vous ne la haïssez. Je fais venir à mon
goût, si je puis; sinon j'échappe à la cérémonie. Cette Madame n'aimoit
pas à marcher; je la quittois fort bien deux ou trois heures." A Madame
de Grignan, 17 juillet 1680 (II, 787). The advice she gave Madame de
Grignan about the ladies of Provence is also characteristic: "Il faut ôter
l'air et le ton de compagnie le plus tôt que l'on peut, et les faire entrer
dans nos plaisirs et dans nos fantaisies: sans cela il faut mourir ... ." 1 juillet
1671 (I, 324).

[133] "En parlant d'elle, on a à parler de la grâce elle-même, non pas d'une
grâce douce et molle, entendons-nous bien, mais d'une grâce vive, abondante,

sages like the following wherein she described her excitement
at hearing that Madame de Grignan had acquired a new couch:

> Parlons du canapé: ah! qu'il est beau! qu'il est riche! ...
> Voilà un meuble digne de Versailles! Quoi! je serois assez
> heureuse pour le voir? Cela n'est pas possible! Je ne crois
> pas que j'ossasse m'asseoir dessus, bien loin d'y manger des
> épinards et d'y mettre mes jarretières. Ah! ah! ma petite
> mignonne, vous vous moquez donc de moi? J'en suis vrai-
> ment bien aise.[134]

It is visible as well in her taste for the type of anecdotes which
characterize *l'esprit gaulois*. (She was, of course, a great fan of
Rabelais and quoted him by heart.) Perhaps the most amiable
expression of her earthly closeness to life, however, is her description of the wet nurse she got for her granddaughter. Her
praise proved very precise:

> ... Une brave femme, là, qui est résolue, qui se tient bien,
> qui a de gros bras; et pour du lait, elle en perd tous les jours
> un demi-setier, parce que la petite ne suffit pas. Cet endroit
> est un des plus beaux de ma vie.[135]

She took great joy in the simple sense pleasures of life—in
nature, food, and wine. There is an ingenuous naturalism in her
expressions of love for the butter of Brittany, the muscats of
Provence, and *la bonne chère* of her "auberge," l'Hôtel Carnavalet.[136]

---

pleine de sens et de sel, et qui n'a pas du tout les pâles couleurs. Elle a
une veine de Molière en elle. Il y a de la Dorine dans Mme de Sévigné,
une Dorine du beau monde et de la meilleure compagnie; à cela près,
la même verve." *Causeries du lundi*, I, 53. Gérard-Gailly, in his *Enfance
heureuse de Madame de Sévigné* ... , points to her bourgeois upbringing
and *le sang rouge* which characterized her as well as *le sang bleu* of the
Rabutins. "Et cette pourpre populaire n'explique-t-elle pas un peu son
robuste génie?" (pp. 24–25).

[134] A Madame de Grignan, 24 mai 1690 (III, 723–24).

[135] A Madame de Grignan, 17 avril 1671 (I, 263).

[136] Note the following: "... J'aime le beurre charmant de la Prévalaie, dont
il nous vient toutes les semaines; je l'aime et je le mange comme si j'étois

This freedom from artificiality and conventionalism found expression, too, in her social and political opinions. While not a democrat, she often expressed audacious views and adopted unpopular causes (such as those of Retz, Fouquet, and the Jansenists). Furthermore, she allied herself continually with *Frondeurs* (Retz, La Rochefoucauld, Mademoiselle de Montpensier, the Duchesse de Sully). Her lifelong friend Monsieur de Guitaut served as one of Condé's captains and even assisted him in treason against France (when Condé led Spanish forces). During the Fronde itself Madame de Sévigné remained in independent, tumultous Paris while her uncle, Renaud de Sévigné, led Retz's troops, and her husband went off with the Duc de Longueville to Normandy (where they hoped to stimulate a rebellion). Years after the Fronde she continued to enjoy reading about it: "Je m'amuse les soirs à lire *l'Histoire de la prison et de la liberté de Monsieur le Prince:* on y parle sans cesse de notre cardinal. Il me semble que je n'ai que dix-huit ans: je me souviens de tout ... ." [137]

She was a great critic of the court. Often her satirical portraits mocked the courtiers and their obsequious maneuvering.[138] But

---

bretonne: nous faisons des beurrées infinies, quelquefois sur de la miche; ... mon fils y marque toujours toutes ses dents, et ce qui me fait plaisir, c'est que j'y marque aussi toutes les miennes: nous y mettrons bientôt de petites herbes fines et des violettes; le soir un potage avec un peu de beurre, à la mode du pays, de bons pruneaux, de bons épinards; enfin ce n'est pas jeûner ... ." A Madame de Grignan, 19 février 1690 (III, 681). "Vous allez avoir des muscats bien merveilleux. Ah! que j'en mangerois bien!" A Madame de Grignan, 22 septembre 1680 (II, 858). After spending a month at Bourbon on an austere diet, she wrote of her gourmand plans for the coming season: "... C'est un couvent. ... Point de sauces, point de ragoûts. J'espère bien jeter un peu cet hiver le froc aux orties dans notre jolie auberge." A Madame de Grignan, 27 septembre 1687 (III, 180).

[137] A Madame de Grignan, 27 novembre 1675 (I, 922).

[138] Doubtless there is no need to cite here a letter which appears in every anthology and describes the confusion of Gramont when he tried to retract his criticism of the King's madrigal after learning the identity of its author. Madame de Sévigné followed up the satirical portrait with the comment: "Pour moi, qui aime toujours à faire des réflexions, je voudrois que le Roi en fît là-dessus, et qu'il jugeât par là combien il est loin de connoître

sometimes her comments about "ce bon pays-là" struck much deeper:

> Le plaisir de ce bon pays que vous savez, c'est de combler de joie, de faire tourner la tête, et puis de ne plus connoître les gens; mais surtout c'est de se passer parfaitement de toutes choses. Ce détachement en mériteroit un pareil des pauvres mortels; mais il y a de la glu jusqu'à leurs regards.[139]

Interestingly, at the very time that Madame de Sévigné introduced her daughter at court and watched her dance with the young King in the royal ballets, she was corresponding with Pomponne, who had just been exiled, and championing the cause of Fouquet against the increasingly powerful Colbert. When Pomponne was disgraced a second time in 1679, losing his ministerial post to Colbert's brother, she remarked: "Lisez la fable des *Animaux:* Sa peccadille fut *trouvée* un cas pendable, et le reste. Vous entendez fort bien tout ce que je dis et ne dis point."[140]

There is little basis for the old myth that Madame de Sévigné

---

jamais la vérité." A M. de Pomponne, 1 décembre 1664 (I, 132). Another famous and familiar letter (II, 246–47) jibes at Madame de Montespan decked out in her gold embossed, gold embroidered dress of golden cloth —the gift of Langlée, celebrated courtier and card shark.

[139] A Madame de Grignan, 14 août 1676 (II, 172–73). To give some other examples of her criticism (couched in prudently indirect terms to avoid editing by the postal service): "Mme Fouquet la mère a donné un emplâtre à la Reine, qui l'a guérie de ses convulsions .... La plupart, suivant leur désir, se vont imaginant que la Reine prendra cette occasion pour demander au Roi la grâce de ce pauvre prisonnier; mais pour moi qui entends un peu parler des tendresses de ce pays-là, je n'en crois rien du tout." A M. de Pomponne, 20 novembre 1664 (I, 123–24). "Mme de Coulanges est toujours très-aimable, et d'autant plus qu'elle a moins d'empressement que jamais pour toutes les tendresses de ce pays-là, dont elle connoît le prix." A Madame de Grignan, 22 avril 1676 (II, 77). "L'amie [Mme de Maintenon] de Mme de Coulanges est toujours dans une haute faveur. Si notre petite amie est attachée à ce bon pays-là, c'est par l'agrément passager qu'elle y reçoit; car elle n'est pas la dupe de la tendresse et de l'amitié solide qu'on y dépense." A Madame de Grignan, 19 août 1676 (II, 176).

[140] A Madame de Grignan, 29 novembre 1679 (II, 516–17).

was one of the herd of abject idolaters encircling Louis XIV. As a matter of fact, she found the adulation shown him quite ridiculous:

> ... Les Minimes de votre Provence ont dédié une thèse au Roi, où ils le comparent à Dieu, mais d'une manière où l'on voit clairement que Dieu n'est que la copie. ... Trop est trop: je n'eusse jamais soupçonné des Minimes d'en venir à cette extrémité.[141]

Though Louvois watched over the mails, which forced her into using a kind of code language, she succeeded in drawing a picture of the King's traffic in mistresses and insatiable sexual appetite, transparent in its lucidity.[142]

His habit of lavishing rewards on sycophants in sight rather than on his "servants" in the provinces bothered her still more than his amorous escapades. Witness the ironic tone of the following passage with its nostalgic last phrase:

> Le Roi fait des libéralités immenses; en vérité il ne faut point se désespérer: quoiqu'on ne soit pas son valet de chambre, il peut arriver qu'en faisant sa cour on se trouvera sous ce qu'il jette. Ce qui est certain c'est que loin de lui tous les services sont perdus: c'étoit autrefois le contraire.[143]

She was scandalized that the court quickly forgot Turenne [144] and refused his nephew, Lorges (who had saved the day for France after the loss of Turenne), the immediate reward of a

---

[141] A Madame de Grignan, 13 juin 1685 (III, 78).

[142] Quanto or Quantova was the cipher used to designate Madame de Montespan. Note this passage about her temporary recovery from jealousy and return to favor: "Elle se sent au-dessus de toutes choses, et ne craint non plus ses petites morveuses de nièces que si elles étoient charbonnées. Comme elle a bien de l'esprit, elle paroît entièrement délivrée de la crainte d'enfermer le loup dans la bergerie ... ." A Madame de Grignan, 7 août 1676 (II, 165). The "loup," of course, was Louis XIV.

[143] A Madame de Grignan, 12 janvier 1680 (II, 563).

[144] A Madame de Grignan, 7 août 1675 (I, 793): "... La perte du héros a été promptement oubliée dans cette maison: ç'a été une chose scandaleuse. Savez-vous bien qu'il nous faudroit ici quelque manière de chiffre?"

maréchal's *bâton*. Instead, the King allowed Louvois to name eight new generals; the small change for one great hero, she said. One of the reasons she so enjoyed Racine's *Esther* was that it inspired a heady feeling of freedom by saying just the things the King ought to hear:

> Pour *Esther*, je ne vous reprends point du tout les louanges que je lui ai données: je serai toute ma vie charmée de l'agrément et de la nouveauté du spectacle; j'en suis ravie: j'y trouve mille choses si justes, si bien placées, si importantes à dire à un roi, que j'entrois, avec un sentiment extraordinaire, dans le plaisir de pouvoir dire, en se divertissant et en chantant, des vérités si solides ... .[145]

Madame de Sévigné expressed her strongest *Frondeur* wrath against the increasing centralization of French political life. Like Saint-Simon, she distrusted the abolition of aristocratic and provincial rights. When the Duc de Chaulnes learned that the King had appropriated his privilege, as governor of Brittany, to name annual emissaries to Versailles, she grew sharp and indignant. Opposing her daughter and the Grignans, the Marquise (so often called a superficial observer) perceived, as they did not, the consequences of such a change—particularly in Brittany where the King was robbing the province of rights conferred by treaty. Worse yet, as Louis swallowed up local privileges, the aristocracy masochistically helped him:

> Et pour moi, je vous avoue que je ne reconnois plus Monsieur le Chevalier, ni vous; ni vous autres, Messieurs les grands seigneurs, ni Messieurs les gouverneurs de province, de trouver que c'est une belle chose d'avoir ôté au gouverneur de Bretagne le beau droit de nommer les députés sans aucune dépendance ... . Depuis notre mariage de la duchesse Anne avec Charles VIII, cette belle et grande province avoit bien d'autres prérogatives ... . Trouvez-vous bien noble et

---

[145] A Madame de Grignan, 23 mars 1689 (III, 394). Doubtless Madame de Sévigné had in mind the persecution of the Jansenists.

bien juste de se faire un mérite de dégrader ce beau gouvernement? N'est-ce pas l'intérêt commun des grands seigneurs, des grands gouverneurs? Ne doivent-ils point se mirer dans cet exemple? ... Hélas! ces pauvres gouverneurs, que ne font-ils point pour plaire à leur maître? avec quelle joie, avec quel zèle ne courent-ils point à l'hôpital pour son service? ... Hélas! ils sont si passionnés pour sa personne, qu'ils ne souhaitent que de quitter ces grands rôles de comédie, pour le venir regarder à Versailles, quand même ils devroient n'en être pas regardés ... .[146]

When an intendant, Monsieur de Pommereuil (an old friend of hers), was sent by the King to Brittany, a final measure in a long series of attempts to wear away local rights of self-government, she dissented once more, vehemently and perspicaciously:

C'est un coup de massue ... car, après M. de Pommereuil, nous aurons en Bretagne un autre intendant: ainsi voilà qui est *in secula seculorum,* et sur le pied des autres provinces, au grand mépris du contrat et des prérogatives de la duchesse Anne.[147]

Provence, like Brittany, enjoyed some independence and its own assembly which annually voted the King's gift. Late in 1671 Colbert sent Monsieur de Grignan a directive ordering him to demand 600,000 *livres,* an increase of 200,000 over the previous year. The recalcitrant province refused to pay more than 450,000 *livres.* While the court ended by accepting this sum, Colbert sent Grignan ten *lettres de cachets* to exile the most refractory deputies. Madame de Sévigné intervened with her son-in-law to soften these rigorous orders and to suspend their execution until after the King had time to reconsider.[148]

[146] A Madame de Grignan et A Pauline de Grignan, 6 novembre 1689 (III, 587).

[147] A Madame de Grignan, 2 avril 1690 (III, 696–97).

[148] "Il faut tâcher d'adoucir les ordres rigoureux, en faisant voir que ce seroit ôter à M. de Grignan le moyen de servir le Roi, que de le rendre odieux à la province; et quand on seroit obligé d'envoyer les ordres, il y

Frondeuse in religion as well as in politics, she censored the clergy for surrendering to the Crown, especially when, in 1680, French bishops urged the Pope to cease trying to recover those privileges lost by the church to Louis XIV.[149] She remarked that these churchmen reminded her of the woman in Molière's *Médecin malgré lui* who, rejecting all help, insisted she wanted to be beaten.[150] Like many of her contemporaries, Madame de Sévigné pilloried the moral laxity of the church and particularly the behavior of those churchmen who ardently avoided their dioceses.[151] Apparently she had a reputation for independent,

---

a des gens sages qui disent qu'il en faudroit suspendre l'exécution jusqu'à la réponse de Sa Majesté, à laquelle M. de Grignan écriroit une lettre d'un homme qui est sur les lieux, et qui voit que pour le bien de son service il faut tâcher d'obtenir un pardon de sa bonté pour cette fois." A Madame de Grignan, 1 janvier 1672 (I, 446). In 1676 she reacted thus to a new augmentation: "Je vous assure que je crains fort cette délibération: quand je pense aux peines de M. de Grignan pour les faire venir à cinq cent mille francs, je ne comprends point du tout comment il pourra faire pour doubler la dose. J'ai toujours la vision d'un pressoir que l'on serre jusqu'à ce que la corde rompe." A Madame de Grignan, 13 novembre 1676 (II, 250). Madame de Sévigné's attitude toward many of the practices of her day shows the same degree of independent individualism. She was aware of the ruinous effect that competition in sumptuous living had had on members of her class. The Duc de Chaulnes pleased her by arranging an unspectacular wedding for one of his fellow Bretons: "Il y a du bons sens," she wrote, "à se mettre quelquefois au-dessus des bagatelles et des coûtumes." A Madame de Grignan, 12 juin 1689 (III, 456). Ruinous gambling was sanctioned at Versailles and even in the apartments of the King. Madame de Sévigné wrote often of the "black magic" of courtiers who without a sou managed to be elaborately decked out on every occasion.

[149] The King had extended his rights over the revenues of many additional bishoprics (during the vacancy of the see) and his powers to bestow benefices.

[150] To be strictly accurate, Madame de Grignan came up with the comparison; Madame de Sévigné extended it. See letter dated 4 août 1680 (II, 805).

[151] To give some examples: On her way to Les Rochers in 1689 Madame de Sévigné wrote of the Bishop of Avranches (predecessor of Daniel Huet) —"... Un saint évêque, qui avoit si peur de mourir hors de son diocèse, que, pour éviter ce malheur, il n'en sortoit point du tout: il y en a d'autres qu'il faudroit que la mort tirât bien juste pour les y attraper. ... Enfin nous arrivâmes ici [Dol], où je défie la mort d'attraper l'évêque." A Madame de Grignan, 9 mai 1689 (III, 435). Note this passage about a new bishop of

"subversive" views tinged with Jansenism since she feared being
an obstacle to the advancement of Monsieur de Grignan's
brothers:

> Je pensois qu'il n'y eût en gros que le mauvais air de mon
> *hérésie* ... . Dieu merci, ma chère comtesse, nous n'avons rien
> gâté; vos deux frères ne seroient pas mieux jusqu'à présent,
> quand nous aurions été *molinistes*. Les *opinions probables*,
> ni la *direction d'intention* dans l'hôtel de Carnavalet, ne leur
> auroit pas été plus avantageuse que tout le libertinage de nos
> conversations.[152]

Aleth to succeed Nicolas Pavillon, an austere and pious man: "Ce nom
[M. d'Aleth] n'est plus trop chaud, il a soufflé dessus. Monsieur d'Aleth,
courtisan, adulateur, qui joue, qui soupe chez les dames, qui va à l'Opéra,
qui est hors de son diocèse: tout cela nous frappoit d'abord; mais voilà
qui est fait, on s'accoutume à tout." A Madame de Grignan, 4 août 1680
(II, 806). Seventeen days later she wrote: "Le saint évêque de Pamiers
est mort: voilà l'affaire de la régale finie, voilà encore un nom bien chaud
à prendre; mais puisque nous nous sommes accoutumés à Monsieur d'Aleth,
nous souffrirons Monsieur de Pamiers, et puis Monsieur d'Angers et puis
nous n'aurons plus rien à craindre. Les cinq à qui l'on vouloit faire le
procès [five bishops who opposed giving up *la régale*] seront devant le
grand juge, qui les aura traités avec plus de bonté qu'on n'a fait en ce
monde-ci." (II, 825). When she read Godeau's history of the early church,
Madame de Sévigné commented: "Quels papes en ce temps-là! tous martyrs.
Quels évêques! où en trouver aujourd'hui qui leur ressemblent?" A Madame
de Grignan, 15 février 1690 (III, 680).

[152] A Madame de Grignan, 15 juin 1680 (II, 744–45). Two months later
she acknowledged that her enthusiastic adherence to the Jansenist cause
could still damage the family fortunes. Yet she could not get the better
of her "furies d'écrire." "Mon Dieu! ma fille, c'est bien moi qui vous prie
de ne pas confier tout ceci à vos échos: ce sont des furies d'écrire qui ren-
verseroient toute votre famille; je voudrois même que vous les cachassiez à
M. de Grignan." A Madame de Grignan, 4 août 1680 (II, 806). Many years
later Madame de Sévigné sent her daughter the famous portrait of Boileau
lampooning a Jesuit with the assertion that Pascal alone among the moderns
ranked with the great authors of antiquity. Apparently Madame de Grignan
did not share her mother's enjoyment of the Jesuit's confusion and his attempted resort to a *distinguo,* for Madame de Sévigné wrote: "... Vous riez
trop timidement du *distinguo:* qu'avez-vous à craindre? n'ont-ils [her
brothers-in-law] pas assez de bénéfices? J'entends votre réponse: le crédit
des autres [the Jesuits] va sur tout ... ." Au Comte et A la Comtesse de Grignan, 5 février 1690 (III, 668).

Though critical of her times, Madame de Sévigné was never embittered or isolated. She, like La Bruyère, was born to observe, paint, and judge.[153] But unlike the moralist she did so as an "insider" and as an inveterate optimist. Aroused to indignation by Colbert's illegal interference in Fouquet's trial, she nonetheless continued to be hopeful. ("Mais pourquoi espérez-vous?—Parce que j'espère.") [154]

For Madame de Sévigné committed herself to life, accepting in full its joys, pain, and disappointments.

Pour moi, j'avoue qu'il y a des choses désagréables dans la vie; mais je n'en suis encore si dégoûtée que vous le pourriez souhaiter; vous aurez bien de la peine à m'ôter cette fantaisie de la tête.[155]

She spoke little of the past but turned toward the future and her "châteaux en Espagne" with dizzying *élan*.[156] Even in her often painful relations with Madame de Grignan, she never lost hope. After each quarrel, each show of coldness, she recovered quickly and went on attacking the obstacles (emotional and geographical) which separated them. After a particularly painful period together at l'Hôtel Carnavalet, Madame de Sévigné wrote:

[153] N.b., Virginia Woolf's *Death of the Moth,* p. 55: "... She was highly conscious of folly, of vice, of pretension. She was a born critic, and a critic whose judgments were inborn, unhesitating ... She is by no means a simple spectator."

[154] A M. de Pomponne, 9 décembre 1664 (I, 135). On the illegalities of the case note: *Puis* [Séguier] est toujours en crainte de déplaire à *Petit* [Colbert]. ... Ch*** [Chamillart] est derrière le paravent quand on interroge ... . Tout ce procédé est contre l'ordre, et marque une grande rage contre le pauvre malheureux." 27 novembre 1664 (I, 130).

[155] A Madame de Grignan, 16 mai 1672 (I, 549).

[156] "... Des souhaits et des châteaux en Espagne: vous êtes trop sage pour les aimer; et moi je les aime." A Madame de Grignan, 5 février 1672 (I, 470). She expressed her characteristic attitude to the future in a letter dated 5 juin 1680 (II, 731): "Je regarde l'avenir comme une obscurité dont il peut arriver des biens et des clartés à quoi on ne s'attend pas."

> Je ne me souviens plus de tout ce qui m'avoit paru des marques d'éloignement et d'indifférence; il me semble que cela ne vient point de vous, et je prends toutes vos tendresses, et dites et écrites, pour le véritable fond de votre coeur pour moi.[157]

Perhaps the most painful of all their separations came in 1677 when Madame de Grignan fell ill in Paris and curtailed her visit to recover from the "vapors" of living with her mother. Shortly after her daughter's departure, and thoroughly undaunted, Madame de Sévigné got busy arranging to lease the Hôtel Carnavalet in hopes of promoting Madame de Grignan's next visit.

This buoyant optimism, this refusal to accept defeat and willingness to live life deeply and fully, reflects in her enduring youthfulness of body and mind.

> Il y a des temps, et des jours, et des nuits difficiles à passer; et puis, sans pouvoir jamais être consolée ni récompensée de ce qu'on a perdu, on se retrouve enfin dans son premier état, par la bonté du tempérament: c'est ce que je sens présentement, comme si j'étois une jeune personne.[158]

Her health, despite the wholesale quackery of the day, was unconquerable, "triumphant," to use her words. Indeed she often mocked her own illusion of immortality and the chorus of admirers who continued to praise her good looks after she had passed the age of sixty.

> Vous la connoissez, ma beauté: tout le monde m'admire en ce pays; on m'assure que je ne suis point changée; je le crois tout autant que je puis.[159]

---

[157] A Madame de Grignan, 22 septembre 1679 (II, 451). As Paul Janet wrote: "Quand elle se sent piquée par la froideur de sa fille, madame de Sévigné prend le parti de l'admirer et d'attribuer à sa sagesse ce qui venait peut-être d'une autre cause." *Les lettres de Madame de Grignan*, pp. 83–84.

[158] A Madame de Grignan, 1 novembre 1688 (III, 230).

[159] A Madame de Grignan, 29 mai 1689 (III, 445). A year before her death (i.e., at the age of 69) she wrote Coulanges: "Pour moi, que rien n'avertit encore du nombre de mes années, je suis quelquefois surprise de

The same youthful vivacity and freshness characterize her sentiments and attitudes, as well as her appearance, in the last years of her life. No trace of senescence can be found in her prose nor loss of gusto in her way of experiencing life.[160] René Le Senne has written that the "colérique" character reminds one of a perpetual fountain of youth.[161] This is exactly the impression Madame de Sévigné conveys.

Yet there was an Achilles heel—how to couple vitality with restraint—an Achilles heel all the more sensitive in an age whose shibboleth was "rien de trop." And Madame de Sévigné was sometimes too exuberant, too expansive, too excitable, even for her own comfort.

---

ma santé; je suis guérie de mille petites incommodités que j'avois autrefois; non seulement j'avance doucement comme une tortue, mais je suis prête à croire que je vais comme une écrevisse ... ." 26 avril 1695 (III, 880). Madame de Scudéry (wife of the novelist and sister-in-law of Madeleine de Scudéry) wrote to Bussy on 14 July 1678: "Je rencontrai l'autre jour Mme de Sévigné, en vérité encore belle." *Correspondance de Roger de Rabutin ...* (IV, 152).

[160] As for her prose, see Therese Kögel, *Bilder bei Mme de Sévigné (metaphern und vergleiche); eine lexikographische Arbeit* (Würzburg: Richard Mayr, 1937), p. 234: "Sie ist die ewig Gleiche, die ewig Junge."

[161] *Le mensonge et le caractère* (Paris: Félix Alcan, 1930), p. 97.

CHAPTER VI

Mars or Venus?

IF THE PREVIOUS CHAPTER has left the impression of Madame de
Sévigné as some kind of seventeenth-century amazon, it must immediately be modified. Restless energy informed her life, to be
sure; she was daring, abrupt, excitable, and impatient, but seldom pugnacious and almost never aggressive—at least not
openly. This does not mean that she lacked the usual capacity
for anger or the desire to make her will felt. But people go about
such things quite differently.

Perhaps the best illustration presents itself in Madame de
Sévigné's own day. Richelieu prevailed by force. He accepted,
even sought, strife, openly challenging his opponents, be they
Huguenots, feudal lords, or the House of Austria. And he defeated them roundly in combat. Mazarin, no less in love with
power, ruled by seduction, intrigue, and manipulation. He
soothed, conciliated, charmed, deceived, befuddled his opponents. Gaston Berger has applied to these opposing manners
and dispositions the symbolic names Mars and Venus.[1] Madame
de Sévigné, *Frondeuse* as she was, belongs with Venus and
Mazarin.

Yet she esteemed frank expression of anger over feigned *douceur*,[2] and she loved Corneille's militant aggressors not Racine's

[1] See his *Traité pratique d'analyse du caractère* (4ème éd.; Paris: Presses
Universitaires de France, 1958).
[2] In the preceding chapter (p. 113) the following passage was cited:
"... J'aime mieux celui qui est en colère et qui le dit, que le *traditor* qui

tortured sadists. Indeed, as was seen in an earlier chapter, her reading ran to tales of combat and contention (historical schisms, cloak-and-dagger fiction, religious wars, seraglio conflicts, etc.). Even in people, she admired "Mars" attributes. Madame de La Fayette had a way of taking things in hand; when she thought her friend should come to Paris for the winter, she wrote imperiously to Madame de Sévigné to leave Brittany at once. Furthermore, Madame de La Fayette enjoyed astonishing successes in her long years of litigation, giving ample proof of a talent for dispute. Madame de Grignan, too, seems to have been more contentious and high-handed than her mother.[3] As Paul Janet has pointed out, the Comtesse de Grignan's remarks about others surpassed in astringency anything Madame de Sévigné could manufacture.[4] It was the Marquise, after all, who busied herself smoothing relations between her daughter and the people whose feelings her daughter had ruffled.[5]

---

cache son venin sous des belles et douces apparences." A Madame de Grignan, 12 janvier 1676 (II, 23).

[3] Note Paul Janet, *Les lettres de Madame de Grignan*, p. 19: "Même de loin, madame de Grignan conservait le gouvernement de la maison; on devine la femme de tête et d'autorité à un ton de commandement qui s'impose même au mari ... ."

[4] *Ibid.*, p. 55: "Le genre d'esprit de madame de Grignan paraît avoir été quelquefois une sorte d'*humour* qui n'était pas tout à fait dans l'esprit de son siècle, quelque chose de dur, de fort et de hardi, comme lorsque, peignant la méchanceté de madame de Marans, 'elle parle des punitions qu'elle aura dans l'enfer.' Madame de Sévigné n'a jamais de ces traits violents et cruels, mais elle les trouve admirable chez sa fille, et les corrige avec une grâce charmante: 'Mais savez-vous bien que vous irez avec elle? Vous continuerez à la haïr. Songez que vous serez toute l'éternité ensemble.' " Perhaps something of this same attraction to open aggressiveness colors Madame de Sévigné's relations with Bussy. The Marquis de Montmorillon, in his article "L'exil de Bussy-Rabutin en Morvan. Son grand combat avec Madame de Sévigné," *Revue bleue*, LXXIII (7 septembre 1935), 605–11, has written: "Qu'y a-t-il au fond de ces brouilles suivies de raccommodements, sinon une invincible attraction de leurs affinités secrètes. Ils s'attirent, puis se repoussent, comme deux pôles chargés d'électricité contraire. ... Ils sont, si l'on ose dire, complémentaires." (p. 608.)

[5] Madame de Sévigné often made peace for her daughter—with Mademoiselle de Montgobert, Retz, Corbinelli, Madame de La Fayette. Note this passage on Mademoiselle de Montgobert: "Mon Dieu! ma bonne, par

Perhaps this attraction to active aggressiveness compensated for her own extreme geniality. Outside of fiction, in her daily life, Madame de Sévigné avoided nothing more carefully than strife and argument. Her motto was always: "Il faut toujours faire en sorte de n'avoir point de querelle ni d'ennemis sur les bras." [6] Almost twenty years later she was still writing the same advice to Madame de Grignan who, apparently, still needed it: "Point d'ennemis, ma chère enfant: faites-vous une maxime de cette pensée, ... je dis non-seulement *point d'ennemis,* mais *beaucoup d'amis ... .*" [7]

Her hatred of argument burst forth amusingly when the Abbé de Grignan (her son-in-law's brother) prepared to defend his thesis at the Sorbonne. If such an experience seldom sweetens the disposition, to Madame de Sévigné it seemed torturous, merciless, and hardening. She prognosticated dire aftereffects upon the Abbé's character:

> Quelle folie! On s'en va disputer contre lui, le tourmenter, le pointiller: il faut qu'il réponde à tout. Pour moi, je suis persuadée que rien n'est plus injuste que ces sortes de choses, et que cela rend l'esprit d'une rudesse et d'une contrariété insupportable. [8]

Le bien Bon's most important role in his niece's life was to free her from having to *chicaner,* demand payment or haggle over amounts due. (Not that she lacked interest in her affairs. As has been seen, she often closeted herself with the Abbé and devised business expedients.) He did the unpleasant wrangling necessary after the death of Henri de Sévigné to pull the family out of financial difficulty. As Madame de Sévigné expressed her

mille et mille raisons, je voudrois bien être avec vous; mais présentement il me semble que j'y serois bien nécessaire pour raccommoder Montgobert. J'ai déjà eu ce plaisir une fois en ma vie ... ." A Madame de Grignan, 25 mai 1680 (II, 717).

[6] A Madame de Grignan, 18 mai 1671 (I, 295).

[7] A Madame de Grignan, 26 février 1690 (III, 688).

[8] A Madame de Grignan, 30 mars 1672 (I, 504–5).

debt to her uncle: "Je lui devois la douceur et le repos de ma vie ... ." [9]

After his death her life lost that sweetness. Yet rather than assert her demands, personally, she asked Madame de Guitaut to do so for her. Madame de Guitaut lived in her château of Epoisses near Madame de Sévigné's principal source of income, her estate of Bourbilly. During the years 1692, 1693, and 1694, the Marquise wrote letter after letter in poignant and sometimes frantic terms, begging Madame de Guitaut: "Ordonnez."

> Je vous jure, Madame, que je signerai tout ce que vous me conseillerez. Usez donc de tout le pouvoir que je vous donne pour soulager votre tête par de fréquentes décisions et pour me donner le repos que je n'espère que de vous. [10]

When Madame de Sévigné battled, as with Bussy, whose scandalous portrait and disregard of its impact deeply wounded her, she gave no quarter. The vehemence of her attack reflects the rancor she felt at having to attack. Moreover, what she seems to have been after in that epistolary duel with him in 1668 was not his submission so much as her own justification: she cared more for Bussy to admit that she had been wronged than that he had been wrong. Even then she practiced the technique of the stab followed by the kiss. Each attack ended with a clever turn of phrase to sweeten it—sometimes a compliment, a reminder of affection, or else she turned the satire on herself when enough had been done to pierce his pride:

> Mais de croire que si vous répondez, je puisse jamais me taire, vous auriez tort ... . Je verbaliserai toujours: au lieu d'écrire en deux mots, comme je vous l'avois promis, j'écrirai en deux mille; et enfin j'en ferai tant, par des lettres d'une longueur cruelle, et d'un ennui mortel, que je vous obligerai malgré vous à me demander pardon ... . [11]

[9] Au Comte de Bussy-Rabutin, 13 novembre 1687 (III, 188).
[10] A la Comtesse de Guitaut, 26 août 1693 (III, 839).
[11] Au Comte de Bussy-Rabutin, 26 juillet 1668 (I, 154).

When Madame de Sévigné thought about it, she convinced herself that she was "sage et docile," [12] able to accept bad tempers despite her own impulsiveness. Her cousin Mademoiselle de Méri, a frequent tenant of the Hôtel Carnavalet, put her to the test. A finicky hypochondriac, sharp of tongue and changeful of mood, Mademoiselle de Méri irritated her cousin to the best of her ability. But somehow Madame de Sévigné got round her, though not without strain: "Ah! mon enfant," she protested, "qu'il est aisé de vivre avec moi! qu'un peu de douceur, d'espèce de société, de confiance même superficielle, que tout cela me mène loin! Je crois, en vérité, que personne n'a plus de facilité que moi dans le commerce de la vie." [13] Unfortunately, Mademoiselle de Méri did not possess this indispensable "peu de douceur."

> ... Je voudrois que vous vissiez comme cela va bien, quand Mlle de Méri veut. ... Mais quand on ne peut jamais rien dire qui ne soit repoussé durement; quand on croit avoir pris les tours les plus gracieux, et que toujours ce n'est pas cela, c'est tout le contraire, qu'on trouve toutes les portes fermées sur tous les chapitres qu'on pourroit traiter ... que la défiance, l'aigreur, l'aversion sont visibles et sont mêlées dans toutes les paroles: en vérité, cela serre le coeur ... . Ce qui fait que je vous en parle, c'est que cela est changé, et que j'en sens la douceur ... .[14]

"La privation des rudesses," she added wistfully, "me tiendroit lieu d'amitié en un besoin ... ." [15]

The Abbé de Coulanges, despite the name *le bien Bon* Madame de Sévigné conferred upon him, grumbled a lot, grew old, sedentary, demanding, and difficult. And yet they lived together in

---

[12] "En vérité, ma fille, je n'ai pas donné toute mon incapacité à mes enfants; je ne suis nullement habile, mais je suis sage et docile ... ." A Madame de Grignan, 19 juin 1680 (II, 749).
[13] A Madame de Grignan, 6 novembre 1680 (II, 888).
[14] *Ibid.*, pp. 888–89.
[15] *Ibid.*, p. 889.

harmony (most of the time). This harmony, of course, cost forebearance, particularly when the Abbé, perfectly willing to live in Brittany, took an aversion to Provence after his first trip there in 1672. (Madame de Sévigné made two trips to Provence after her uncle's death in 1687, but only one trip with him in 1672.) Even when they ventured as far as Vichy, the Abbé refused to go farther. She let him have his way, bowing to his will rather than fighting for her own:

> Plût à Dieu que le bon abbé pût être tenté d'y aller voir Monsieur l'Archevêque! Qu'il lui en écrive à Vichy; que sait-on? Je ne lui dirai rien, car je connois l'opposition qu'il feroit à mes prières; il faut aller tout à contre-pied de ce qu'on veut lui inspirer, et ce seroit le chemin, s'il y en avoit un.[16]

Perhaps an additional reason Madame de Sévigné lived so smoothly with her old mentor was that he adored giving advice and she liked taking it. In fact, though usually unperturbed and swift in making a decision, she loved to consult. She scarcely made a move without d'Hacqueville,[17] and held deliberative meetings with all the Grignans before her ambassadorial forays to court or to the home of the minister Pomponne. Naturally La Rochefoucauld, Madame de La Fayette, and all the *bonnes*

---

[16] A Madame et A Monsieur de Grignan, 15 août 1677 (II, 328). Note also, in the same letter: "Au nom de Dieu, ne m'imputez point la barbarie que nous allons faire; elle me fait mal et me presse le coeur; croyez que je ne souhaite rien avec tant de passion; mais je suis attachée au bon abbé, qui trouve tant de méchantes raisons pour ne pas faire ce voyage, que je n'espère pas de le voir changer." And two and a half weeks later: "Monsieur l'Archevêque a écrit au bon abbé tout ce qui se peut mander d'obligeant et de tendre, pour l'engager au voyage de Grignan; mais je ne vois pas que cela l'ébranle." A Madame de Grignan, 4 septembre 1677 (II, 346).

[17] Note for example: "... J'ai de grandes conversations avec d'Hacqueville; nous voyons ensemble d'autres intérêts, et les miens cèdent à ceux-là. ... Dans cette vue, c'est lui qui veut que j'avale tout l'amertume d'être loin de vous plutôt que de ne pas faire un voyage qui vous soit utile. Je cède à toutes ces raisons, et je crois ne pouvoir m'égarer avec un si bon guide." A Madame de Grignan, 6 mai 1671 (I, 282).

veuves chimed in with their opinions. No one gratifies us more, Monsieur de La Rochefoucauld might reflect, than a friend hungry for advice.

If Madame de Sévigné shunned quarrels, she adored reconciliations. As a matter of fact, pacifying and conciliating were her forte and her passion. "J'aime à contribuer à faire que l'on s'entende," she declared.[18] Her talents found abundant exercise at the Hôtel Carnavalet: when the Abbé de Coulanges and Mademoiselle de Méri lived under the same roof, sparks of petulance and ill-temper flew thick and fast.

> ... Quand l'arithmétique est offensée, et que la règle de *deux et deux font quatre* est blessée en quelque chose, le bon abbé est hors de lui: c'est son humeur, il le faut prendre sur ce pied-là. D'un autre côté, Mille de Méri a un style tout différent; quand par esprit ou par raison elle soutient un parti, elle ne finit plus, elle le pousse; il se sent suffoqué par un torrent de paroles; il se met en colère, et en sort par faire l'oncle, et dire qu'on se taise: on lui dit qu'il n'a point de politesse; *politesse* est un nouvel outrage, et tout est perdu; on ne s'entend plus; il n'est plus question de l'affaire; ce sont les circonstances qui sont devenues le principal. En même temps je me mets en campagne, je vais à l'un, je vais à l'autre, je fais un peu comme le cuisinier de la comédie; mais je finis mieux, car on en rit; et au bout du compte, que le lendemain Mlle de Méri retourne au bon abbé, et lui demande son avis bonnement, il lui donnera, il la servira; il est très-bon, et le *bien Bon*, je vous en assure; il a ses humeurs: quelqu'un est-il parfait? [19]

In society, too, Madame de Sévigné assumed the role of the *cuisinier de la comédie*. Segrais fell into disgrace with the Grande Mademoiselle, his patron, when he failed to share her adoration of Lauzun. The Marquise tried to put things right between them,

[18] A Madame de Grignan, 25 mai 1680 (II, 717).
[19] A Madame de Grignan, 12 juillet 1675 (I, 762–63).

but the excitable Mademoiselle could not be moved "sur ce qui touche à neuf cents lieues près de la vue d'un certain cap." [20] Long before this, in 1657, just after Mademoiselle's return from exile, she and Madame de La Fayette seem to have been at odds. Again Madame de Sévigné served as go-between and peace-maker: "... Je lui fis vos compliments, et elle les reçut fort bien; du moins ne me parut-il pas qu'elle eût rien sur le coeur." [21]

Bussy's caustic wit and antagonizing manners offered Madame de Sévigné several opportunities to exercise diplomacy. In seven-teenth-century aristocratic society nothing generated more heat and electricity than questions of protocol and *préséances*. Bussy, stuffed with pride, plunged into controversies over titles, digni-ties, genealogy, and the respect owed to "un homme de ma qualité." [22] After his good friend the Comte d'Estrées became a Maréchal, for example, Bussy sent him a congratulatory letter bereft of the salutatory "Monseigneur." (Bussy felt degraded, writing such a word.) The new Maréchal, humiliated, refused an answer: so piqued was he at this affront to his honor. Madame de Sévigné tried smoothing things over. "Je suis conciliante," she wrote Bussy, "j'aime à rapprocher les bonnes dispositions." [23]

[20] A Madame de Grignan, 1 avril 1671 (I, 241–42).
[21] A Madame de La Fayette, 24 juillet 1657 (I, 115). At one time Madame de Sévigné stayed at the home of her friend Madame de Marbeuf at Rennes and regularly visited the Duchesse de Chaulnes who was feuding with the lady. Not only was Madame de Sévigné able to retain her friendship for the one without offending the other, but she arranged a *détente* and then a reconciliation between them. "Ne croyez pas, ma fille, que je me sois brouillée avec M. et Mme de Chaulnes pour loger chez Mme de Marbeuf; je leur en parlai, ils le voulurent fort bien ... et j'ai si bien fait que je l'ai remise comme elle doit être avec M. et Mme de Chaulnes, c'est-à-dire allant les voir; ils ont même oublié le passé pour l'amour de moi, et l'ont priée à manger." A Madame de Grignan, 5 juin 1689 (III, 450–51).
[22] As an example of Bussy's vanity, note this letter: "En effet, me trouvant, sans vanité, égal en naissance, en capacité, en services, en courage et en esprit aux plus habiles de ces maréchaux [among whom was Luxembourg!], et fort au-dessus des autres, je me suis fait maréchal *in petto*, et j'ai mieux aimé n'avoir aucun titre que d'en avoir un qui ne fut plus digne de moi." *Correspondance de Roger de Rabutin ...*, 9 janvier 1676 (III, 129).
[23] Au Comte de Bussy-Rabutin, 28 avril 1681 (II, 897).

Despite her efforts, the quarrel between these "bonnes dispositions" worsened; and she, in turn, grew sharp and impatient:

> Non, rien ne se décide en France, tout se tourne en chicane et en prétentions. Que chacun les garde, mon cher cousin, et que les plus sages évitent de se faire des ennemis, ou de perdre leurs amis.[24]

She must have realized that her last remark would prick Bussy, for, exiled in Burgundy, he desperately needed every friend he could get in Paris and at Versailles. Following her usual pattern with him (after the stab, the kiss), she went on to soothe his feelings: "Pour vous, vous avez tant de raisons et tant de gens de votre côté, que votre bon droit ne peut jamais périr." [25]

What Madame de Sévigné wanted most (even from Bussy) was to compel affection. In the previous chapter her warm, responsive sociability came up for discussion. There is another side to her nature. If she loved to love, what she needed was to be loved, to enchant, captivate, and charm. Bussy scored her for it in his portrait: "Elle aime être aimée"; [26] she would go to any lengths, he said, praise, flatter, cajole, flirt with everyone from judges to miserable scribblers. ("Tout lui est bon.") [26] And yet, years later, Bussy fell in with the rest, calling her "la plus aimable femme du monde." [27] Out of deep need for love, she had perfected the art of attracting it and of bewitching everyone who approached her. Emile Faguet has written that Madame de Sévigné was a woman for whom the word "charm," which turns up so often in the portrait by Madame de La Fayette, seems to have been invented.[28]

Many, merely by reading her letters, have fallen under her seductive spell. The Scottish writer and early nineteenth-century

[24] Au Comte de Bussy-Rabutin, 30 juin 1681 (II, 901).
[25] *Ibid.*
[26] *Histoire amoureuse des Gaules,* p. 308.
[27] *Correspondance de Roger de Rabutin ...* , 10 ou 19 septembre 1674 (II, 396).
[28] *Dix-septième siècle; études littéraires,* p. 377.

Whig parliamentarian, Sir James Mackintosh, wrote in his *Memoirs:* "She has so filled my heart with affectionate interest in her as a living friend, that I can scarcely bring myself to think of her as being a writer." [29] Joubert, Sainte-Beuve,[30] Proust [31] wrote with the same adulation, and numerous *Sévignistes*—the Chevalier de Perrin, Monmerqué, Gérard-Gailly—have kept vigil (not always to the reader's advantage) over every line of her letters.

When necessary, Madame de Sévigné hung on to her male friends by playing the coquette. How else does one keep such a string of admirers? Surely Fouquet, unaccustomed to prolonged entreaties, must have taken her refusals for delaying tactics. She had the kind of prepossessing manner which never allowed a "no" to seem definitive and inspired everyone to imagine himself her favorite. Her early letters to Ménage show this sorcery at work. Even as a girl, she possessed the skill to keep a man fascinated and indulgent. Though Ménage divided his passion between Madame de Sévigné and Mademoiselle Pioche de la Vergne (the young Madame de La Fayette), he bristled whenever Madame de Sévigné acquired new friends. By turns she chided him for his susceptibility, teased him about Madame de La Fayette, his passion, his "despair" and then, at the right moment, soothed his feelings with such words as: "Je vous conjure de croire qu'il n'y a pas un de ces anciens et nouveaux amis dont vous me parlez, que j'estime ni que j'aime tant que vous." [32]

[29] *Memoirs of the Life of the Right Honourable Sir James Mackintosh,* ed. Robert James Mackintosh (2 vols.; London: Edward Moxon, 1835), II, 213.

[30] *Causeries du lundi,* I, 49: "Ce n'est pas seulement un classique, c'est une connaissance, et mieux que cela, c'est une voisine et une amie."

[31] N.b., Walter A. Strauss, *Proust and Literature: the Novelist as Critic* (Cambridge: Harvard University Press, 1957), p. 39: "His appreciation of Madame de Sévigné's style stems to a large extent from his having learned to love her simplicity, sensibility, and goodness at an early age. The fact that Madame de Sévigné's Letters were favorite reading matter in the Proust household and that a wealth of sentimental and tender memories are bound up with the Letters served only to strengthen this affection."

[32] A Ménage, s.d. (I, 97).

But like Ménage, she, too, noted with pain the least sign of disaffection, and her need for love quickened her sensitivity to its loss. The Chevalier de Grignan wrote his sister-in-law (Madame de Grignan) how much he delighted in her mother's company, which thoroughly gratified Madame de Sévigné.[33] A few months later, however, she betrayed uneasiness, for he seldom showed his feelings and she needed frequent reassurances:

> Monsieur le Chevalier m'écrivit de Versailles un petit adieu tout plein de tendresse; j'en fus touchée, car il laisse ignorer assez cruellement la part qu'on a dans son estime ... .[34]

Once he excluded her from a conference about Grignan affairs held in his rooms at l'Hôtel Carnavalet.[35] Despite their long friendship and his unmistakable regard, Madame de Sévigné felt hurt, troubled, and depressed. Later she learned that his seeming neglect was, in fact, further proof of his affection: the Chevalier wished to spare her the anguish of further difficulties with the insatiably litigious d'Aiguebonne family.[36]

Her letters to Madame de Grignan, like an endless entreaty, invite confessions and reassurances of affection. Even from servants she refused to tolerate aloofness. The real substance of the charge against Picard, the dismissed servant ("celui qui n'aimoit pas faner"), was that he, unlike Pilois, Beaulieu, Marie, and Hélène had never shown any affection for his mistress: "Ma

---

[33] "J'aime fort que le Chevalier vous dise du bien de moi; mon amour-propre est flatté de ne lui pas déplaire; s'il aime ma société, je ne cesse de me louer de la sienne: c'est un goût bien juste et bien naturel que de souhaiter son estime." A Madame de Grignan, 26 octobre 1688 (III, 226).

[34] A Madame de Grignan, 17 avril 1689 (III, 420).

[35] See letter A Madame de Grignan, 2 mars 1689 (III, 366).

[36] "... Tous ces dehors et toutes ces apparences de M. le Chevalier, qui m'avoient choquée avec raison, cachoient un fond aussi bon que le vôtre et un dessein de me dire de quoi il étoit question. Il différa même jusqu'à hier matin, pour ne me pas empêcher de dormir, sachant bien l'émotion que peut donner une sottise aussi complète que celle de revenir à la charge après avoir été si bien battus dans le même tribunal." A Madame de Grignan, 4 mars 1689 (III, 371).

foi! la colère me monte à la tête. Je songeai que c'étoit la centième sottise qu'il m'avoit faite; qu'il n'avoit ni coeur ni affection ... ." [37]

Madame de Sévigné's relations with her friends and family, the ways she got what she wanted, illustrate her preference for seduction and diplomacy over constraint and argument. To inspire Madame de Guitaut with the desire to intervene in Sévigné business affairs she displayed the warmest interest in the Guitaut family, Madame de Guitaut's religious zeal, her health, and the management of her estate after her husband's death.[38] This is not to call the Marquise insincere; she did genuinely like Madame de Guitaut. But, at times, her flattery does sound a bit overdone:

> ... Madame, il n'y a jour que je ne vous regrette, surtout le matin à notre messe, où je me trouvois heureuse de vous voir un moment et d'être à deux pas de vous: ce goût que j'ai pour vous ne m'a point passé, vous êtes mon idée [i.e., idéal] plus que jamais; et plus que jamais votre dupe si vous me trompez.[39]

Who could refuse a favor after that?

Madame de Sévigné turned diplomat with Madame de La Fayette and Madame de Lavardin, as well, but here her diplomacy mixed unmistakably with delicacy of feeling and a desire not to wound her friends. After a year spent in Brittany with Charles and her daughter-in-law, Madame de Sévigné decided to make a trip to Provence rather than return to Paris. She was growing old and wanted to spend what remained of her life with the one person who made life truly meaningful. She kept all this

---

[37] A Coulanges, 22 juillet 1671 (I, 342). Note also this remark addressed to Monsieur de Grignan about a singer who left his employ for Versailles: "... Faites comme moi: quand je vois qu'on languit chez moi, qu'on espère mieux, qu'on se croit misérable, en même temps il me prend une extrême envie de ne voir plus ces gens-là: est-on bien aise de leur faire violence et de les voir languir?" A Madame de Grignan, 10 août 1677 (II, 325).

[38] While talking of Madame de Guitaut's affairs she would slip in with: "Mandez-moi, je vous supplie, Madame, un petit mot des miennes." A la Comtesse de Guitaut, 29 octobre 1692 (III, 815).

[39] *Ibid.*

from Mesdames de La Fayette and de Lavardin, though they seldom missed an opportunity to plead for her return. In a letter to her daughter, Madame de Sévigné analyzed her feelings: she felt no conflict, no doubts, no divided loyalty, but a desire to soothe and "ménager."

> Leur amitié ne me fait point changer d'avis; mais je veux avoir un procédé honnête avec elles, et sincère, et faire valoir la raison de mes affaires, d'une manière qui ne paroisse pas me moquer d'elles et changer tout d'un coup, si vous alliez à Paris. Cette impossibilité pour eux, qui s'évanouit quand vous paroissez, est une dureté que je veux éviter, quoique vraie, et ménager un peu mieux des amies si aimables et qui présentement et actuellement sont toutes occupées de vos affaires ... .[40]

Then step by step, blending art with tact, she brought her friends round to suggesting, voluntarily and seemingly of their own initiative, that she make the trip to Provence rather than spend another hard winter in Brittany.[41]

With Bussy the key word was complaisance: soothe his pride, flatter his wit, call the court blind to neglect such a man.[42] The

[40] A Madame de Grignan, 30 juillet 1690 (III, 757).

[41] Note: "... J'ai déjà fait entendre à mes amies l'impossibilité de retourner à Paris; il sera question de leur faire avaler le trajet." A Madame de Grignan, 16 août 1690 (III, 764). Then on 17 September 1690 (III, 775), she wrote: "J'ai encore un surcroît de joie, ma bonne, c'est que Mme de La Fayette, avant même que d'avoir reçu la lettre que je leur écris pour leur dire mes desseins, me conseille d'aller passer l'hiver dans le beau pays de Provence; Mme de Lavardin me mande la même chose ... ." This same mixture of politics, delicacy, and sensitivity colors her advice to her daughter about Retz, who sent his "niece" a *cassolette* in monumentally bad taste: "Ce qu'il y a à faire, c'est d'en remercier tout bonnement M. le Cardinal, et ne lui pas donner la mortification de croire que l'on n'est pas charmée de son présent. Il faut entrer dans son sentiment, il a cru vous donner un agréable présent, il faut le recevoir comme tel ... ." A Madame de Grignan, 24 juillet 1675 (I, 772).

[42] Mesnard writes in the introduction of the GEF edition of Madame de Sévigné's letters (I, 87): "... Elle répondit à ses doléances d'ambitieux frustré et à ses vanteries avec cette complaisance qui a toujours été il faut bien l'avouer, excessive chez elle."

King named Boileau and Racine his royal historians; Bussy fumed and sputtered: his talents, not theirs (he thought), suited the task of recording such sublime campaigns. To comfort him Madame de Sévigné wrote satirical portraits of the two bourgeois poets foolishly stuck in the mud and too bewildered to notice the glory of war.[43]

Then too, Bussy prided himself on being a fastidious literary critic; Madame de Sévigné took pains not to rob him of this impression. When she first read the *Princesse de Clèves*, she raved to her cousin:

> C'est un petit livre que Barbin nous a donné depuis deux jours, qui me paroît une des plus charmantes choses que j'aie jamais lues.[44]

Bussy, inspired by what he considered impeccable taste, declined to agree. The first part of the novel, he said, was good enough (except for a few repetitions), but the confession scene smacked of extravagance. Besides, all that conflict between passion and virtue was overdone and incredible. "Depuis qu'à la cour en quinze jours, trois semaines ou un mois, une femme attaquée n'a pas pris le parti de la rigueur, elle ne songe plus qu'à disputer le terrain pour se faire valoir." [45] To this superior judgment Madame de Sévigné bowed her head and added a flattering endorsement.

> Votre critique de *la Princesse de Clèves* est admirable, mon cousin. Je m'y reconnois, et j'y aurois même ajouté deux ou trois petites bagatelles qui vous ont assurément échappé. Je reconnois la justesse de votre esprit ... .[46]

With her son-in-law she employed, in equal measure, cajolery and wooing. Her first letters to him, written while Madame de

---

[43] See Au Comte de Bussy-Rabutin et A Madame de Coligny, 18 mars 1678 (II, 395).

[44] *Ibid.*, 396.

[45] *Correspondance de Roger de Rabutin ...* , 26 ou 27 juin 1678 (IV, 141).

[46] Au Comte de Bussy-Rabutin, 27 juillet 1678 (II, 405).

Grignan was still in Paris and he awaiting his wife in Provence, demonstrate ingenuity, flair, and all the wares of the seasoned diplomat. Principally she aimed to keep Madame de Grignan with her as long as possible, but this aim by no means excluded others. So, in the midst of ingenious pretexts for prolonging her daughter's stay, Madame de Sévigné sprinkled remarks about Madame de Grignan's conjugal affection, her excellent conduct in his absence, her passionate displeasure at being in Paris. Thus as she insinuated herself in Grignan's favor, by emphasizing his superior claim to her daughter's heart, Madame de Sévigné sought to assure herself a place in the hearts of both.

Still her frankness upset such plans, especially when she sent that letter about Grignan's extravagance to his uncle, the Archbishop of Arles, and the letter fell into Grignan's hands. But Madame de Sévigné soothed as easily as she antagonized; her compliments penetrated irresistibly:

> Je vous prie de n'en avoir plus contre moi [des chagrins], et de considérer ce qui fait le fond de mes gronderies, et d'examiner avec sincérité si elles sont tout à fait mal fondées. Pour m'y être pas sensible, il faudroit ne vous aimer point du tout, et c'est ce qu'il n'est pas possible de faire.[47]

The Grignans were fortunate to have her political advice, for without any experience of the world she transposed her natural gifts for manipulation, reconciliation, and *ménagement* into sound politics. Mesnard has voiced astonishment at such acumen:

> On est vraiment étonné de voir une femme ... une femme trop simple et trop aimable pour afficher aucune prétention messéante de régenter des hommes publics, tracer à un gouverneur de province, à l'aide des seules lumières de son bon sens et de l'inspiration de son amour maternel, des règles parfaites de conduite avec les personnes, lui dire si bien par quels ménagements on les gagne, comment on les

---

[47] A Madame et A Monsieur de Grignan, 24 janvier 1680 (II, 577).

engage dans de bons sentiments ... et avec une justesse de coup d'oeil que les politiques de profession n'ont pas toujours, reconnaître et signaler les écueils de la défiance et des préventions.[48]

Interestingly, her ideas on child rearing follow the same pattern. When Madame de Grignan ran into trouble with Pauline, Madame de Sévigné counseled above all persuasion, patience, and indulgence.

> ... Je n'eusse jamais cru que son humeur eût été farouche: je la croyois toute de miel; mais, ma bonne, ne vous rebutez point: elle a de l'esprit, elle vous aime, elle s'aime elle-même, elle veut plaire; il ne faut que cela pour se corriger ... entreprenez donc de lui parler raison, et sans colère, sans la gronder, sans l'humilier, car cela révolte; et je vous réponds que vous en ferez une petite merveille.[49]

Need it be said that Madame de Sévigné exaggerated the policy of *douceur* in bringing up her own daughter? And she was equally permissive with Charles. Aside from a comradely scolding or two, she abstained from rebuking him for thoroughly extravagant behavior. He squandered his career, his fortune, and his health, getting little more than frustration in return. Indeed she allowed herself to be pushed into purchasing him an expensive army commission as guidon (to which he took an almost immediate aversion) merely because his sister had just been married off and established.

---

[48] *Lettres de Madame de Sévigné ...* (GEF), I, 124. Note how she avoided for Grignan, Bussy's troubles with the new *Maréchaux:* "Je parlerai à M. de Pomponne pour le *monseigneur.* En attendant, je crois que M. de Vivonne a son passe-port sans conséquence; et, comme il est sûr que vous ne devez pas vouloir le fâcher, je lui écrirois un billet, et y ficherois un *monseigneur* en faveur de son nom. Pour les autres, il faut chicaner comme Beuvron et Lavardin: ils font écrire leurs soeurs, leurs mères; ils ont cette conduite, je la sais, et ils évitent la décision." A Madame de Grignan, 19 août 1675 (I, 810).

[49] A Madame de Grignan, 28 février 1689 (III, 362).

> Je reçois des lettres de votre frère toutes pleines de lamenta-
> tions de Jérémie sur son guidonnage: il dit justement tout
> ce que nous disions quand il l'acheta; c'est ce cap, dont il est
> encore à neuf cents lieues; mais il y avoit des gens qui lui
> mettoient dans la tête que puisque je venois de vous marier,
> il falloit aussi l'établir; et par cette raison, qui devoit produire,
> au moins pour quelque temps, un effet contraire, il fallut
> céder à son empressement, et il s'en désespère ... .[50]

At such a time resistance might have proved kinder than indulgence.

Among the moral essays of Pierre Nicole, Jansenism's psy-
chologist, the friend of Pascal, and the teacher of Racine, none
pleased Madame de Sévigné more than his treatise: *Des moyens
de conserver la paix avec les hommes*. Indeed she believed it
spoke to her personally:

> Je crois que tout le monde s'y trouve; pour moi, je crois qu'il
> a été fait à mon intention ... .[51]

> Enfin ce traité est fait pour bien du monde: mais je crois
> principalement qu'on n'a eu que moi en vue.[52]

Nicole, in comparison to the pugnacious Grand Arnauld with
whom he so often collaborated, avoided open polemics, and
when hostilities could not be shunned, sought to sugar his arguments, couch them in inoffensive terms, or find points of agree-
ment with his adversaries. In short, he was of a "Venus" disposi-

---

[50] A Madame de Grignan, 16 octobre 1675 (I, 883). Madame de Sévigné
sometimes showed softness even toward Protestants (at least she preferred
persuasion to aggressive *compelle intrare*). Note her criticism of La Garde,
Grignan's cousin, who was always lecturing and exhorting others to
Christian sentiments: "Cela n'empêche pas les réflexions, les conversations
chrétiennes avec ses amis; mais point de sermons, point de gronderies: cela
révolte et fait qu'on se souvient, et qu'on les renvoie à leur vie passée ... ."
A Madame de Grignan, 2 novembre 1689 (III, 585). And she praised
Corbinelli thus: "Il convertit plus d'hérétiques par son bon sens, et par ne
les pas irriter par des disputes inutiles, que les autres par la vieille con-
troverse." Au Président de Moulceau, 24 novembre 1685 (III, 115).

[51] A Madame de Grignan, 7 octobre 1671 (I, 398).

[52] A Madame et A Monsieur de Grignan, 4 novembre 1671 (I, 414).

tion. The treatise Madame de Sévigné so enjoyed reflects a mixture of his character and the traditional lessons of Christian charity and humility. Reason, duty, and religion, he wrote, enjoin men to seek peace and to avoid war in all social intercourse and in their own souls. Here Madame de Sévigné found an echo and a sanctioning of her propensities, a coherent argument for nonaggression, and encouragement to persevere in the same direction.

What attracted her most probably was his message of conciliation, tolerance, diplomacy, *ménagement.*

> ... On ne sauroit considérer, avec quelque attention la source de la plupart des inquiétudes et des traverses qui nous arrivent, ou que nous voyons arriver aux autres, qu'on ne reconnaisse qu'elle viennent ordinairement de ce qu'on ne se ménage pas assez les uns les autres.[53]

Furthermore, Nicole outlined a full "Venus" program: avoid "une manière impérieuse de dire ses sentiments ... c'est encore un fort grand défaut que de parler d'un air décisif, comme si ce qu'on dit ne pouvoit être raisonnablement contesté." [54] Avoid "chaleur" in expressing sentiments and injurious or scornful terms; do not humiliate; avoid "sécheresse ... qui consiste ... dans le défaut de certains adoucissemens; elle laisse la plaie que la contradiction fait sans aucun remède qui en puisse diminuer la douleur." [55] Disagreement should be expressed inoffensively, without rude or harsh tones, he contended. Indeed natural impatience, which impels one to contradict others, is a considerable defect. "... On n'est pas obligé de contredire toutes les fausses opinions ... il faut avoir une retenue générale." [56] If we are not loved, it is because we know not how to make ourselves beloved.

[53] Pierre Nicole, *Essais de morale* (Paris: Guillaume Desprez et Jean Desessartz, 1715), I, 155.
[54] *Ibid.*, 185–86.
[55] *Ibid.*, 187.
[56] *Ibid.*, 178.

Here Nicole struck a deep chord. Love was what Madame de
Sévigné desperately pursued; why risk losing it by contradicting
the sentiments and feelings of others? [57] Why challenge other
opinions when, as Nicole proclaimed, it is self-love, not love of
truth, that urges us on? In particular, this meant swallowing any
resentment she felt toward Madame de Grignan and the permission to avoid contradicting her, a course Madame de Sévigné
was only too ready to follow.[58]

But there was another side to her attraction to this particular
essay. It not only echoed and excused some of her own feelings,
it addressed itself to what she acknowledged as her weakness.
Nicole enunciated a general rule in two parts: "Ne blesser
personne et ne se blesser de rien." [59] This second part, the in-
junction to suffer indifference, or even aversion, from others
Madame de Sévigné found beyond her capacity. She joked
about making a "bouillon" of his recommendations and swallowing it; she said divine grace was necessary, not just "philosophy,"
to attain such indifference.[60]

> ... C'est une perfection un peu au-dessus de l'humanité, que
> l'indifférence qu'il veut de nous pour l'estime ou l'improbation

---

[57] Note Nicole, *Ibid.*: "Et ainsi nous apercevons, qu'en contredisant certaines opinions qui ne regardent que des choses humaines, nous choquons
plusieurs personnes, nous les aigrissons, nous les portons à faire des
jugemens téméraires et injustes, non seulement nous pouvons nous dispenser
de combattre ces opinions, mais même nous y sommes souvent obligés par
la loi de la charité." Compare with: "Mandez-moi pourtant si cela ne vous
déplaît point à tous deux; car si cela vous déplaisoit, cela étant inutile, je
ne serois pas fort pressée de vous dire des choses déplaisantes [about their
debts]." A Madame de Grignan, 6 avril 1672 (I, 510).

[58] In comparing Madame de Grignan's letter to her daughter defending
Télémaque with Madame de Sévigné's letters about books, Paul Janet
writes (p. 24): "Quand il s'agit d'un livre sur lequel madame de Sévigné
n'est pas d'accord avec sa fille, elle esquive la discussion et s'en tire par un
trait vif, plaisant ou aimable. Ici, au contraire, madame de Grignan creuse,
discute, prouve; c'est une leçon, et même sur un ton médiocrement aimable;
on voit que la philosophe ne supportait pas volontiers la contradiction."

[59] *Essais de morale,* I, 164.

[60] A Madame et A Monsieur de Grignan, 4 novembre 1671 (I, 414).

du monde: je suis moins capable que personne de la comprendre ... .[61]

Despite a promise to "faire des efforts," she confessed that her emotional need was far too strong: "... J'ai des liens de tous côtés, mais surtout j'en ai un qui est dans la moelle de mes os; et que fera là-dessus ce beau livre?" [62] "Ce beau livre" did, however, do something; it deepened her awareness, made her conflicts more apparent; Nicole, she said, "cherche dans le fond du coeur avec une lanterne." [63]

[61] A Madame de Grignan, 1 novembre 1671 (I, 412).
[62] *Ibid.*, 413.
[63] A Madame de Grignan, 30 septembre 1671 (I, 395). In the second part of this treatise Nicole directs his remarks particularly against extreme sensitiveness to what others say and do to us and warns: "Ceux que la passion qu'ils ont d'être aimes rend si sensibles à l'aversion, ne font d'ordinaire que se l'attirer par cette délicatesse incommode." (p. 233.) This was Madame de Sévigné's great fear. Her letters often apologize: "Et même si mes délicatesses, et les mesures injustes que je prends sur moi, ont donné quelquefois du désagrément à mon amitié, je vous conjure de tout mon coeur, ma bonne, de les excuser en faveur de leur cause." A Madame de Grignan, 30 octobre 1673 (I, 620).

CHAPTER VII

A Broad Mind

SOME PEOPLE seem to wear blinkers. What they see perhaps
they see well; but the rest, the periphery, slips away from them.
Sir Francis Bacon noticed this in *The Advancement of Learning*.
"There are minds," he wrote, "proportioned to intend many matters and others to few. So that some can divide themselves: others
can perchance do exactly well, but it must be in a few things
at once." [1]

Perhaps if Bacon had not lived before Madame de Sévigné
(in fact, he died the year of her birth), he might have used her
to illustrate what a broad mind can hold. For she habitually
"intended many matters" at once, neither completely neglecting
her visitors nor letting them distract her from filling pages of correspondence in their midst. [2] Indeed, with Charles reading aloud
from Pascal's *Petites Lettres* or from Cervantes, she turned to
needlework or embroidered a fancy chair back for Monsieur de
Coulanges. Even off on an exploratory stroll in the woods of Livry
or Les Rochers, she tucked a sheet of music or a book under her
arm: so naturally did she feed her mind and senses several things
at once.

[1] *The Advancement of Learning*, ed. G. W. Kitchin (London: J. M. Dent
& Sons, Ltd., 1958), p. 169.
[2] Her letters are frequently interrupted by notes from visiting friends to
Madame de Grignan. Often she finished a letter in the home of the
Coulanges family or took her correspondence along with her to Madame
de La Fayette's house. She even managed to write while servants removed
furniture all around her (see letter of 15 octobre 1677, II: 376–80).

Then too, she had the habit of noticing the most various things, her attention darting from clothes to gestures and glances. She caught people at odd moments and in telling postures: Madame de Brissac, mannered and well-coiffed, feigning the colic; Madame de Thianges, newly converted and with unchristian impatience, reminding her valet not to serve alcoholic beverages; Madame de Gêvres, hurriedly slipping off her glove and rushing a napkin to Mademoiselle at the risk of near collision with her rival, Madame d'Arpajon. Madame de Sévigné loved double perceptions; she loved to discover the underside of events and refused to oversimplify. "Tout est à facettes" was her frequent observation.[3]

Perhaps for this very reason she qualified as a great wit and humorist.[4] Wit, after all, is more than quick perceptions and ingenious phrasing. To detect the incongruous, one must juggle several sides of a word or idea at a time. Much that makes one chuckle in Madame de Sévigné's letters is pure verbal play and some irresistible puns. She took full advantage of the variousness of words—the way they resemble each other and diverge, their ambiguities and multiple applications. An even greater share of her humor derives from double vision of pomp and ceremony: she and Madame de Tarente politely kissing the assembled ladies of Brittany and sweating profusely, indeed sticking cheek to cheek, all the while; [5] the new Chevaliers du Saint-Esprit, so

---

[3] Note for example: "... M. de Grignan ... a des endroits d'une noblesse, d'une politesse, et même d'une tendresse extrême: il y a d'autres choses, dont les contre-coups sont difficiles à concevoir; enfin tout est à facettes ... ." A Madame de Grignan, 1 mai 1680 (II, 685). "... Telle est la misère des hommes; tout est à facettes, tout est vrai, c'est le monde." A Madame de Grignan, 25 septembre 1689 (III, 547).

[4] In his *Histoire de la littérature française classique, 1660–1700, ses caractères véritables, ses aspects inconnus* (3ème éd.; Paris: Armand Colin, 1947 [1940]), Daniel Mornet writes: "... Bien mieux que Voiture, avant Fontenelle et Hamilton, elle a su dégager de l'esprit précieux l'esprit tout court. Moins subtil, moins tourné vers l'ironie que chez Saint-Evremond ou Fontenelle, son esprit est plus libre, plus varié, plus pittoresque." (p. 328.)

[5] A Madame de Grignan, 6 août 1680 (II, 808).

enmeshed in plumes and ribbons that once they stood side by side only force could separate them; [6] court *dévotes*, sumptuously dressed for every ball but clearly discernible from their complexions, for they took on rouge and religion in inverse proportion.

Even in pathos Madame de Sévigné found comedy. She rushed out to help the Comte de Guitaut when his house burst into flames, took in sympathetically all the poignant human details (Guitaut torn between his pregnant wife, clinging to his arm, and the desire to save his mother, somewhere in the still flaming house). Yet at the same time Madame de Sévigné perceived a bit of farce in their situation—she and all the neighbors, including the Italian Ambassador, outside gaping and gasping, dressed variously in night caps, gowns, petticoats, and slippers.

This habit of seeing both in and around things at once is reflected in her letters: they are a hodgepodge. They roam from surfaces to "le dessous des cartes," from trivialities to philosophic debates. She packed them with quack panaceas, recipes, social chitchat, book reviews, court intrigues, portraits of contemporaries, *tableaux de moeurs,* and bartered current ideas with her daughter on topics whose diversity dazzles. Joseph de Maistre observed, with a frown at Voltaire, that Madame de Sévigné wrote "le véritable *Siècle de Louis XIV.*" [7] Who else so readily took up battlefield and courtroom, provincial assemblies, weddings, masked balls, the English Revolution, gambling at Versailles, *l'affaire des poisons,* Brittany in revolt, evening coach rides, the rise and fall of Madame de Montespan? If, as a reporter, Madame de Sévigné was at all lacking in concentration, she more than compensated in comprehensiveness.[8]

But her own observations seldom satisfied her. She was the sort

[6] A Madame de Grignan, 3 janvier 1689 (III, 300).

[7] *Lettres et opuscules inédits du comte Joseph de Maistre, précédés d'une notice biographique par son fils le comte Rodolphe de Maistre,* II, 482.

[8] The British historian David Ogg voices this view. He writes in *Louis XIV* (London: Oxford University Press, 1956), p. 228: "Madame de Sévigné, it is true, did not penetrate very closely, but her gaze covered a wide horizon, and her quick perception enabled her to understand, where a man would be unsympathetic."

of person who has a perpetual question on her lips. Indeed there
was no reasonable limit to her curiosity. Who handed the King
his nightshirt yesterday? How long was her grandson's new
beard? [9] How did the Chaulnes happen to get married? [10] Who,
what, where,—everything to be learned about Provence. [11] After
months of trading tears and versions of Turenne's last moments
with all her friends, she found a man in Brittany who had crossed
the Rhine with the troops and was not content until he had run
through the whole story from start to finish.

> ... Je l'interrogeai extrêmement sur tout ce qui se passa à
> cette armée, et de la douleur et du désordre qu'y apporta la
> mort de M. de Turenne: ce détail d'un homme qui y étoit
> est toujours fort curieux. [12]

Even while traveling she persuaded her companions to unravel
their past, point by point, detail by detail:

> Nous sommes en carrosse, M. et Mme de Chaulnes, M. de
> Revel et moi. Un jour je fais épuiser à Revel la Savoie, où il
> y a beaucoup à dire; un autre la Rambures, dont les folies et
> les fureurs sont inconcevables; une autre fois le passage du
> Rhin; ... nous appelons cela dévider tantôt une chose, tantôt
> une autre. [13]

[9] "Beaulieu me mande qu'on attend notre marquis. Je lui mande de me
bien mander comme il est, s'il est crû, si son visage est devenu celui d'un
homme, comment va la barbe, ce qu'il fera, ce qu'il dira, où il ira, quel
valet de chambre il a, enfin je n'en saurois trop savoir ... ." A Madame de
Grignan, 28 décembre 1689 (III, 631).

[10] "Pendant que les autres jouoient au mail, je lui faisois conter Rome
[M. de Chaulnes had been there as an ambassador], et par quelle aventure
elle avoit épousé M. de Chaulnes; car je cherche toujours à ne me point
ennuyer." A Madame de Grignan, 23 août 1671 (I, 367).

[11] "Je vous parle toujours de cette Bretagne et vous ai envoyé de belles
chansons: c'est pour vous donner confiance de me parler de la Provence où
je m'intéresse assurément plus qu'à nul autre pays: le voyage que j'y ai fait
m'empêche de m'ennuyer de tout ce que vous m'en dites; je connois tout,
je comprends tout le mieux du monde." A Madame de Grignan, 12 janvier
1676 (II, 22).

[12] A Madame de Grignan, 17 novembre 1675 (I, 914).

[13] A Madame de Grignan, 30 juillet 1689 (III, 495). Upon hearing that
someone in Provence had actually come from the Indies (about which she

Madame du Deffand once confessed to the Marquise's adoring admirer Horace Walpole that she would never rival this insatiable curiosity: "Malheureusement je ne ressemble en rien à Mme de Sévigné, je ne suis point affecté des choses qui ne me font rien; tout l'intéressait, tout réchauffait son *imagination* ... ."[14] Another eighteenth-century man of letters, Jean-Baptiste Antoine Suard, no less devoted to Madame de Sévigné, held the same opinion of her: "... Une femme sans cesse occupée de tous les mouvements de la société, de tous les mots qui échappent, de tous les événéments qui s'y succèdent; qui saisit tous les ridicules, recueille toutes les médisances ... ."[15]

More recently, Virginia Woolf called attention to her knack for uncovering, in the most unlikely places, something to engage, divert, and delight her:

> Everything seems to yield its juice—its fun, its enjoyment; or to feed her meditations. She has a robust appetite; nothing shocks her; she gets nourishment from whatever is set before her.[16]

Of course the characteristic fact of the matter is that Madame de Sévigné invariably chose a very mixed diet. She loved music,

---

had read so much), the Marquise wrote excitedly to Madame de Grignan: "Vous ne pouvez pas douter de la joie que j'aurois d'entretenir cet homme des Indes, quand vous vous souviendrez combien je vous ai importunée d'Herrera [*Gestes des Castillans dans les îles et terres fermes de la mer Océane, de l'an 1402 à l'an 1554*], que j'ai lu avec un plaisir extraordinaire." A Madame de Grignan, 5 janvier 1676 (II, 14).

[14] Letter dated 12 novembre 1777 and cited in Vol. 5 (XVIIe siècle) of *Les grands écrivains français par Sainte-Beuve: études des lundis et des portraits classées selon un ordre nouveau,* ed. Maurice Allem (Paris: Garnier Frères, 1930), 303.

[15] *Mélanges de littérature,* III, 235.

[16] *Death of the Moth,* p. 52. Gabriel Brunet, the critic who so deftly described Madame de Sévigné's "primarité," noted as equally characteristic her broad and variegated interests: "L'autre caractère qui me semblerait dominant, c'est ce que je dénommerais une bigarrure. J'entends par là que l'esprit de Mme de Sévigné et sa correspondance elle-même m'apparaissent comme une compénétration d'un fort grand nombre d'éléments de nature très différente et même parfaitement opposés ... . De là cet épanouissement, qui n'est pas sans charme, d'un fouillis d'éléments contraires." *Evocations littéraires,* p. 65.

books, ballet, country solitude, dogs, religious exhortation; dabbled in philosophy, ethics, court and provincial politics, child rearing, landscaping, accounting, psychology, parlor games, amateur theatricals, salon repartee; traveled, gossiped, wrote voluminously, sang, danced, frequented concerts, the pulpit, and the theater; sought and kept friends that ranged from the whirligig Comtesse de Fiesque to Madame de La Fayette.

Her readings, in particular, resemble a potpourri. Like Madame de Kerman, with whom she got on so well, Madame de Sévigné was a supreme eclectic:

> C'est une liseuse que cette dernière; elle sait un peu de tout; j'ai aussi une petite teinture: de sorte que nos superficies s'accommodent fort bien ensemble.[17]

In a lady of society, personally unambitious, devoid of intellectual pretensions, and innocent of pedantry, such diverse knowledge astounded. Saint-Simon wrote: "[Elle] savoit extrêmement de toutes sortes de choses, sans vouloir jamais paroître savoir rien." [18] Madeleine de Scudéry noted that without once playing the *bel esprit*, Madame de Sévigné understood "toutes les belles choses" and read voraciously.[19]

She knew a little Latin (though a debate has persisted as to whether she read the Ancients in all the majesty of the text or in all the majesty of Perrot d'Ablancourt's translations); a little Spanish—perhaps enough to read *Don Quixote* in the original; read, wrote, and probably spoke Italian, in which language she had been schooled by experts (Chapelain, who had translated and introduced Marino's *Adonis* in France, and Ménage, a pundit among Romance philologists of the day). Madame de Sévigné's Italian covered Petrarch, Tasso, Ariosto, Guarini, Guicciardini (*Storia fiorentina*), Leti (*Vita di papa Sisto V*), Davila (*Storie delle Guerre civili di Francia*), Bentivoglio (*Storia delle Guerre*

---

[17] A Madame de Grignan, 30 avril 1689 (III, 430).
[18] *Mémoires*, III, 78.
[19] *Lettres de Madame de Sévigné* ... (GEF), I, 319.

di Fiandra), Tassoni, Berni, and perhaps even Boccaccio in the original.[20] She read religious works ranging from the Epistles of Saint Paul to the Alcoran, all the works of Port-Royal (from the *Letters* of Saint Cyran to books by Fontaine, Hamon, and Le Tourneux), as much of Saint Augustine as possible (including the *Confessions*), Bossuet's *Histoire des variations des églises protestantes,* Abbadie, the Protestant minister Claude (*Défense de la réformation contre le livre intitulé "Préjugés légitimes contre les calvinistes"*), Godeau's *Histoire de l'église,* the *Homilies* of Saint John Chrysostom, and the sermons of that famous group of contemporary preachers: Bourdaloue, Bossuet, Mascaron, and Fléchier. Sainte-Beuve has remarked on her remarkable facility for arranging, at least within *her* heart, the embrace of Nicole and Montaigne.[21] At the age of fifty she dipped into cartesianism, adding a bit of Malebranche to a smattering of Descartes; just enough of this new and difficult philosophy, wrote Henri Busson, "pour n'être point comme une sotte bête." [22]

History fascinated her. "... On est si aise de se transporter un peu en d'autres siècles! cette diversité donne des connoissances et des lumières ... ." [23] She ranged over East and West, the religious and lay, ancient and modern worlds, tasting Mézerai, Maimbourg, Tacitus, Fléchier (*Histoire de Théodose le Grand*), Vertot (*Histoire de la conjuration du Portugal*), Bossuet, Guillet de Saint-Georges (*Histoire du règne de Mahomet II*), Plutarch, Josephus, l'Abbé de Choisy (*Les histoires de Philippe de Valois et du roi Jean*); dipping into travel books, current memoirs (e.g., *Mémoires de M. de Pontis, Mémoires du marquis de Beauvau*), and biographies (e.g., *La vie de Mme de Montmorency, La vie*

[20] For a thorough study of Madame de Sévigné's "italianismo" and the extent of her readings and borrowings from Italian literature see: Clara Friedmann, "La Coltura Italiana di Madame de Sévigné," *Giornale Storico della Letteratura Italiana,* LX (1912), 1–72.

[21] *Port-Royal* (5 vols.; 2ème éd.; Paris: Hachette et Cie, 1860), II, 399.
[22] *La religion des classiques,* pp. 73–74.
[23] A Madame de Grignan, 8 janvier 1690 (III, 644).

du Cardinal Commendon). One book pushed her on to another: "La *Vie de saint Louis* m'a jetée dans la lecture de Mézerai; j'ai voulu voir les derniers rois de la seconde race; et je veux joindre Philippe de Valois et le roi Jean, qui est un endroit admirable de l'histoire ... ." [24] What is more, she read with refreshing abandon, allowing herself to be swayed by Josephus' *Histoire des Juifs* and vowing that had she not been born Catholic, she would have been pleased to be Jewish. [25]

Her taste conciliated pastoral and salon poetry with the *Aeneid;* *Gerusalemme liberata* with Benserade; Rabelais with *L'Astrée;* Quintilien and Lucan with La Calprenède. For such books and authors were mixed together, read in succession, or even simultaneously, without Madame de Sévigné betraying the slightest sign of literary indigestion.

Nous allons commencer un livre de M. Nicole ... . Nous continuons le Tasse avec plaisir, et je n'ose vous dire que je suis revenue à *Cléopâtre,* ... je me laisse divertir sous le prétexte de mon fils qui m'a mise en train. Il nous a lu aussi des chapitres de Rabelais à mourir de rire. [26]

Nous lisons beaucoup ... les comédies de Corneille, les [ouvrages] de Despréaux, celles de Sarasin, celles de Voiture, tout repasse devant moi sans m'ennuyer; au contraire. Nous

[24] A Madame de Grignan, 5 janvier 1689 (III, 303). Note also: "Nous lisons aussi l'histoire de France depuis le roi Jean: je veux la débrouiller dans ma tête, au moins autant que l'histoire romaine, où je n'ai ni parents, ni amis; encore trouve-t-on ici des noms de connoissance. Enfin, tant que nous aurons des livres, nous ne nous pendrons point." A Madame de Grignan, 23 septembre 1671 (I, 390).
[25] "Pour la religion des Juifs, je le disois en lisant leur histoire: *Si Dieu m'avoit fait la grâce d'y être née,* je m'y trouverois mieux qu'en nulle autre, hormis la bonne; je la trouve magnifique ... ." A Madame de Grignan, 11 décembre 1675 (I, 935). Madame de Sévigné also found in her readings a Grand Vizir surpassing in virtue the finest Christians: "... Vous y verrez [in a *Histoire des vizirs*] en la personne du grand vizir, que vous avez tant entendu louer et qui règne encore présentement, un homme si parfait, que je ne vois aucun chrétien qui le surpasse." A Madame de Grignan, 4 juin 1676 (II, 112).
[26] A Madame et A Monsieur de Grignan, 5 juillet 1671 (I, 325).

donnons quelquefois dans les *Morales* de Plutarque, qui sont admirables, *les Préjugés,* les réponses des ministres, un peu d'alcoran, si on vouloit; enfin je ne sais quel pays nous ne battons pas ... .[27]

Everything interested her; everything was "admirable": Pascal and madrigals, literary criticism and linguistic commentary (especially by Bouhours and Rapin), La Fontaine's salacious *Contes,* Balzac's *Socrate chrétien,* Arnauld d'Andilly's *La vie des pères du désert.* Sense and nonsense, the frivolous and the profound —they are all mixed together as with a spoon.

In natural scenery, too, she found more of interest (country solitude, autumn light, spring leaves, gardens, dark woods) than most of her published contemporaries,[28] and in language and imagery, she enthusiastically hunted the diverse. Her letters abound in metaphors of far-flung origin [29] and are sprinkled with neologisms, archaisms, borrowings from Brittany and Provence, Spain and Italy.[30]

Sainte-Beuve once quoted from a letter of Port-Royal's Mère Agnès, whom Madame de Sévigné went to visit at a convent of the Order of the Visitation (to which Mère Agnès had been dispatched by church authorities inimical to Jansenism). The letter reads: "J'aurois beaucoup perdu du fruit de ma solitude si j'avais eu l'honneur de voir Mme de Sévigné, puisqu'une seule personne qui lui ressemble tient lieu d'une grande compagnie"; to which Sainte-Beuve added the comment: "Cette religieuse, on le voit, connaissait son monde; causer en tête-à-tête avec Mme

[27] A Madame de Grignan, 25 septembre 1680 (II, 861).

[28] Note Phyllis E. Crump, *Nature in the Age of Louis XIV,* p. 174: "The elasticity and curiosity of her mind led her to set great store by the variety which Nature affords."

[29] Therese Kögel in *Bilder bei Mme de Sévigné (metaphern und vergleiche); eine lexikographische Arbeit* (Würzburg: Richard Mayr, 1937), discusses the reflection of her broad interests in imagery borrowed from every conceivable category. "Es gibt kaum ein im 17. Jahrhundert aktuelles Gebiet, das unberührt bliebe." (p. 233.)

[30] Madame de Sévigné particularly liked dialectal forms like "pétoffe" (tracasserie), "pichons" (gosses), "l'accouchade" (l'accouchée) from Provence and "sabouler" (gronder durement) from Brittany.

de Sévigné, c'était posséder plusieurs femmes d'esprit à la fois." [31]

In another interesting aside, Sainte-Beuve suggested a parallel between Montaigne's advice: "Il faut légèrement couler le monde et le glisser" (from "De mesnager sa volonté") and Madame de Sévigné's recurrent: "Il faut glisser sur les pensées." [32] "Glisser" is exactly what she did: she skimmed over things, seldom dallying to mark a transition or develop a thought. Neither chronology nor logic orders her letters: they veer every which way.

And yet—her letters hold together; indeed they read effortlessly. For like memory, they obey inner laws, proceeding by association, blurring logic, and fusing categories. Faces, sentiments, ideas of the most diverse sort get thrown suddenly into contact and mix so unobtrusively that one seldom senses how far apart they really are.

Her letters about Turenne illustrate this. They circle endlessly, stringing one disparate scene to another on a meandering thread of association. She began with a contrast: festive preparations at court for a trip to Fontainebleau, the King's continuing infatuation with Madame de Montespan, as a background to the poignant news of Turenne and the desolation of France.

> Vous parlez des plaisirs de Versailles; et dans le temps qu'on alloit à Fontainebleau pour s'abîmer dans la joie, voilà M. de Turenne tué; voilà une consternation générale; voilà Monsieur le Prince qui court en Allemagne: voilà la France désolée.[33]

This leads her to consider the effect of the tragedy on her children: Charles won't be coming home from the front now; her

---

[31] Cited in *Les grands écrivains français par Sainte-Beuve*, V, 279.

[32] *Port-Royal*, II, 399.

[33] A Madame et A Monsieur de Grignan, 31 juillet 1675 (I, 779). Note that the repetition of "voilà" introducing and joining separate consequences of Turenne's death has the effect of stretching out a panoply of simultaneous events before the eyes of the reader. The punctuation of this passage diminishes the effect (by sorting out different phrases), but of course Madame de Sévigné did not herself punctuate very often. All those semicolons and the final colon belong to her editors.

daughter, who loves to be stirred, will indeed be touched by
this. Providence must have loaded that cannon. And what of
Retz? Madame de Grignan ought to write him: he will be "très
affligé," (which inspires an aside on his activities and health) as
will that other cardinal, close to her heart and close to Turenne,
the Cardinal de Bouillon. After a few tender words to her daughter, Madame de Sévigné closes with the remark that everyone in
Paris is seeking out his friends just to speak of the tragedy.

Then, turning to her son-in-law—as one more interested in
military matters—she gives him first a glimpse of the affliction
of the court and the capital, then Turenne's last days, the state
of the army, new appointments and disgruntled reactions by
courtiers, the prediction of the Almanach of Milan, troubles
in Brittany (going on in the meanwhile), finally Turenne himself: never was there a man so pure nor so close to perfection.
How unfortunate that the Grignans have no one with whom to
talk of this great misfortune!

Two days later another letter opens with the grief of the
Cardinal de Bouillon, moves on to Paris, next to the army and
to the soldiers weeping for anguish and vengeance, then to a
quick sketch of Turenne's death scene and its effect on Lorges
(who was present), Condé (now obliged to rush to the battlefield), and the Chevalier de Grignan (Turenne's friend and admirer). From there she turned once more to the new Maréchaux:
promotions and despair at court; Monsieur and Madame de Grignan will have complimentary notes in abundance to write; back
again to Turenne himself to tell his last pious words to Retz—
which in turn calls up Retz's sorrow—and finally a quick word
to excuse herself for cluttering letters with so many random details.

In all this her attention rarely settles; it roams. Rather than spot-
light the central event she surrounds it with consequences and
picturesque details, turning from individual to individual, from
group to group. No point is too minor; no aspect too insignifi-

cant.[34] And she keeps everything—persons, ideas, and themes, no matter how diverse, in constant interaction with one another. The drama of Turenne stretches out to panoramic scale.

Association, of course, works bizarre patterns. What Madame de Sévigné connected only she would think of connecting: for example—the effect of the weather on the Chevalier de Grignan's gout and its effect on the English Revolution (for the Prince of Orange needed fair weather to set sail to invade England and the Chevalier's gout called for the same).[35] Josephus and forty Jews drew lots in a cave: they preferred death at the hands of their companions to surrender or suicide. He and another companion, alone, remained alive; the Grignans, Madame de Sévigné immediately reflects, do not have such luck: their gambling losses defy belief.[36]

Such interweaving is thoroughly characteristic; to her, no sharp line cut literature from life nor history from actuality. Her contemporaries liked to smarten their letters and conversations with mythological and literary allusions. If the mode did not already prevail, she would doubtless have invented it. Madame de Montespan at Clagny was Dido at Carthage; the Prince of Orange, Attila; litigation against the d'Aiguebonnes, one of Hercules' labors; La Brinvilliers polishing off one relative after another, Medea; Madame de Sanzei weeping for her dead husband, Andromaque; Madame de Meckelbourg visiting her brother Monsieur de Luxembourg in his army camp, Tasso's Armida; Ma-

---

[34] An English critic and novelist Lyn Ll. Irvine has seen the very richness of Madame de Sévigné's perceptions as the paradoxical cause for her being misjudged as unemotional. In his book *Ten Letter-Writers* (London: L. and V. Woolf, 1932), he comments, p. 116: "... Madame de Sévigné was not cold or incapable of imaginative sympathy; on the contrary the scope of her affections and interests was abnormal; so much so that it deceives, as a tumbler filled with water to the very brim will appear empty." For, in his view, she sometimes scattered attention so widely and over so many details that her response to the central meaning of an event was overshadowed.

[35] A Madame de Grignan, 8 novembre 1688 (III, 238).

[36] A Madame de Grignan, 12 janvier 1676 (II, 20).

dame de Ludres exposed to the waves, Andromeda. The shep-
herds of Vichy belonged in *L'Astrée;* Monsieur de La Trousse,
in a chivalric novel; Turenne, in Roman history; and Vardes'
angry son-in-law, under the tents of Achilles. Madame de Sévigné saw herself mirrored in Niobe, weeping for her lost children and Don Quixote, weeping for Dulcinea del Toboso.

Constantly, too, she slipped from fantasy to reality, from *bon
sens* to extravagance and whimsy. Sainte-Beuve compares her
only to La Fontaine and Molière in the seventeenth century for
such exquisite *mélanges.* Her correspondence, Gabriel Brunet
remarks, joins "tout le train-train de la vie quotidienne aux fantaisies de la plus vive imagination." [37] Here is one flight of fancy;
its touchstone in reality: her daughter's pregnancy.

> Mais qu'est-ce que vous me dites d'avoir mal à la hanche?
> Votre petit garçon seroit-il devenu fille? Ne vous embarrassez
> pas: je vous aiderai à l'exposer sur le Rhône dans un petit
> panier de jonc, et puis elle abordera dans quelque royaume
> où sa beauté sera le sujet d'un roman. Me voilà comme don
> Quichotte.[38]

Madame de Sévigné was a natural *flâneuse:* she walked as
she wrote, fancifully meandering, scattering attention. Once she
led Monsieur de Coulanges and Mademoiselle de Martel on such
a zigzag course they all got hopelessly lost in the woods.[39] At
Les Rochers she roamed about from labyrinth to thicket, catch-

---

[37] *Evocations littéraires,* p. 42.

[38] A Monsieur et A Madame de Grignan, 9 août 1671 (I, 355). A more
famous passage mixes fantasy, reality, and literature with startling effect:
"La foule des chevaliers qui vinrent hier voir M. de Grignan à son arrivée;
des noms connus, des Saint-Hérem; des aventuriers, des épées, des chapeaux
du bel air, des gens faits à peindre une idée de guerre, de roman, d'em-
barquement, d'aventures, de chaînes, de fers, d'esclaves, de servitude, de
captivité: moi, qui aime les romans, tout cela me ravit et j'en suis trans-
portée." A Madame de Grignan, 25 janvier 1673 (I, 600).

[39] N.b., Monsieur de Coulanges' letter inserted in that of Madame de
Sévigné, 23 août 1675 (I, 823). "Madame votre mère, qui n'ignore jamais
rien (car c'est une présomption enragée), nous mène dans la vieille chênaie
que vous connoissez, et là nous fait mettre pied à terre, à la bonne Martel
et à moi, par un temps assez équivoque; et comme l'homme n'est jamais

ing sight of a sprout, a flower, a moonlit *allée,* stopping to read
a poem on solitude, her daughter's latest letter, a bit of Nicole,
tasting the "douceur mélancolique" of thick dark groves.[40]

Her special joy was to take long walks just when day and night
intersect, lines fuse, and the countryside bathes in hazy half-
light. Long before the Romantics, Madame de Sévigné adored
and celebrated dusk, darkness, and dreams; what they called
"le crépuscle" she christened "l'entre chien et loup." After her
siege of rheumatism, forced to renounce her late evening walks
in the mist to allay her daughter's fears, she wrote in despite:

> ... A cinq heures du soir, avec une obéissance admirable, je
> me retire; mais ce n'est pas sans m'humilier, reconnoissant
> avec beaucoup de déplaisir que je suis une misérable mortelle,
> qu'une sotte timidité me fait rompre avec l'aimable serein,
> le plus ancien de mes amis, que j'accuse peut-être injustement
> de tous les maux que j'ai eus. Je me jette dans l'église, et je
> ferme les yeux, jusqu'à ce qu'on me vienne dire qu'il y a des
> flambeaux dans ma chambre; car il me faut une obscurité
> entière dans l'entre chien et loup, comme les bois, ou une
> église ... .[41]

content de ce qu'il possède, elle nous persuade que nous aurons le souverain
bonheur, dès que nous serons parvenus de notre pied, à travers mille jolis
sentiers, dans cette haute chênaie de Mme de Chelles. ... Nous enfilons un
petit chemin, nous y marchons l'un après l'autre, et nous avançons tant
à la fin que nous nous trouvons, devinez où? Dans la chênaie de Mme de
Chelles? Point du tout. Dans la plaine de Montfermeil? Vous n'y êtes pas
encore. Où donc? Au milieu de quatre chemins, sans savoir lequel prendre
pour parvenir à cette chênaie tant vantée. ... Nous voilà dans une petite
route avec des branches mouillées qui nous donnent par le nez; nous voilà
dans de grandes herbes, aussi fort mouillées, et après avoir marché deux
grosses heures, ... devinez où nous avons retrouvé le jour? ... Au-dessus pré-
cisément du village de Livry, ... Madame votre mère, qui aime la haute
forêt et la belle vue, s'est consolée ... ."

[40] N.b., "A cinq heures ... je m'en vais dans ces aimables allées; j'ai un
laquais qui me suit, j'ai des livres, je change de place, et je varie les tours
de mes promenades; un livre de dévotion et un autre d'histoire: on change,
cela fait du divertissement; un peu rêver à Dieu, à sa providence, posséder
son âme, songer à l'avenir; ... ." A Madame de Grignan, 29 juin 1689 (III,
471).

[41] A Madame de Grignan, 9 octobre 1676 (II, 224). Madame de Sévigné
struggled a bit before giving in to her daughter on this point: "Vous me

The same taste for imprecision and blurred lines becomes, in her grammatical practice, a penchant for fusing categories. She seldom hesitates to join a noun or a pronoun to a verb, or a noun to a construction beginning with *que:*

L'abbé Charrier m'offre tous les jours ses soins et ses services, et de venir de cinquante lieues d'ici ... .[42]

... Mon âme est toujours agitée de crainte, d'espérance, et surtout de voir les jours écouler ma vie loin de vous ... .[43]

... J'en fus bien punie [de ce voyage] par être noyée et un an mal à la jambe.[44]

On me mande toutes les prospérités de Bouchain, et que le Roi revient incessament ... .[45]

Indeed within the same sentence, all kinds of things are linked, boundaries fade, and everything flows into one single stream:

Ma bonne, voyez un peu comme s'habillent les hommes pour l'été; je vous prierai de m'envoyer d'une étoffe jolie pour votre frère, qui vous conjure de le mettre du bel air, sans dépense, savoir comme on porte les manches, choisir aussi une garniture, et envoyer le tout pour recevoir nos gouverneurs.[46]

Ce discours est donc ce qui s'appelle des paroles vaines, qui n'ont autre but que de vous faire voir, ma bonne, que l'état où je suis sur votre sujet seroit parfaitement heureux si Dieu ne permettoit point qu'il fût traversé par le déplaisir

---

défendez de me promener le soir; vous me trouvez désobéissante; vous grondez: vous faites de cet article une pièce admirable; mais comme mon fils est à présent avec moi, vous ne devez plus craindre le serein: il me semble qu'il ne tombe que quand on est toute seule." A Madame de Grignan, 12 janvier 1676 (II, 19–20).

[42] A Madame de Grignan et Au Chevalier de Grignan, 6 juillet 1689 (III, 476).

[43] A Madame de Grignan, 15 juin 1676 (II, 122).

[44] A Madame de Grignan, 11 décembre 1689 (III, 614).

[45] A Madame de Grignan, 19 et 21 mai 1676 (II, 100).

[46] A Madame de Grignan et Au Chevalier de Grignan, 13 juin 1685 (III, 77).

de ne vous avoir plus, et pour vous persuader aussi que tout ce qui me vient de vous ou par vos, me va droit et uniquement au coeur.[47]

Je ne vous dirai plus rien de Monsieur de Marseille; je prends Monsieur d'Uzès pour témoin de tous mes sentiments, ni si je me suis séparée un seul moment de vos intérêts, ni s'il m'a imposé en la moindre chose, ni si ses manières et sa duplicité ne m'ont point toujours paru au travers de ses discours, ni si j'ai manqué de réponse aux endroits principaux, ni si tous mes amis n'ont point fait leur devoir, ni si je doute de la sincerité de votre conduite et de la ganelonnerie de la sienne.[48]

Often in linking clauses, as with a relative pronoun, Madame de Sévigné stretched them so broad that the effect is complete interpenetration. Sommier observed in his study of her grammatical practices: "Parmi les écrivains du dix-septième siècle, il n'en est peut-être aucun qui construise aussi librement le relatif que Mme de Sévigné, et qui l'éloigne si hardiment de son antécédent." [49] To illustrate:

Il [Lauzun] vint, il prit le petit prince dans son manteau, qu'on disoit être à Portsmouth, et qui étoit caché dans le palais.[50]

... Tous les officiers pourtant avoient des écharpes de crêpe; tous les tambours en étoient couverts, qui ne frappoient qu'un coup ... .[51]

Madame de Sévigné's eye encompassed whole views. She blurred boundaries, cavalierly associated incompatible notions, and played havoc with syntax because, despite her love of details, she took things in at a sweep.

And yet, creature of the moment as she was, from instant to

[47] A Madame de Grignan, 15 avril 1671 (I, 258).
[48] A Madame de Grignan, 6 avril 1672 (I, 511).
[49] *Lettres de Madame de Sévigné* ... (GEF), XII, p. XIX.
[50] A Madame de Grignan, 24 décembre 1688 (III, 288).
[51] A Madame de Grignan, 28 août 1675 (I, 833–34).

instant her thoughts contradicted each other. Rather than ban the contradictions, she accepted them, too, as perfectly natural. It is rather like Monet's paintings of the same cathedral at different times of day. Placed side by side, the canvasses denounce each other as partial glimpses of reality. Yet from their conflicting testimony, reality emerges in full.

Marcel Proust, above all, grasped Madame de Sévigné's impressionism from her letters, which he read so avidly. What he cherished most was her reverence for the look of things—for perceptions that have not been tampered with, passed through the sieve of analysis and explanation, sucked of life. In *A la recherche du temps perdu*, Marcel, on the train headed for Balbec, picks up his grandmother's copy of Madame de Sévigné and discovers a great artist:

> ... Mme de Sévigné est une grande artiste de la même famille qu'un peintre que j'allais rencontrer à Balbec et qui eut une influence si profonde sur ma vision des choses, Elstir. Je me rendis compte à Balbec que c'est de la même façon que lui qu'elle nous présente les choses, dans l'ordre de nos perceptions au lieu de les expliquer d'abord par leur cause.[52]

Proust believed she painted scenes the way Dostoevski painted characters, beginning with the total effect on our senses, picking out shapes, colors, and forms for themselves rather than as information, and refusing to sift her perceptions of fallacies. Indeed she relished tricks of the eye, illusory and deceptive appearances.[53] Like Dostoevski, and like the Impressionists, she recorded distortions. This, Proust thought, is why she conveyed reality as we actually experience it (not as our intellect tells us

[52] *A la recherche du temps perdu*, I, 653.

[53] One of Proust's favorite passages was the following: "L'autre jour on me vint dire: 'Madame, il fait chaud dans le mail, il n'y a pas un brin de vent; la lune y fait des effets les plus brillants du monde.' Je ne pus résister à la tentation ... j'allai dans ce mail ... je trouvai mille coxigrues, des moines blancs et noirs, plusieurs religieuses grises et blanches, du linge jeté par-ci, par-là, des hommes noirs, d'autres ensevelis tout droits contre des arbres, des petits hommes cachés qui ne montroient que la tête, des prêtres qui n'osoient approcher." A Madame de Grignan, 12 juin 1680 (II, 741).

we experience it)—complex, baffling, with inescapable ties between what is seen and the one who sees.

> ... Madame de Sévigné, comme Elstir, comme Dostoïevski ... nous montre d'abord l'effet, l'illusion qui nous frappe. C'est ainsi que Dostoïevski présente ses personnages. Leurs actions nous apparaissent aussi trompeuses que ces effets d'Elstir où la mer a l'air d'être dans le ciel. Nous sommes tout étonnés après d'apprendre que cet homme sournois est au fond excellent, ou le contraire.[54]

It might also be added that Madame de Sévigné saw the entire universe and all history romantically, as a single spectacle: the drama of Providence working itself out in a thousand different ways, but always within the same dramatic framework. For the idea of Providence appealed not only to her Christian conscience, but to her imagination. It organized her thoughts. It brought unity to chaos. It gathered together all of experience. She could visualize Providence at work. All those thousands of so-called "secondary causes" moving the universe were so many hands executing one Divine Will:

> Nous nous retrouverons, ma bonne, par cette même volonté. Je la vois, je la regarde, et toujours au travers de mille amertumes: il me semble que toutes les causes secondes sont autant de mains qui exécutent les volontés de Dieu.[55]

Thus also, everything that happened, no matter how strange, conflicting, or incomprehensible, fit into a single pattern—the most insignificant details along with the grandest events. When

---

[54] *A la recherche du temps perdu*, III, 379.

[55] *A Madame de Grignan*, 21 mai 1680 (II, 708). Where others saw diversity she saw unity. God always pulled the strings, always intervened personally. (N.b., l'Abbé Camille Hanlet, *Introduction aux lettres de Madame de Sévigné*, Collection Lebègue, 6 ser., no. 62 [Bruxelles: Office de publicité, 1945], p. 73: "... Où nous voyons une cause contingente, elle voit toujours la cause première.") Note Bussy's response to her remark about Providence loading the cannon that killed Turenne: "Il est vrai que c'est un coup de ciel. Dieu qui laisse *ordinairement* agir les causes secondes, veut *quelquefois* agir lui seul." [Italics mine.] *Correspondance de Roger de Rabutin ...*, 11 août 1675 (III, 77).

a letter dallied, the Grignans fell deeper and deeper into debt, Turenne was pulled from his horse by a seemingly random shot, Charles de Sévigné trifled away his talents, death struck friend after friend: all this fitted together like the pieces of a puzzle.

And if necessary, Madame de Sévigné was willing to juggle the pieces. Providence upheld rightful monarchs, yet the Prince of Orange triumphed: a lesson for men. The French, crossing the Rhine in 1672, could easily have avoided tragedy. The Dutch were ready to surrender, but the Duc de Longueville, young and rash, plunged into battle without giving them a chance and was immediately killed. "Mais tout est marqué dans l'ordre de la Providence," Madame de Sévigné observed.[56]

Free will was the most bothersome problem. When Madame de la Sablière (La Fontaine's patron) chose to cure her grief over La Fare, her unfaithful lover, by caring for the sick at the Hôtel des Incurables, did she choose with her own free will? If not, what is human virtue? How can God condemn men justly? Madame de Sévigné shoved the problem aside, refusing to be disturbed by logical inconsistencies.

> ... Comme ce libre arbitre ne peut pas mettre notre salut en notre pouvoir, et qu'il faut toujours dépendre de Dieu, je ne cherche pas à être éclaircie davantage sur ce point ... .[57]

Her daughter, intrigued, sent her Malebranche to read. At first Madame de Sévigné was enthusiastic, especially when he described the mysterious order at work in the universe. Then suddenly order was no longer mysterious; Malebranche talked of general laws, and Madame de Sévigné understood that he meant to limit the power of God to them. She wanted no part of such compromises. God is omnipotent; man is free; opposites fuse mysteriously.[58] Better mystery with a divine, unifying Providence

---

[56] A Madame de Grignan, 3 juillet 1672 (I, 583).
[57] A Madame de Grignan, 21 juin 1680 (II, 754).
[58] Henri Busson writes in *La religion des classiques,* p. 28: "... S'il fallait prendre au sérieux ses conclusions ... ce serait qu'elle trouve les jansénistes

than clarity without it, she may have thought. But then (as the next chapter will show), Madame de Sevigne had other reasons for clinging to Providence.

---

trop mous, et inconséquents devant cette antinomie et qu'au fond elle nierait tout à plat la liberté, comme les protestants. ... En fin de compte elle renonce à résoudre ce problème, se confine dans 'le mystère,' ... l'humilité et la dépendance." Madame de Sévigné's view was very severe indeed. Next to an Old Testament God, omnipotent and vengeful, she placed man, corrupt and fully responsible for his corruption: "Pour moi je passe bien plus loin que les jésuites; et voyant les reproches d'ingratitude, les punitions horribles dont Dieu afflige son peuple, je suis persuadée que nous avons notre liberté tout entière; que par conséquent nous sommes très-coupables, et méritons très-bien le feu et l'eau, dont Dieu se sert quand il lui plaît. Les jésuites n'en disent pas encore assez, et les autres donnent sujet de murmurer contre la justice de Dieu, quand ils nous ôtent ou affoiblissent tellement notre liberté que ce n'en est plus une." A Madame de Grignan, 28 août 1676 (II, 185).

CHAPTER VIII

A Search for Equilibrium

INEVITABLY, Madame de Sévigné changed. She grew older, she traveled, she reflected. Her circumstances, her interests and tastes altered. Life is change. But some people change more easily and more willingly.

Reading her letters, not fragments but in full, is a bit like retracing her steps. Like Montaigne who scrupulously mapped the meandering development of his thought, she charted, in almost daily letters to her daughter, the twists and turns of her personal evolution.

Before Madame de Grignan's departure in 1671, Madame de Sévigné's contemporaries painted glimpses of her. They found her very "primaire"—a creature of the moment, impulsive, outgoing, changeable. D'Ormesson's *Journal* pictures her at eighteen, the day after her wedding, sparkling with gaiety though her husband was soon to leave for war.[1]

In her twenties and early thirties, according to Tallemant, Bussy (even if one takes exception to his malice), and Madame de La Fayette, Madame de Sévigné impressed most by her vi-

[1] *Journal*, IX[1], 203: "L'aprèsdinée, je fus voir Mme de Sévigné qui étoit fort gaye; elle avoit esté marié à deux heures après minuit à Saint-Gervais par M. l'évesque de Chalons." In discussing this passage, Sainte-Beuve commented: "Au contraire des nouvelles mariées qui se croient obligées de baisser les yeux, Mme de Sévigné osait montrer sa joie: et cependant son mari partait deux jours après pour l'armée. Mais la belle humeur chez elle fut toujours irrésistible." Cited in *Les grands écrivains français par Sainte-Beuve*, V, 263.

vacity, exuberance, and lack of prudence. Loret mentions that the Prince d'Harcourt banned her, Madame de Montglas, and Madame de Fiesque from his wife's presence and from his *hôtel* as being "trop guillerettes." [2] Tallemant, of course, felt she threw her money away on a thoroughly worthless husband. The Duc de Rohan and Monsieur de Tonquedec vied, almost at swords' point, for her attention. Fouquet placed her letters where they should not have been. Bussy exposed her to nagging gossip in his scandalmongering chronicle.

According to Antoine Adam (*Histoire de la littérature française au XVIIe siècle*), she emerged from these trials ready to court prudence.[3] Other factors, too, militated for change. Her children were growing up. She needed to begin planning their future—which proved increasingly difficult, with Bussy disgraced, Retz in exile, and no family member of influence to press the Sévigné cause at court. Most of her friends were *Frondeurs,* and her husband had left a legacy of debts and scandals. Winning Fouquet's attachment turned out badly: her devotion to him proved more dangerous than useful to her children.

It took a long time to get Françoise-Marguerite de Sévigné suitably married. She was twenty-three at her wedding—quite old for the times. Her husband, twice a widower, but a few years her mother's junior, had many distinctions: wit, polish, elegance, Hôtel de Rambouillet manners, a history-laden genealogy; and no defects (besides a displeasing face and mortgages). Nonetheless he soon acquired one: a post in Provence, for which he abandoned Paris. His wife soon followed.

Madame de Sévigné parted from her daughter in February 1671 when she was forty-five. From then on her life took a new turn. She felt empty, deprived, lonely in the midst of society;

[2] *La muze historique,* I, 27.
[3] "A regarder de près le cours de sa vie, on devine que Mme de Sévigné sortit de ces épreuves transformée. Elle avait compris la dure leçon, et que la prudence est une vertu nécessaire." *Op. cit.,* IV, 141.

she suffered as never before. Nothing seemed as important as her loss. Memories held her attention; grief filled her heart.

Her first letters to Madame de Grignan reflect suffering, agitation, pain as poignant as it was new to her. Disturbing themes crowd these letters: her constant unrest; [4] her desire to be alone, away from society; [5] her habitual preoccupation with her daughter; [6] her early attempts to be "reasonable" and to get hold of herself. [7]

She began, too, to mention "pensées noires," "vapeurs," "dragons," "foiblesses." She grew less confident that life held more joy than pain. In 1672, Madame de Grignan aired the matter with her. At first Madame de Sévigné hesitated, differed, drew back, then embraced her daughter's pessimism.

> Ma bonne, je pense qu'à la fin je serai de votre avis; je trouve des chagrins dans la vie qui sont insupportables; et malgré le beau raisonnement du commencement de ma lettre, il y a bien d'autres maux que les douleurs, qui, pour être moindres, n'en sont pas plus supportables. Pour moi, je suis toujours traversée dans ce que je souhaite le plus: la vie assurément est fort désobligeante. [8]

Within a few days, however, she had characteristically shrugged off such somber views:

[4] "Comprenez-vous bien tout ce que je souffris? Les réveils de la nuit ont été noirs, et le matin je n'étois point avancée d'un pas pour le repos de mon esprit." A Madame de Grignan, 6 février 1671 (I, 190).

[5] "Je n'ai voulu aller encore que chez Mme de La Fayette. On s'empresse fort de me chercher, et de me vouloir prendre, et je crains cela comme la mort." *Ibid.* Note also: "Je n'ose plus voir le monde, et quoi qu'on ait fait pour m'y remettre, j'ai passé tous ces jours-ci comme un loup-garou, ne pouvant faire autrement." A Madame de Grignan, 11 février 1671 (I, 195).

[6] "... Je pense continuellement à vous; c'est ce que les dévots appellent une pensée habituelle; c'est ce qu'il faudroit avoir pour Dieu, si l'on faisoit son devoir. Rien ne me donne de distraction; je suis toujours avec vous ... ." A Madame de Grignan, 9 février 1671 (I, 191–92).

[7] "Je suis présentement assez raisonnable; je me soutiens au besoin, et quelquefois je suis quatre ou cinq heures tout comme un autre; mais peu de chose me remet à mon premier état ... ." A Madame de Grignan, 18 février 1671 (I, 200).

[8] A Madame de Grignan, 4 mai 1672 (I, 539).

Pour moi, j'avoue qu'il y a des choses désagréables dans la vie; mais je n'en suis encore si dégoûtée que vous le pourriez souhaiter; vous aurez bien de la peine à m'ôter cette fantaisie de la tête.[9]

In July of 1672, Madame de Sévigné left for Provence and returned to Paris only after a year-and-a-half stay with her daughter (1 November 1673). Within four months of her return (February 1674), Madame de Grignan paid a visit to Paris, remained there for the birth of Pauline, and did not leave again until 24 May 1675.

Relatively few letters remain from these years. But things were going badly for Madame de Sévigné. Charles was absurdly extravagant; the Grignans faced increasing financial difficulties; Madame de Grignan was continually pregnant and her health, more and more fragile. Madame de Sévigné feared contributing to her daughter's illness. When they were apart, her daughter, "devoted as Aeneas," matched her mother letter for letter. (Madame de Sévigné trembled lest hours of writing rob her daughter of strength.) When they were together, they quarreled; Madame de Sévigné became increasingly solicitous, her daughter increasingly short-tempered.

Then too, Grignan fortunes did not prosper at court. Madame de Sévigné wanted desperately to see the family reestablished near her, with Monsieur de Grignan rewarded for his many services by a court appointment. Yet one seldom earned such advancement. The King distributed honors and posts to aristocrats to suit his own tastes and purposes and rewarded his favorites, whatever their services to the Crown, first and best. (Villeroi, for example, Louis XIV's childhood friend, rose to extraordinary heights despite his mediocrity.) Also, one needed to be at court, within the King's ever-narrowing circle of vision, in order to advance.

Separations, quarrels, disappointed ambition—all this contrib-

[9] A Madame de Grignan, 16 mai 1672 (I, 549).

uted to Madame de Sévigné's dejection. This is reflected in her letters which, by 1675, betray increasingly frequent moods of despair, in the midst of strenuous efforts to remain hopeful.

> C'est ici une solitude faite exprès pour bien rêver; ... si les pensées n'y sont pas tout à fait noires, du moins elles en sont approchantes. ... Il faut regarder la volonté de Dieu bien fixement, pour envisager sans désespoir tout ce que je vois, dont assurément je ne vous entretiendrai pas.[10]

The next few years (from 1676 to 1680) were even harder. Indeed they proved something of a turning point in her life. First of all, she fell severely ill (with rheumatism in the winter of 1675–76) and for the very first time. Her illusions of unending vitality faded: illness dramatized the imminence of old age and death.[11] Her thoughts turned more and more to eternity, less and less to the present.

And she began thinking about herself as never before. Pain tends to pull in the attention, divests external objects of their fascination. Quite naturally Madame de Sévigné became absorbed in her own feelings and sensations.[12] She began to reflect on the meaning of her life.

She turned to the Jansenists, Saint Augustine, and Saint Paul

---

[10] A Madame de Grignan, 29 septembre 1675 (I, 862–63). Note also: "... La vie se passe sans voir et sans jouir d'une présence qui m'est si chère: je ne puis m'accoutumer à cette dureté; toutes mes pensées et toutes mes rêveries en sont noircies; il me faudroit un courage que je n'ai pas pour m'accoutumer à cette extraordinaire destinée. J'ai regret à tous mes jours qui s'en vont, et qui m'entraînent sans que j'aie le temps d'être avec vous; je regrette ma vie, et je sens pourtant que je la quitterois avec moins de peine puisque tout est si mal rangé pour me la rendre agréable." A Madame de Grignan, 13 novembre 1675 (I, 906–7).

[11] "... J'ai été malade, de bonne foi, pour la première fois de ma vie, 'Et pour mon coup d'essai, j'ai fait un coup de maître.'" A Madame de Grignan, 16 février 1676 (II, 41). "C'est un étrange noviciat pour une créature comme moi, qui avoit passé sa vie dans une parfaite santé." Au Comte de Bussy-Rabutin, 1 mars 1676 (II, 49).

[12] "Je ne sais quand mes lettres redeviendront supportables; mais présentement elles sont si tristes et si pleines de moi, que je m'ennuie de les entendre relire ... ." A Madame de Grignan, 19 février 1676 (II, 42–43).

increasingly; ethics and psychology took the place of fiction. She meditated long hours in her woods.

At the same time, her relations with Madame de Grignan became strained. Madame de Grignan arrived in Paris in December of 1676, exhausted, delicate, thin; her health ruined (Gérard-Gailly contends that she was infected by her husband with syphilis). Madame de Sévigné herself was still recovering from her attack of rheumatism. Living together proved impossible. They brooded, reproached one another, fed each other's fears. Madame de Sévigné's irrepressible concern, her constant attentions, seemed to debilitate her daughter. After six months Madame de Grignan cut off her visit (which usually lasted a year or more); her mother suffered cruelly. To Madame de Sévigné's horror, all their friends encouraged her daughter's departure; they spared no words: she was killing her daughter with love, they said. What must have hurt unbearably—events seemed to prove them right: no sooner had Madame de Grignan left her mother's side than she began to recover.

Vous me mandez des choses admirables de votre santé: vous dormez, vous mangez, vous êtes en repos; point de devoirs, point de visites; point de mère qui vous aime: vous avez oublié cet article, et c'est le plus essentiel. Enfin, ma fille, il ne m'étoit pas permis d'être en peine de votre état; tous vos amis en étoient inquiétés, et je devois être tranquille! J'avois tort de craindre que l'air de Provence ne vous fît une maladie considérable: vous ne dormiez ni ne mangiez, et vous voir disparoître devant mes yeux devoit être une bagatelle qui n'attirât pas seulement mon attention! ... On ne me parle que d'absence: c'est moi qui vous tue, c'est moi qui suis cause de tous vos maux. Quand je songe à tout ce que je cachois de mes craintes, et que le peu qui m'en échappoit faisoit de si terribles effets, je conclus qu'il ne m'est pas permis de vous aimer ... .[13]

[13] A Madame de Grignan, 19 juillet 1677 (II, 297). But two months earlier, Madame de Sévigné had written Bussy that she intended to ac-

During the same period (1676–80), many of Madame de Sévigné's closest friends died, one after the other: d'Hacqueville (1678), Retz (1679), La Rochefoucauld (1680), Fouquet (1680).[14]

Then in 1679 came Pomponne's disgrace—her friend at court and her only means of helping the Grignans. And at such a time! Years of extravagantly "representing" the King in Provence had sealed the ruin of the House of Grignan. Furthermore, the Chevalier de Grignan had fallen ill and could no longer use his influence at Versailles. Madame de Sévigné felt increasingly that destiny had marked her daughter for misfortune and herself for impotence. "J'admire comme en toutes choses, grandes et petites, vous êtes malheureux." [15]

---

company her daughter and expressed her great joy at the prospect: "Pour moi, je me porte assez bien; et ce n'est aussi que pour conduire la belle Madelonne que je m'en vais à Vichy. La joie que j'aurai d'être avec elle me fera plus de bien que les eaux." Au Comte de Bussy-Rabutin, 19 mai 1677 (II, 260).

[14] "Voici encore de la tristesse, ma chère fille: M. Fouquet est mort; j'en suis touchée: je n'ai jamais vu perdre tant d'amis ... ." A Madame de Grignan, 3 avril 1680 (II, 661). "Songez, je vous prie, que voilà quasi toute la Fronde morte: il en mourra bien d'autres; pour moi, je ne trouve point d'autre consolation, s'il y en a dans les pertes sensibles, que de penser qu'à tous les moments on les suit, et que le temps même qu'on emploie à les pleurer ne vous arrête pas un moment ... ." Au Comte de Guitaut, 5 avril 1680 (II, 669–70).

[15] A Madame de Grignan, 25 décembre 1679 (II, 542). This theme is much pursued by Madame de Sévigné. Note: "Vous n'en devez point changer [d'avis] sur la bonne opinion que vous devez avoir de vous, malgré les procédés désobligeants de la fortune. En vérité, si elle vouloit, M. et Mme de Grignan tiendroit fort bien leur place à la cour; vous savez où cela est réglé ... ." A Madame de Grignan, 17 janvier 1680 (II, 570). "Que je vous plains, ma fille, d'avoir à rebâtir votre château! quelle dépense hors de saison! Il vous arrive des sortes de malheurs qui ne sont faits que pour vous; je les sens peut-être plus encore que vous ne les sentez." A Madame de Grignan, 1 octobre 1684 (III, 20). "... Elle [Madame de La Fayette] a du mérite et de la considération; ces deux qualités vous sont communes avec elle; mais le bonheur ne l'est pas, ma chère bonne, et je doute que toute la dépense et tous les services de M. de Grignan fassent plus que vous: ce n'est pas sans un extrême chagrin que je vois ce guignon sur vous et sur lui." A Madame de Grignan, 15 novembre 1684 (III, 33). Madame de Sévigné's feeling of powerlessness is reflected in passages such as the

Disappointment followed disappointment. Charles, too, was "malheureux," so much so that by 1680 he decided to give up his army commission and retire, still unmarried, to Brittany. Madame de Sévigné had long paid for his whims; now she tasted her resentment to the full:

> Songez que, devant que de me parler, il commença par prier Gourville de lui trouver un marchand, et cacha si finement son envie, qu'il lui dit que si on lui proposoit cent mille francs, il vendroit cette charge. ... Mon fils me le vint conter le soir, pêle-mêle avec les nouvelles publiques, comme s'il ne m'eût rien dit. Vous pouvez pensez ce que je devins: je fis un cri, et je crus rêver. ... Tout ce que je veux sauver de cette déroute, c'est de penser pour la première fois de ma vie à mes propres intérêts; il m'en donne l'exemple: je veux m'ôter sa charge de dessus les épaules, qui ne me pesoit rien quand il l'aimoit, et qui me pèse présentement plus de quarante mille écus. Je veux prendre goût à ce soulagement, où je n'eusse jamais pensé sans lui; au contraire, je sentois vivement l'agrément de la place où il se trouve; mais je change après lui, je veux aimer aussi ma liberté.[16]

All the bitterness, disappointment, and grief of these years challenged her confidence in life. And yet she clung to her hopes as best she could, nor would she stifle that spark of "folie" she could still command.[17] Nevertheless, her life and tastes had

---

following: "... Ce qui est bien à ma portée, c'est de ne vous être bonne à rien, c'est de ne faire aucun usage qui vous soit utile de la tendresse que j'ai pour vous, c'est de n'avoir aucun de ces tons si désirés d'une mère, qui peut retenir, qui peut soulager, qui peut soutenir: ah! voilà ce qui me désespère, et qui ne s'accorde point du tout avec ce que je voudrois." A Madame de Grignan, 25 mai 1680 (II, 716).

[16] A Madame et A Monsieur de Grignan, 6 mars 1680 (II, 633–34).

[17] "... Je le [a "joli couplet"] chanterai sur la Loire, si je puis desserrer mon gosier, qui n'est pas présentement en état de chanter, hélas! J'ai grand besoin de vous tous; je ne connois plus la musique ni les plaisirs; j'ai beau frapper du pied, rien ne sort qu'une vie triste et unie, tantôt à ce triste faubourg, tantôt avec les sages veuves. M. de Grignan m'est bien nécessaire, car j'ai un coin de folie qui n'est pas encore bien mort." A Madame de Grignan, 6 mai 1680 (II, 688–89).

changed; her high spirits had dampened. She went to Brittany in 1680 searching for solitude, calm, resignation; she felt the full length of her days; plunged into reverie and austere religious teachings; meditated on the constancy of her need for her daughter, without whom she could find no happiness. Indeed life seemed to her poorly arranged for human happiness. Only the thought of eternity could make her accept it.

Throughout the rest of her life (spent mostly with Madame de Grignan),[18] everything contributed to make her look inward and to foster her brooding: years of self-recounting in her letters; a passion insatiable, demanding, and never satisfied; illness, disappointed hopes, the spectacle of death and ruin all around her. Her last years were seldom sweet; her last letters seldom without notes of melancholy. More and more visibly, she embodied Sainte-Beuve's description: "une nature ... où la gaieté est plutôt dans le tour et le sérieux au fond." [19]

Nature, time, external events, were not alone in influencing Madame de Sévigné. She was long bent on changing herself. She wanted to mend and refashion her character, and she used her children as guideposts.

Literary historians are fond of painting her in the image of King Lear. They lament her devotion to Madame de Grignan, cold, haughty, and standoffish, rather than to her loving and grateful son, Charles. Yet what she may well have seen in Charles de Sévigné, despite his charm, was an unpleasant exaggeration of some aspects of herself.[20]

---

[18] Madame de Grignan lived in Paris from November 1680 until October 1688; they were together all that time except for the year September 1684–September 1685 which Madame de Sévigné spent in Brittany. In October 1690, Madame de Sévigné went to Provence and remained there until December 1693, at which time she and her daughter returned to Paris together. Madame de Grignan left Paris again in March 1694; her mother followed her six weeks later and died at the Château de Grignan in 1696.

[19] *Causeries du lundi,* I, 52.

[20] Note Mesnard's remarks in his Introduction to the GEF ed. of Madame de Sévigné's letters (I, 117): "C'était de ses deux enfants celui qui lui ressemblait le plus par le caractère. Il avait la même bonté, la même facilité d'humeur, un mélange de candeur et de finesse, un enjouement et un

Charles was extremely "primaire." He led an almost bohemian life, at once prodigal and penniless. One never could predict where or when he would turn up, or what he would do next. His career began at the age of twenty when he impulsively joined the Comte de Saint-Paul on a Byronic crusade to free Crete from the Turks. Then he entered the regular military service and, as a subaltern, followed up spurts of surprising bravery (the siege of Aire, Mons) with lassitude and dissipation. In the winters, he wasted himself and the family fortune on love affairs he never cared a whit about. La Rochefoucauld and Madame de La Fayette, amused onlookers, said Charles seemed destined to die of a love he did not feel.[21] Suddenly bored with army life, he sauntered off to Livry in 1676 without the War Minister Louvois' permission, ruining thereby his reputation and chances for the future. Nonetheless, in the following year, he spent 90,000 *livres* on a cavalry *sous-lieutenance*. By 1680, Charles had tired of this commission too; he abandoned it (almost to the first bidder) at a loss of 40,000 *francs* to become a country squire. A few monotonous years on his Breton estate sufficed to disenchant him. He bought an administrative post as *Lieutenant du*

---

agrément dans l'esprit qui la rappelaient ... La faiblesse même de son âme, non pas efféminée ... mais un peu féminine dans sa délicatesse, cette mobilité et cette complaisance qui le faisaient être 'tout ce qu'il plaisait aux autres, ...' " Madame de Sévigné often commented to the same effect. Note: "... Il prend l'esprit des lieux où il est ... ." A Madame de Grignan, 11 décembre 1675 (I, 933). "Il me montra des lettres qu'il a retirées de cette comédienne; je n'en ai jamais vu de si chaudes ni de si passionnées; il pleuroit, il mouroit. Il croit tout cela quand il écrit, et s'en moque un moment après ... ." A Madame de Grignan, 17 avril 1671 (I, 264). "Ninon dit que votre frère est au-dessous de la définition; il est vrai qu'il ne se connoît pas lui-même, ni les autres encore moins." A Madame de Grignan, 1 mai 1671 (I, 281). "Votre frère est un trésor de folie qui tient bien sa place ici. Nous avons quelquefois de bonnes conversations dont il pourroit faire son profit; mais son esprit est un peu fricassé dans la crème fouettée ... ." A Madame de Grignan, 7 juin 1671 (I, 305).

[21] Madame de La Fayette wrote in her *Correspondance* (letter dated 19 mai 1673, II, 38–39): "Votre fils est amoureux comme un perdu de Mlle de Poussai; il n'aspire qu'à estre aussi transi que La Fare. Mr de La Rochefoucauld dit que l'ambition de Sévigné est de mourir d'un amour qu'il n'a pas; car nous ne le tenons pas du bois dont on fait les fortes passions."

Roi du Pays Nantais, plunged into provincial social life, and squabbled with churchmen over *préséance.* In one final about-face, he moved to the pious Faubourg Saint-Jacques in Paris and died there, austerely, among fanatic coreligionists.

Madame de Sévigné came to scorn this impulse in herself, as in Charles, to live in the moment without discipline or purpose, to follow whims, and waste herself on trivia. Bussy must have sensed this. When he wished to draw blood, he cleverly emphasized, in his vengeful portrait of her, the cardinal "primaire" failings: frivolity, inconstancy, and ingratitude.

Yet Madame de Sévigné fought them, even to the point of struggling against her own wishes. Eager to be off for her first trip to Provence in 1672, she lingered for months in Paris to attend to Charles' affairs, pay off debts, care for her aunt, Madame de la Trousse and for Madame de La Fayette.[22] Her uncle, *le bien Bon,* stood in the way of her trips to Provence; she let him.[23] He overruled extravagance; she spent her last years strug-

---

[22] "Vous me dites que je pleure, et que je suis la maîtresse. Il est vrai, ma fille, que je ne puis m'empêcher de pleurer quelquefois; mais ne croyez pas que je sois tout à fait la maîtresse de partir, quand je le voudrai. Je voudrois que ce fût demain, par exemple; et mon fils a des besoins de moi très-pressants présentement. J'ai d'autres affaires pour moi. ... Ainsi, mon enfant, on est la maîtresse, et l'on ne l'est point, et l'on pleure." A Madame de Grignan, 17 février 1672 (I, 479). "Vous savez comme je hais les remords: ce m'eût été un dragon perpétuel que de n'avoir pas rendu les derniers devoirs à ma pauvre tante." A Madame de Grignan, 24 juin 1672 (I, 576). Note also this testimony to her inner struggle: "... Je vous avoue que je voudrois bien m'en aller, et que ma pauvre tante eût pris un parti: cela est barbare à dire; mais il est bien barbare aussi de trouver ce devoir sur mon chemin, lorsque je suis prête à vous aller voir. L'état où je suis n'est pas aimable." A Madame de Grignan, 22 avril 1672 (I, 524).

[23] "Ne me parlez point de vous aller voir; vous me détournez de la pensée de tous mes tristes devoirs. Si je croyois mon coeur, j'envoirois paître toutes mes affaires, et m'en irois à Grignan avec lui; je planterois là le *bien Bon,* puisqu'il est le *bien méchant;* et pour quatre jours qu'on a à vivre, je vivrois à ma mode et suivrois mon inclination: quelle folie de se contraindre pour des routines de devoirs et d'affaires! ... Je me tire au moins de la contrainte d'approuver tout ce que je fais." A Madame de Grignan, 21 août 1675 (I, 818). "... Il [le *bien Bon*] a pris le parti d'épargner la fatigue de ce voyage, et de m'attendre ici, où il a mille affaires, et où il m'attendra avec impatience; car je vous assure que cette séparation, quoique petite, lui coûte beaucoup, et je crains pour sa santé ... . Je ferai mon devoir pour le retour, puisque

gling not to leave a debt. She checked herself even from buying the elegant furnishings she so admired: "honor" demanded it.[24]

Madame de Sévigné worshipped her daughter, Charles' polar opposite. Increasingly she tried to come close to her image of Madame de Grignan by reshaping her own tastes and habits. Already in September 1671, she wrote:

> ... Ne suivez point mon exemple, ni celui du monde cor-
> rompu, qui suit le temps et change comme lui. Soyez per-
> suadée qu'au lieu de vouloir vous soumettre à mon calendrier,
> c'est moi qui approuve le vôtre ... .[25]

Their long correspondence fostered Madame de Grignan's "calendrier" rather than that of her mother. It linked experiences; made time a continuum. More and more Madame de Sévigné found herself living in the past or the future, sliding time back and forth to evoke a former or coming reunion, an old letter, or one that was yet to arrive.

> J'attends vendredi [when Madame de Grignan's next letter
> was to arrive] avec de grandes impatiences: voilà comme je
> suis à toujours pousser le temps avec l'épaule, et c'est ce
> que je n'aimois point à faire, et que je n'avois fait de ma vie,
> trouvant toujours que le temps marche assez sans qu'on le
> hâte d'aller.[26]

> J'emploie tous mes jours à songer à ceux de l'année passée
> que je passois avec vous ... .[27]

---

c'est la seule occasion dans ma vie où je puisse lui témoigner mon amitié, en lui sacrifiant la pensée seulement d'aller jusques à Grignan." A Madame de Grignan, 10 mai 1676 (II, 91).

[24] "Je sais le plaisir d'orner une chambre; j'y aurois succombé, sans le *scrupule* que j'ai toujours fait d'avoir des choses qui ne sont pas nécessaires, quand on n'a pas les nécessaires: j'ai préféré de payer des dettes ... ." A Madame de Grignan et Au Chevalier de Grignan, 13 juin 1685 (III, 76). Note also: "Je suis dans le mouvement de l'agitation de mes habits. Je suis partagée entre l'envie d'être bien belle et la crainte de dépenser." A Madame et A Monsieur de Grignan, 2 juin 1672 (I, 563–64).

[25] A Madame de Grignan, 27 septembre 1671 (I, 394).

[26] A Madame de Grignan, 11 novembre 1671 (I, 416).

[27] A Madame de Grignan, 11 octobre 1671 (I, 399).

As she became increasingly conscious of the passage of time, she tried manipulating it—running off the present quickly when she and Madame de Grignan were apart and slowing it down again once they came together. She learned to feel the long stretch of her days. "Je dois à votre absence," she wrote her daughter, "le plaisir de sentir la durée de ma vie et toute sa longueur." [28]

Solitude, too, took on new importance in her life. From the beginning Madame de Sévigné shunned society to recover from a depression. After separating from her daughter, she wanted often to be alone. Grief, and in particular excessive grief, was not to be paraded in public, especially in salon and court circles where people observed one another with hungry curiosity. Livry was the place to "swallow absinth quietly." [29]

Then too, she began to find polite society altogether resistible. Her daughter was no longer there: Paris seemed drab. Alone in her woods, she could feast her mind on thoughts of her own choosing; evoke her daughter's presence; imagine herself carried off to Provence on the back of the hippogriff; no one intruded. And the tall dark trees gave such comfort: they seemed to image her sadness and the calm she wished so to share.

> Je quitte avec regret cette solitude, quand je songe que je ne vous trouverai pas .... Je suis épouvantée du regret que j'ai de quitter ces bois. Je ne veux point vous dire la part que vous avez à mon indifférence pour Paris ... .[30]

More and more she spoke of social diversions as impoverishment. They enticed her to live outside of herself, devote her intelligence to trifles, "dissipate" her imagination. She "hungered" for silence.[31] Only in solitude could she return to herself, profit

---

[28] A Madame de Grignan, 15 septembre 1679 (II, 445).

[29] "Notre pauvre ami est donc à Pomponne. ... La solitude est meilleure pour les commencements de ces malheurs. Je l'ai senti pour celui de la séparation de ma fille. Si je n'avois trouvé notre petit Livry tout à propos, j'aurois été malade: j'avalai là tout doucement mon absinthe." Au Comte de Guitaut, 6 décembre 1679 (II, 530).

[30] A Madame de Grignan, 9 décembre 1671 (I, 428–29).

[31] "Je souhaite avec une grande passion d'être hors d'ici [Rennes, scene of the Provincial Assembly and many festivities], où l'on m'honore trop: je

from her thoughts and her books. All this sounded strangely like Madame de Grignan, and Madame de Sévigné knew it. Brushing aside the idea of a mere imitation ("car je hais les mauvaises copies des meilleurs originaux"),[32] she declared herself sincerely converted:

> ... Je vous dirai que mon âge et mon expérience me font souhaiter comme un besoin de n'être pas toujours dissipée et de remettre souvent des esprits dans ma pauvre tête: c'est, en vérité, ce que je fais tous les jours, ou dans mon cabinet ou dans ces bois.[33]

Her "cabinet," newly lined with books on theology and ethics, had become just the place Madame de Grignan would like.

In other ways, too, Madame de Sévigné yearned to follow her daughter's lead. She began contrasting her "abandon" with her daughter's "control," her "weakness" with her daughter's "courage."[34] Madame de Grignan, too, suffered "humeurs noires," but she suffered them with resignation; she was the "mistress of her feelings," heroic in her self-constraint—all the things her mother was not.[35] Less than a year after their separation, Ma-

---

suis extrêment affamée de jeûne et de silence. Je n'ai pas beaucoup d'esprit; mais il me semble que je dépense ici ce que j'en ai, en pièces de quatre sols, que je jette et que je dissipe en sottises; et cela ne laisse pas de me ruiner." A Madame de Grignan, 6 août 1680 (II, 810).

[32] A Madame de Grignan, 15 septembre 1680 (II, 849). By 1689 Madame de Sévigné wrote to Madame de Grignan that nothing was sweeter (save her daughter's company) than to be alone with her thoughts. "... Je vous avoue que les trois heures que je suis dans ces bois toute seule avec Dieu, moi, vous, vos lettres, et mon livre, ne me durent pas un moment: il y a quelque chose de doux et d'aimable à cette solitude, à ce profond silence, à cette liberté; il n'y a que vous que j'aime beaucoup davantage: voilà comme je suis *présentement*. [Italics mine.] A Madame de Grignan et Au Chevalier de Grignan, 6 juillet 1689 (III, 476).

[33] A Madame de Grignan, 15 septembre 1680 (II, 849).

[34] "Vous avez un fonds de raison et de courage que j'honore; pour moi, je n'en ai point tant, surtout quand mon coeur prend le soin de m'affliger. Mes paroles sont assez bonnes; je les range comme ceux qui disent bien; mais la tendresse de mes sentiments me tue." A Monsieur et A Madame de Grignan, 9 août 1671 (I, 353).

[35] "Je ne vous puis dire combien je vous plains, combien je vous loue, combien je vous admire: voilà mon discours divisé en trois points. *Je vous*

dame de Sévigné surveyed her own defects: fortunately she possessed a sunny, accommodating "humeur," but how unprotected she was from her delicate, undisciplined feelings!

> Ne craignez point pour moi l'ennui que me peut donner la solitude; hors les maux qui viennent de mon coeur, *contre lesquels je n'ai point de forces,* je ne suis à plaindre sur rien: mon humeur est heureuse et s'accommode et s'amuse de tout ... .[36] [Italics mine.]

> Je vous avoue, ma bonne, que mon coeur me fait bien souffrir; j'ai bien meilleur marché de mon esprit et de mon humeur.[37]

Clearly, Madame de Sévigné surmised, she must acquire these "forces" and for years she set about doing so.[38] Upon receiving the first volume of Nicole's Essays, in the fall of 1671, she tried his remedy—cultivated indifference ("ne se blesser de rien"). She used it like vinegar, "to keep from fainting," but to little avail.[39] Her daughter suggested pushing away phantasms and banning them from consciousness. One should either avoid leaning upon a distressing thought ("ne pas appuyer"), or else slip over it lightly, she counseled.[40] Sometimes Madame de Sévigné

---

plains d'être sujette à des humeurs noires qui vous font assurément beaucoup de mal; *je vous loue* d'en être la maîtresse quand il le faut ... ; *et je vous admire* de vous contraindre pour paroître ce que vous n'êtes pas: voilà qui est héroïque et le fruit de votre philosophie; vous avez en vous de quoi l'exercer." A Madame de Grignan, 4 mai 1672 (I, 535–36).

[36] A Madame de Grignan, 23 août 1671 (I, 366).

[37] A Madame de Grignan, 20 septembre 1671 (I, 387–88).

[38] "Je tâche tous les jours à profiter de mes réflexions; et si je pouvois, comme je vous ai dit quelquefois, vivre seulement deux cents ans, il me semble que je serois une personne bien admirable." A Madame de Grignan, 30 octobre 1673 (I, 621).

[39] "Il est vrai qu'il ne faudroit s'attacher à rien, et qu'à tout moment on se trouve le coeur arraché dans les grandes et les petites choses; mais le moyen? Il faut donc toujours avoir cette *Morale* dans les mains, comme du vinaigre au nez, de peur de s'évanouir." A Madame de Grignan, 20 septembre 1671 (I, 387).

[40] "Je vous assure, ma chère bonne, que je songe à vous continuellement, et je sens tous les jours ce que vous me dites une fois, qu'il ne falloit point

tried focusing her mind on "bagatelles" and away from her feel-ings.[41] At other times she used her pen to free herself of an over-flow of emotion.

That she struggled throughout her life to control her feelings is reflected even in her vocabulary. Over and over again she used this cluster of words (and their opposites): "gouverner le torrent," "ne pas s'abandonner," "ne pas lâcher la bride," "être la maîtresse," "couper court," "se retenir," "se contraindre," "tenir bride en main," "réduire à la droite raison," "retrancher les excès."[42] She tried very hard to hold back, to hide her feel-

appuyer sur ces pensées. Si l'on ne glissoit pas dessus, on seroit toujours en larmes, c'est-à-dire moi." A Madame de Grignan, 3 mars 1671 (I, 213). "Ce seroit une belle chose si je remplissois mes lettres de ce qui me remplit le coeur. Hélas! comme vous dites, il faut glisser sur bien des pensées et ne pas faire semblant de les voir ... ." A Madame de Grignan, 12 juillet 1671 (I, 331).

[41] "Je me jette à corps perdu dans les bagatelles pour me dissiper. Quand je m'abandonne à parler tendrement, je ne finis point et je m'en trouve mal." A Madame de Grignan, 6 mai 1671 (I, 284).

[42] To give some examples: "Il me semble que vous avez peur que je ne sois ridicule, et que je ne me répande excessivement sur ce sujet: non, non, ma bonne, ne craignez rien; je sais gouverner ce torrent: fiez-vous un peu à moi, et me laissez vous aimer jusqu'à ce que Dieu vous ôte un peu de mon coeur pour s'y mettre ... ." A Madame de Grignan, 5 juin 1675 (I, 729). "... Il faut glisser sur tout cela, et se bien garder de s'abandonner à ses pensées et aux mouvements de son coeur." A Madame de Grignan, 3 mars 1671 (I, 213). "... Que ne vous dirois-je point de ma tendresse pour vous, si je voulois me lâcher la bride?" A Madame de Grignan, 19 août 1675 (I, 815). "Je ne veux point me lâcher la bride à vous parler de mon amitié tendre et sensible ... ." A Madame de Grignan, 13 novembre 1689 (III, 594). "Je ne trouve pas qu'on soit si fort maîtresse de régler les senti-ments de ce pays-là [love]; on est bien heureux quand ils ont l'apparence raisonnable. Je crois que de toute façon vous m'empêcherez d'être ridicule; je tâche aussi de me gouverner assez sagement pour n'incommoder personne ... ." A Madame de Grignan, 23 octobre 1675 (I, 890). "... Je vous jure et vous proteste devant Dieu que si M. de La Garde n'avoit trouvé votre voyage nécessaire, et qu'il ne le fût pas en effet pour vos affaires, jamais je n'aurois mis en compte, au moins pour cette année, le désir de vous voir, ni ce que vous devez à la tendresse infinie que j'ai pour vous. Je sais la réduire à la droite raison, quoi qu'il m'en coûte; et j'ai quelquefois de la force dans ma foiblesse, comme ceux qui sont les plus philosophes." A Madame de Grignan, 15 janvier 1674 (I, 683). "Il y a des gens qui m'ont voulu faire croire que l'excès de mon amitié vous incommodoit; que

ings,[43] to cultivate Monsieur de Grignan's equanimity ("exemple de la tranquillité qui vous plaît"),[44] scold herself, exercise "cruel politics" and "unjust measures."[45]

Most of all she tried to find strength as she believed her daugh-

cette grande attention à vouloir découvrir vos volontés, qui tout naturellement devenoient les miennes, vous faisoit assurément une grande fadeur et un dégoût. ... J'ai un peu suivi mon inclination, je l'avoue; ... parce que je n'ai pas eu assez de pouvoir sur moi pour me retrancher ce plaisir ...." A Madame de Grignan, 7 juin 1675 (I, 731).

[43] Note for example: "Adieu, ma chère enfant, je vous aime si passionnément que j'en cache une partie, afin de ne vous point accabler." A Madame de Grignan, 18 octobre 1671 (I, 404–5). "Je souhaite de vous revoir comme s'il y avoit longtemps que je vous eusse quittée: je vous cache mon amitié avec autant de soin que les autres ont accoutumé de la montrer." A Madame de Grignan, 1 ou 8 octobre 1672 (I, 597). "Vous seriez surprise, ma bonne, si vous pouviez voir clairement à quel excès et de quelle manière vous m'êtes chère." A Madame de Grignan, 5 janvier 1674 (I, 668). "... Je vous cache, et au monde, et à moi-même, la moitié de la tendresse et de la naturelle inclination que j'ai pour vous." A Madame de Grignan, 29 janvier 1674 (I, 699). "C'est une chose bien étrange que la tendresse que j'ai pour vous; je ne sais si contre mon dessein j'en témoigne beaucoup, mais je sais bien que j'en cache encore davantage." A Madame de Grignan, 2 juin 1674 (I, 710).

[44] "M. de Grignan, qui est l'exemple de la tranquillité qui vous plaît, seroit fort bon à suivre ... . Mais il me semble que je me suis déjà corrigée de ces sottes vivacités; et je suis persuadée que j'avancerai encore dans ce chemin où vous me conduisez, en me persuadant bien fortement que le fond de votre amitié pour moi est invariable." A Madame de Grignan, 14 juillet 1680 (II, 776).

[45] "Ne croyez pas au moins que je sois trop délicate et trop difficile. Ma tendresse me pourroit rendre telle, mais je ne l'ai jamais écoutée; et quand elle n'est point raisonnable, je la gourmande ... ." A Madame de Grignan, 20 septembre 1671 (I, 388). "... Jamais je ne vous ai regardée sans joie et sans tendresse; et s'il y a eu quelques moments où elle n'ait pas paru, c'est alors que je la sentois plus vivement. Ce n'est donc point cela que je me puis reprocher; mais je regrette de ne vous avoir pas assez vue et d'avoir eu de cruelles politiques qui m'ont ôté quelquefois ce plaisir." A Madame de Grignan, 12 juillet 1671 (I, 331). "... Si mes délicatesses et les mesures injustes que je prends sur moi, ont donné quelquefois du désagrément à mon amitié, je vous conjure de tout mon coeur, ma bonne, de les excuser en faveur de leur cause. Je la conserverai toute ma vie, cette cause, très-précieusement; et j'espère que sans lui faire aucun tort, je pourrai me rendre moins imparfaite que je ne suis. Je tâche tous les jours à profiter de mes réflexions; et si je pouvois ... vivre seulement deux cents ans, il me semble que je serois une personne bien admirable." A Madame de Grignan, 30 octobre 1673 (I, 620–21).

ter had found it—in meditation. Indeed she became her daughter's disciple: passage after passage reveals this tutelage.

J'ai reçu votre lettre du vingt-unième, ma très-chère et très-bonne, et je reçois avec tendresse ce que vous me dites pour fortifier mon coeur et mon esprit contre les amertumes de la vie, où je ne puis m'accoutumer: rien n'est plus raisonnable ni plus chrétien; et de quelque façon que vous le preniez, c'est toujours prendre soin de ma rate; car la sagesse que vous m'enseignez ne me seroit pas moins salutaire que la joie.[46]

Vous êtes bien plus sage, vous, ma bonne [than Charles], qui tâchez de trouver bon ce que vous avez, et de gâter tout ce que vous n'avez pas: voilà une philosophie qu'il auroit fallu acheter bien cher à l'encan de Lucien. Vous vous dites que tous les biens apparents des autres sont mauvais; vous les regardez par la facette la plus désagréable; vous tâchez à ne pas mettre votre félicité à ce qui ne dépend pas de vous. Je me fais une étude de cet endroit d'une de vos lettres; il n'y a point de lecture qui puisse m'être si utile, quoique je sois un peu honteuse de vous trouver plus sage que moi.[47]

[46] A Madame de Grignan, 30 octobre 1676 (II, 239).
[47] A Madame de Grignan, 30 juin 1680 (II, 760). Madame de Sévigné saw in her daughter, as in Madame de La Fayette and Pascal, an amalgam of intellect, application, courage, moral rectitude, firmness, and migraine headaches. She began associating Madame de La Fayette with Pascal in 1671: "Mme de La Fayette me mande qu'elle alloit vous écrire, mais que la migraine l'en empêche; elle est fort à plaindre de ce mal: je ne sais s'il ne vaudroit pas mieux n'avoir pas autant d'esprit que Pascal, que d'en avoir les incommodités." A Madame de Grignan, 16 août 1671 (I, 361). In a letter dated 19 September 1677 (II, 354), she included Madame de Grignan in the group: "Nous parlons souvent de vous, le chevalier et moi: nous craignons plus que vous la vivacité de votre esprit, qui vous consomme et vous épuise, comme Pascal." Her daughter took up the comparison twelve years later. Madame de Sévigné replied in kind (24 avril 1689: III, 426): "Mais, ma chère enfant, que je suis fâchée de votre mal de tête! que pensez-vous me dire, de ressembler à M. Pascal? Vous me faites mourir. Il est vrai que c'est une belle chose que d'écrire comme lui: rien n'est si divin; mais la cruelle chose d'avoir une tête aussi délicate et aussi épuisée que la sienne, qui a fait le tourment de sa vie, et l'a coupée enfin au milieu de sa course!" Even as early as 9 August 1671 (I, 353), Madame de Sévigné

Madame de Sévigné looked also for help in religion. She was favorably disposed to Jansenism from her youth and had many connections with Port-Royal. Her grandmother had been the close friend of Mère Angélique Arnauld and defended Saint-Cyran (indeed consulted him for spiritual guidance) even after Richelieu had sent him to Vincennes prison. Madame de Sévigné's uncle by marriage (René de Sévigné) was one of the famous solitaries of Port-Royal; after her husband's death, she frequented the Du Plessis-Guénégaud family at the Hôtel de Nevers and the Château de Fresnes: through them the doctrines of Jansenism first spread to *le beau monde*.

When her correspondence opened, however, she was not a convinced Jansenist; she sympathized from a distance. Indeed in 1664, writing to Pomponne to keep him informed of Fouquet and goings-on in Paris, she laughed at the nuns of Port-Royal for refusing to sign a formulary (disavowing five principles purportedly extracted from Jansen's *Augustinus*) and failed singularly to grasp their poignant dilemma, torn as they were between a yearning to be taken back into the fold, fear of willfulness, and the passionate conviction that they were right.[48]

But Madame de Sévigné changed—in religious sentiments as in personality. As she became more troubled and introspective, she took Jansenism less and less lightly.

In the beginning, after her daughter left Paris, she went through

---

saw an affinity between her daughter's ethical reflections and those of Pascal: "Ce que vous dites sur les inquiétudes que nous avons si souvent et si naturellement sur l'avenir, et comme insensiblement notre inclination se change et s'accommode à la nécessité, est la juste matière d'un livre comme celui de Pascal."

[48] Note: "Mais voici encore une image de la prévention; nos soeurs de Sainte-Marie m'ont dit: 'Enfin Dieu soit loué! Dieu a touché le coeur de cette pauvre enfant: elle s'est mise dans le chemin de l'obéissance et du salut.' De là je vais à Port-Royal: j'y trouve un certain grand solitaire que vous connoissez, qui commence par me dire: 'Eh bien! ce pauvre oison a signé; enfin Dieu l'a abandonnée, elle a fait le saut.' Pour moi, j'ai pensé mourir de rire en faisant réflexion sur ce que fait la préoccupation. Voilà bien le monde en son naturel. Je crois que le milieu de ces extrémités est toujours le meilleur." A M. de Pomponne, 20 novembre 1664 (I, 124).

cycles of feeling—periodic spurts of fervor, resolutions to be
more regular and pious, wiped away by sunshine and a fine day
at Livry.[49] But at the same time she expressed a growing need
for the kind of religious principles which would help her to bear
her daughter's absence, her own anxiety, and the bitterness of
life.[50]

In 1674 (26 January), she paid what was probably her first
and only visit to Port-Royal des Champs. She wrote of it as a
"Thébaïde." Her letter overflows with admiration, if not yet with
allegiance. In her readings, on the other hand, she edged closer
and closer to the most austere thinkers. In 1671, she read Nicole's
first volume and the letters of Saint-Cyran; then some of Arnauld
d'Andilly's translations; by the fall of 1675, she was on to Tille-
mont, Le Tourneux, and Du Fossé's *Histoire de Tertullien et
d'Origène*. By 1676 she had reached the source: Saint Augustine
and Saint Paul. Henri Busson (*La religion des classiques*) dates
the high point of Madame de Sévigné's religious development in
1680; but it seems to have been a bit earlier, corresponding with
her personal crisis during the period 1676–80. Indeed already in
1676, she began following some of the Jansenist practices—limit-
ing her use of rosaries, advancing "dans ce pays du détache-
ment." [51]

---

[49] "Ma Mousse me trouve quelquefois assez raisonnable là-dessus; et puis
un souffle, un rayon de soleil emporte toutes les réflexions du soir." A
Madame de Grignan, 20 septembre 1671 (I, 386).

[50] Note: "Je m'en vais coucher à Bonnelle. J'espère que j'y retrouverai
cette dévotion que vous y laissâtes une fois; je la prendrai: hélas! j'en ai
assez de besoin pour me faire supporter avec patience l'absence et
l'éloignement d'une aimable enfant que j'aime si passionnément, et toutes
les justes craintes que je puis avoir pour sa santé. Ma bonne, songez un
peu à ce que je puis souffrir, n'étant secourue d'aucune distraction." A
Madame de Grignan, 18 mai 1671 (I, 296).

[51] "Je ne dis plus mon chapelet: à mesure que je suis avancée dans l'envie
d'être dévote, j'ai retranché cette dévotion, ou pour mieux dire cette
distraction." A Madame de Grignan, 12 janvier 1676 (II, 20). "Vous me
demandez si je suis dévote; ma bonne, hélas! non, dont je suis très-fâchée;
mais il me semble que je me détache un peu de ce qui s'appelle le
monde. ... Mais, ma chère bonne, ce que j'épargne sur le public, il me
semble que je vous le redonne ... ." A Madame de Grignan, 8 juin 1676 (II,
116).

By 1677, she thought Nicole too mild and reprimanded him for trying to soften Augustinian views.[52] Bussy picked up this new trend and attempted to save his cousin from the too narrow paths of Port-Royal:

C'est, à mon avis, être déjà presque damné que de craindre trop de l'être; il y a raison partout. Vivons bien et nous réjouissons. En matière de conscience, toute délicatesse fait les hérésies .... Je vous fais ce petit sermon, madame, parce que je sais à quel point de perfection vous aspirez, et qu'outre qu'il ne vous est pas possible d'y atteindre en votre condition, c'est que je le crois même inutile. Sauvons-nous avec notre bon parent saint François de Sales: il conduit les gens en paradis par de plus beaux chemins que ceux du Port-Royal.[53]

Bussy's efforts failed. It was already too late. By 1680, Madame de Sévigné's letters (from Les Rochers) resembled Jansenist sermons.[54] She even proselytized, smuggling to the nuns

[52] "Il y a le plus beau galimatias que j'aie encore vu au vingt-sixième article du dernier tome des *Essais de morale,* dans le traité *de tenter Dieu.* Cela divertit fort; et quand d'ailleurs on est soumise, que les moeurs n'en sont pas dérangées, et que ce n'est que pour confondre les faux raisonnements, il n'y a pas grand mal; car s'ils vouloient se taire, nous ne dirions rien; mais de vouloir à toute force établir leurs maximes, nous traduire saint Augustin, de peur que nous ne l'ignorions, mettre au jour tout ce qu'il y a de plus sévère, et puis conclure comme le P. Bauny, de peur de perdre le droit de gronder: il est vrai que cela impatiente; et pour moi, je sens que je fais comme Corbinelli. Je veux mourir si je n'aime mille fois mieux les jésuites: ils sont au moins tour d'une pièce, uniformes dans la doctrine et dans la morale. Nos frères disent bien, et concluent mal ...." A Madame de Grignan, 16 juillet 1677 (II, 295).
[53] *Correspondance de Roger de Rabutin ...,* 14 mai 1677 (III, 252).
[54] "Je lis des livres de dévotion, parce que je voulois me préparer à recevoir le Saint-Esprit; ah! ma bonne, que c'eût été un vrai lieu pour l'attendre que cette solitude! mais il souffle où il lui plaît, et c'est lui-même qui prépare les coeurs où il veut habiter; c'est lui qui prie en nous par des gémissements ineffables. C'est saint Augustin qui m'a dit tout cela. Je le trouve bien janséniste, et saint Paul aussi; les jésuites ont un fantôme qu'ils appellent Jansénius, à qui ils disent mille injures; ils ne font pas semblant de voir où cela remonte ...." A Madame de Grignan, 9 juin 1680 (II, 734). Note also: "Je vous assure que je pense comme *nos frères;* et si j'imprimois, je dirois: 'Je pense comme eux.'" A Madame de Grignan, 15 juin 1680 (II, 744).

of Sainte-Marie de Nantes Arnauld's *La fréquente communion*.[55]
In later years she protected persecuted priests, received the di-
sciples and collaborators of Jansenist churchmen,[56] harangued
against the flamboyant piety of Provence (especially pilgrimages
and idolatry, for the Jansenists disapproved of cults of the Saints
and of the Virgin Mary) and frequent communions.[57] Her last
confessor, le P. Polinier, was, to be sure, a staunch Jansenist.
She penetrated, as Henri Busson observed, the very sanctuary
of Augustinianism [58] and submitted to practices more rigorous
than those demanded by François de Sales, Saint-Cyran, or Bossuet.[59]

Yet it is strange that Madame de Sévigné should accept Jansenism, strange that she could have felt comfortable in such a
forbidding spiritual climate. Surely nothing jibes less with her
exuberant, optimistic character, her appetite for life, than the
austerity of Port-Royal. To be sure she never adopted Jansenism
as a way of life; she had not the makings of an ascetic. But she
did adopt it, and enthusiastically, as a vision of life.

For Jansenism answered many of her deepest needs; it appealed directly to her personal experience of things. Pascal apart,
one imagines the Jansenists wrapped up in arid disputes, doctrinal
debates, and tiresome ratiocination. But in fact, they railed against

---

[55] "Je leur ai fait prêter un livre dont elles sont charmées: c'est *la
Fréquente;* mais c'est le plus grand secret du monde." A Madame de
Grignan, 25 mai 1680 (II, 714).

[56] She greeted Nicolas Pavillon's disciple and collaborator in 1685 at Les
Rochers. "Il n'a parlé qu'à moi depuis deux ans qu'il est en ce pays: nous
connoissons les mêmes gens, nous avons les mêmes amis, nous pensons les
mêmes choses ... ." A Madame de Grignan et Au Marquis de Grignan, 7
mars 1685 (III, 63).

[57] "Je vous plains d'être obligée d'entendre de mauvais sermons ... c'est
une contrainte que donne la place où vous êtes. J'avoue que quand elle
oblige à communier, sans autre raison que cette représentation extérieure,
je ne m'y résoudrois pas aisément, et j'aimerois mieux ne pas édifier des
sottes et des ignorantes, que de mettre tant au jeu dans une occasion si
importante ... . Mais sait-on sa religion? tout est en pélerins, en pénitents, en
ex-voto, en femmes déguisées de différentes couleurs." A Madame de
Grignan, 9 mars 1689 (III, 378).

[58] *La religion des classiques*, p. 36.

[59] *Ibid.*, p. 16.

intellectualizing religion and spurned abstractions.[60] What the Jansenists wanted more than to satisfy the intelligence was to disturb the emotions.

In doing so, they stirred up half-conscious feelings of impotence and guilt. They painted man abjectly corrupt, feeble, a victim of his senses and his passions. They annihilated the will, derogated human virtue and understanding, unmasked vanity in every disguise. "Domine non sum dignus"; "Substantia mea tanquam nihilem ante te"—these were their major themes, and with them they troubled their adherents.

When Madame de Sévigné spoke of Port-Royal writings, she particularly praised their force and drama; they made her tremble, they reached and penetrated her conscience. She knew her excesses, her abject dependence. Remorse filled her, remorse she needed to confess and understand. A leitmotif of contrition runs through her letters. She pleaded with Madame de Grignan to stop writing, consuming her strength, killing herself to please her mother whose only desire was her child's health and happiness.[61] And yet Madame de Sévigné knew she could no more sacrifice these letters or her constant demands for love and attention, than her life.[62] Nor could she successfully control her feelings,

---

[60] Jansen and Saint-Cyran first came together, as students, in common aversion for scholasticism and sought to revitalize theology by reasserting the primacy of religious experience.

[61] "Je suis fort aise qu'on ne vous ait point porté mes lettres à Marseille: eh, bon Dieu! qu'en auriez-vous fait? C'est même une affaire que de les lire, et pour y répondre, ah! je vous le défends ... . Je regrette de vous y avoir laissé répondre, même dans votre santé: cette effroyable quantité de volumes a contribué à vous emmaigrir; ma chère enfant, je ne pense qu'à votre santé et à votre vie." A Madame de Grignan, 22 mars 1680 (II, 651). "Eh, mon Dieu! quand je songe que vous vous tuez pour les gens du monde qui vous aiment le plus chèrement, qui donneroient leur vie pour sauver la vôtre; et c'est pour écrire des bagatelles, des réponses justes, que vous nous donnez la plus cruelle inquiétude qu'on puisse avoir. Pour moi, je vous déclare, ma bonne, que vous me donnez une peine étrange quand vous m'écrivez plus d'une page. ... Ma bonne, retenez cette plume qui va si vite et si facilement: c'est un poignard ... ." A Madame de Grignan, 17 mars 1680 (II, 648).

[62] "L'abbé Bayard me paroît heureux ... . Pour moi, ma très-chère Comtesse, je ne le puis être sans vous; mon âme est toujours agitée de crainte,

but overwhelmed her daughter, angered her at times, and made her turn away.

All love, according to the Jansenists, even maternal love, was by its nature evil, poisoned by concupiscence.[63] Other theologians would perhaps censure Madame de Sévigné's feelings as abnormally excessive (but honorable and legitimate); the Jansenists called them sinful. They showed her that she had cheated God of what belonged only to Him. Their condemnation made sense of her own; their analysis defined and clarified her wrong. The religious fervor she yearned for was deservedly denied her; her very thoughts were a penitence.

> ... A moi misérable, hélas! ma bonne, elle [Providence] ne m'empêche point d'être troublée et agitée, et occupée du désir de voir bientôt changer l'état où je suis: il y a des pensées sur cela que je ne soutiens pas. Je sens une main qui me serre le coeur: je ne devois point vous laisser partir; je devois vous emmener avec moi aux Rochers. Ah! ma bonne, il est vrai, je comprends que je serois fort aise de vous avoir; votre chère idée ne me quitte pourtant point, mais elle me fait soupirer;

---

d'espérance, et surtout de voir les jours écouler ma vie loin de vous ... ." A Madame de Grignan, 15 juin 1676 (II, 122). Many passages show Madame de Sévigné confessing that she cannot live without demanding from her daughter constant attention. "... Que n'ai je point souffert pendant deux ordinaires que je n'ai point eu de vos lettres! Elles sont nécessaires à ma vie: ce n'est point une façon de parler; c'est une très-grande vérité." A Madame de Grignan, 21 juin 1671 (I, 311). When Madame de Grignan wavered about coming to Paris, her mother wrote: "... Mais enfin, dans toutes ces incertitudes, prenez une résolution, et venez, de bon coeur et de bonne grâce, me combler de la plus sensible joie que je puisse avoir en ce monde. ... Une plus longue incertitude ne seroit pas bonne pour cette santé que vous aimez tant, et je suis trop émue de tout ce qui vient de vous pour souffrir tranquillement les divers états où j'ai passé depuis quelque temps." A Madame de Grignan, 18 novembre 1676 (II, 252). In 1677 she wrote: "... Si vous ne prenez cette résolution [not to worry about Madame de Sévigné's health], on vous fera un régime et une nécessité de ne me jamais voir; je ne sais si ce remède seroit bon pour vos inquiétudes. Pour moi, je vous assure qu'il seroit indubitable pour finir ma vie." A Madame de Grignan, 16 juin 1677 (II, 269).

[63] Henri Busson writes in *La religion des classiques*, p. 14: "... Pour les Jansénistes surtout, toute affection sensible ... étant par sa nature même entâchée de concupiscence, 'on ne peut sans péché aimer aucune créature.'"

c'est pour ma peine, c'est pour ma pénitence que la connoissance m'est donnée. ... Voilà, le misérable état où je suis;
c'est pour cela que vous m'avez vue me repentir, m'agiter et
m'inquiéter tout de même qu'une autre ... .[64]

What the Jansenists focused upon was the question which
grew more and more pressing for her as the years passed: why
do I, why must I, suffer?

Paradoxically (or perhaps not so paradoxically), from the same
doctrines which made sense of her anxiety, Madame de Sévigné
sought stability and calm. Particularly in Augustinian ideas of
predestination and Providence, she hoped to find peace, a safe
harbor, an "assiette sûre," to use Pascal's words.[65] For, to return
to an earlier point, submission to Providence was another means
of governing her heart; she wanted to be disciplined, "philosophic," resigned, to follow Madame de Grignan's example. But
she lacked the staying-power to imitate her daughter's self-
sacrificing Stoicism, and the metaphysical interest to cultivate
Cartesianism. Saint Augustine became her Descartes; Nicole,
her Malebranche; Providence, her *Weltanschauung* and her an-
chor.

... J'ai toujours, toujours, cette Providence dans la tête: c'est
ce qui fixe mes pensées, et qui me donne du repos, autant
que la sensibilité de mon coeur le peut permettre ... .[66]

Toute ma vie est pleine de repentirs. Monsieur Nicole, ayez
pitié de moi, et me faites bien envisager les ordres de la
Providence.[67]

And submission to Providence seemed a more promising road
to emotional equilibrium than what Madame de Sévigné described as "glisser sur ces pensées." It offered a substitute for

[64] A Madame de Grignan, 25 mai 1680 (II, 715–16).
[65] Note Henri Busson's remark (*La religion des classiques*, p. 22): "Mme
de Sévigné était profondément religieuse: le centre stable de son âme
mobile, c'était la foi, et une foi augustinienne."
[66] Au Comte de Guitaut, 18 mai 1680 (II, 706).
[67] A Madame de Grignan, 20 janvier 1672 (I, 458).

painful thoughts: something else to focus upon. Jansenism (despite Pascal) provides supreme "divertissement." To fix on an all powerful Providence is to turn away from the abyss.

Pour ma Providence, je ne pourrois pas vivre en paix, si je ne la regardois souvent: elle est la consolation des tristes états de la vie, elle abrège toutes les plaintes, elle calme toutes les douleurs, elle fixe toutes les pensées; c'est-à-dire elle devroit faire tout cela ... .[68]

Furthermore, Providence removes responsibility; it is God, not man, who planned the arrangement of things, however imperfect, unjust, and painful they may seem. And man is helpless, without divine intercession, to execute or even will a change. Madame de Sévigné clung to Providence in exactly this spirit.

... Qui m'ôteroit la vue de la Providence, m'ôteroit mon unique bien; et si je croyois qu'il fût en nous de ranger, de déranger, de faire, de ne faire pas, de vouloir une chose ou une autre, je ne penserois pas à trouver un moment de repos ... .[69]

Indeed the very fact that there was a Madame de Sévigné, meant to suffer from (and perhaps contribute to) the absence, misfortune, and ill-health of the person she loved most in the world—all this was predestined: she need only bow her head.

Il faut qu'il y ait une Mme de Sévigné qui aime sa fille plus que toutes les autres mères, qu'elle en soit souvent très-éloignée, et que les souffrances les plus sensibles qu'elle ait dans cette vie lui soient causées par cette chère fille.[70]

Not only did Providence absolve her of blame, but Madame de Grignan as well. If Madame de Sévigné conceived the sus-

[68] A Madame de Grignan, 13 juillet 1689 (III, 480).
[69] A Madame de Grignan, 6 mai 1680 (II, 687–88).
[70] *Ibid.*, p. 688. Note also: "Il fait agir nos volontés selon les fins qu'il a réglées: par exemple, sans aller plus loin, il veut que je vous aime d'une inclination et d'une tendresse extraordinaire; il lui plaît de mêler, dans votre établissement, que nous avons voulu, des absences cruelles pour nous mortifier, pour nous faire souffrir: nous en faisons l'usage qu'il lui plaît." A Madame de Grignan, 21 mai 1680 (II, 708).

picion that her daughter might not be doing her utmost to ar-
range the Grignans' permanent return to Paris, she need only
push the phantasm aside. God, not Madame de Grignan, willed
events, for He turned the will of all human beings.[71]

What Madame de Sévigné was seeking above all in Jansenism
was a way of acquiescing in the order of things and of accepting
the essential sadness of life.[72] For without her daughter, life
seemed meaningless, indeed expressly designed to contradict her
deepest desires and to deprive her of happiness.

> ... Je regrette ma vie et me plains de la passer sans vous.
> Il semble qu'on en ait une autre, où l'on réserve de se voir
> et de jouir de sa tendresse; et cependant, c'est notre sûr, notre
> tout, que nous dissipons; et l'on trouve la mort ... .[73]

Providence became an indispensable "appui," a "soutien" against
despair. Perhaps it would immunize her against suffering, teach
her to accept the universe as just. Without it how could she go
on?

> Enfin il en faut revenir à la Providence ... et le moyen de
> vivre sans cette divine doctrine? Il faudroit se pendre vingt
> fois le jour; et encore avec tout cela on a bien de la peine
> à s'en empêcher, ma pauvre bonne.[74]

Jansenism, then, was for Madame de Sévigné something of a
"tranquilizer." If it did not make her less susceptible to pain,
it did strengthen her resistance ("Je n'en suis pas moins sensible,

---

[71] "Il est vrai que pour deux personnes qui se cherchent, et qui se
souhaitent toujours, je n'ai jamais vu une pareille destinée ... il me faut
l'auteur de l'univers pour raison de tout ce qui arrive. Quand c'est à lui
qu'il faut m'en prendre, je ne m'en prends plus à personne, et je me
soumets ... ." A Madame de Grignan, 6 mai 1680 (II, 687–88).

[72] Note Brunet, *Evocations littéraires*, p. 61: "Mme de Sévigné voulait
prendre toutes choses avec bonne humeur, elle aspirait à se contenter de la
réalité telle qu'elle est, elle aspirait à se consoler rapidement de ses chagrins:
elle trouva dans le christianisme le coin fait pour elle. La doctrine de la
Providence paraît inventée à son usage."

[73] A Madame de Grignan, 8 avril 1676 (II, 64).

[74] A Madame de Grignan, 29 novembre 1679 (II, 517). Note also: "Ma
chère bonne, pour le temps je n'y entends plus rien: quand il me déplaît,

mais j'en suis bien plus résignée.") [75] and buoyed up what became a more and more willed optimism.

And yet, one cannot but wonder if she ever found that long-sought tranquility. She spent the last months of her life at her daughter's bedside, watching her suffer and waste away. The *mésalliance* of the Marquis de Grignan (her daughter's only son) with a tax farmer's daughter plunged Madame de Grignan into humiliation and despair. She was ill and unhappy. Six months before her own death, Madame de Sévigné wrote to her cousin this poignant protest against her destiny:

> J'écris à Mme de Coulanges sur le même ton plaintif qui ne me quitte point; car le moyen de n'être pas aussi malade par l'esprit, que l'est dans sa personne cette Comtesse que je vois tous les jours devant mes yeux? Mme de Coulanges est bien heureuse d'être hors d'affaire; il me semble que les mères ne devroient pas vivre assez longtemps pour voir leurs filles dans de pareils embarras; je m'en plains respectueusement à la Providence.[76]

Although they were living in the same château, Madame de Grignan did not come to her mother's bedside in her last illness. Presumably she was too weak.[77] So when Madame de Sévigné died, she died without her daughter.

comme présentement, et que j'en désire un meilleur et que je l'espère, je le pousse à l'épaule, comme vous; et puis quand je pense à ce que je pousse, et à ce qui m'en coûte quand il passe, et sur quoi cela roule, et où cela me pousse, ma chère enfant, je n'en puis plus, et je n'ose plus rien pousser. En effet, laissons tout entre les mains de Dieu: je ne trouve de soutien et d'appui, contre le triste avenir que je regarde, que la volonté de Dieu et sa Providence: on seroit trop malheureux de n'avoir point cette consolation ... ." A Madame de Grignan, 28 mars 1689 (III, 403).

[75] Au Comte de Guitaut, 6 décembre 1679 (II, 530).

[76] A Coulanges, 15 octobre 1695 (III, 893).

[77] Antoine Adam says Madame de Grignan was still suffering from her recent illness and so was not able to bid her mother a last farewell. Gérard-Gailly (Introduction to la Pléiade Edition, pp. 54–55) firmly denies this; Madame de Grignan had recovered, he says. She was inhibited by her own "caractère empêché" from coming to her mother at such a time. Opinions vary on this matter. No indisputable evidence exists to end speculation and debate.

Bibliography

Editions of Madame de Sévigné's Letters

Sévigné, Marie de Rabutin Chantal, Marquise de. *Lettres de Madame de Sévigné*. 3 vols. Edited by Emile Gérard-Gailly. Paris: Gallimard (Bibliothèque de la Pléiade), 1953–57.

———. *Lettres de Madame de Sévigné, de sa famille et de ses amis; les grands écrivains de la France*. 14 vols. Edited by Louis Jean Nicolas Monmerqué. Paris: Hachette et Cie, 1862–68.

Other Letters and Memoirs

Arnauld, Antoine. *Mémoires contenant quelques anecdotes de la cour*. (Vol. XXIII of *Nouvelle collection des mémoires relatifs à l'histoire de France depuis le XIIIe siècle jusqu'à la fin du XVIIIe siècle*. Edited by J. F. Michaud and J. J. F. Poujoulat.) Paris: Didier et Cie, 1854.

Bussy, Roger de Rabutin, Comte de. *Correspondance de Roger de Rabutin, comte de Bussy, avec sa famille et ses amis*. 6 vols. Edited by Ludovic Lalanne. Paris: Charpentier, 1858–59.

———. *Les mémoires de messire Roger de Rabutin, comte de Bussy*. 3 vols. Amsterdam: Zacharie Chatelain, 1731.

Conrart, Valentin de. *Mémoires*. (In Vol. XXVIII of *Nouvelle collection des mémoires relatifs à l'histoire de France depuis le XIIIe siècle jusqu'à la fin du XVIIIe siècle*. Edited by J. F. Michaud and J. J. F. Poujoulat.) Paris: Didier et Cie, 1854.

Coulanges, Philippe-Emmanuel de. *Mémoires de M. de Coulanges, suivis de lettres inédites de Madame de Sévigné, de son fils, de l'abbé de Coulanges, d'Arnauld d'Andilly, d'Arnauld de Pomponne, de Jean de la Fontaine, et d'autres personnages du même siècle*. Edited by Louis Jean Nicolas Monmerqué. Paris: J. J. Blaise, 1820.

FitzGerald, Edward. *Letters of Edward FitzGerald*. Edited by J. M. Cohen. Carbondale, Illinois: Southern Illinois University Press, 1960.

La Fayette, Marie Madeleine Pioche de la Vergne, Comtesse de. *Correspondance*. 2 vols. Edited by André Beaunier. Paris: Gallimard, 1942.

La Guette, Catherine Meurdrac de. *Mémoires de Madame de La Guette*. Edited by P. Moreau. Paris: P. Jannet, 1856.

Loret, Jean. *La muze historique; ou recueil des lettres en vers contenant les nouvelles du temps, écrites à Son Altesse Mademoizelle de Longueville, depuis duchesse de Nemours (1650–65)*. 4 vols. Edited by J. Ravenel and E. V. de la Pelouze. Paris: P. Jannet, 1857.

Mackintosh, Sir James. *Memoirs of the Life of the Right Honourable Sir James Mackintosh*. 2 vols. Edited by Robert James Mackintosh. London: Edward Moxon, 1835.

Maistre, Joseph, Comte de. *Lettres et opuscules inédits du comte Joseph de Maistre, précédés d'une notice biographique par son fils le comte Rodolphe de Maistre*. 2 vols. Paris: A. Vaton, 1851.

Montagu, Lady Mary Pierrepont Wortley. *Letters [by] Lady Mary Wortley Montagu*. London: J. M. Dent & Sons, Ltd., 1934.

Montpensier, Anne Marie Louise d'Orléans, Duchesse de. *Mémoires de Mademoiselle de Montpensier, fille de Gaston d'Orléans, frère de Louis XIII*. (In Vol. XXVIII of *Nouvelle collection des mémoires relatifs à l'histoire de France depuis le XIIIe siècle jusqu'à la fin du XVIIIe siècle*. Edited by J. F. Michaud and J. J. F. Poujoulat.) Paris: Didier et Cie, 1854.

Ormesson, Olivier Lefèvre d'. *Journal d'Olivier Lefèvre d'Ormesson et extraits des mémoires d'André Lefèvre d'Ormesson*. (Vols. IX¹ and IX² of *Collection de documents inédits sur l'histoire de France*. Edited by A. Cheruel.) Paris: Imprimerie Impériale, 1860.

Rapin, René. *Mémoires du P. René Rapin de la compagnie de Jésus sur l'église et la société, la cour, la ville, et le jansénisme: 1644–69*. 3 vols. Edited by Léon Aubineau. Paris: Gaume Frères et J. Duprey, 1865.

Saint-Simon, Louis de Rouvroy, Duc de. *Mémoires de Saint-Simon*. 41 vols. Edited by A. de Boislile. Paris: Hachette et Cie, 1879–1928.

Tallemant des Réaux, Gédéon. *Les historiettes de Tallemant des*

Réaux. 8 vols. Edited by Georges Mongrédien. Paris: Garnier Frères, 1932–34.

Works on Characterology

Berger, Gaston. *Traité pratique d'analyse du caractère.* 4ème éd. Paris: Presses Universitaires de France, 1958.

Jung, Carl Gustav. *Psychological Types or the Psychology of Individuation.* Translated by H. Godwin Baynes. London: Routledge & Kegan Paul, Ltd., 1953.

Le Senne, René. *Le mensonge et le caractère.* Paris: Félix Alcan, 1930.

————. *Traité de caractérologie.* 5ème éd. Paris: Presses Universitaires de France, 1957.

Books

Adam, Antoine. *Histoire de la littérature française au XVIIᵉ siècle.* 5 vols. Paris: Domat, 1948–56.

Aldis, Janet. *The Queen of Letter-Writers, Marquise de Sévigné, Dame de Bourbilly, 1626–96.* London: Methuen & Co., 1907.

Aubineau, Léon. *Notices littéraires sur le dix-septième siècle.* Paris: Gaume Frères et J. Duprey, 1859.

Babou, Hippolyte. *Les amoureux de Madame de Sévigné; les femmes vertueuses du grand siècle.* Paris: Didier & Cie, 1862.

Bailly, Auguste. *Madame de Sévigné.* Paris: Arthème Fayard, 1955.

Barthélémy, Edouard de. *La marquise d'Huxelles et ses amis.* Paris: Firmin-Didot Frères, 1881.

Bénichou, Paul. *Morales du grand siècle.* Paris: Gallimard, 1948.

Boissier, Gaston. *Madame de Sévigné.* 3ème éd. Paris: Hachette et Cie, 1888.

Brunet, Gabriel. *Evocations littéraires.* Paris: Editions Prométhée, 1931.

Busson, Henri. *La religion des classiques.* Paris: Presses Universitaires de France, 1948.

Bussy, Roger de Rabutin, Comte de. *Histoire amoureuse des Gaules, suivie des romans historico-satiriques du 17ᵉ siècle.* Vol. I. Edited by Paul Boiteau. Paris: P. Jannet, 1856.

Cabanès, Auguste. *Médecins amateurs.* Paris: Albin Michel, 1932.

Cayrou, Gaston. *Le français classique: lexique de la langue du dix-septième siècle.* Paris: Didier et Cie, 1948.

CÉLARIÉ, HENRIETTE. *Madame de Sévigné, sa famille et ses amis.* Paris: Armand Colin, 1925.

CHATEAUBRIAND, FRANÇOIS AUGUSTE RENÉ, VICOMTE DE. *Vie de Rancé.* Edited by Fernand Letessier. Paris: Marcel Didier, 1955.

CHAUVIN, A. and LE BIDOIS, G. (eds). *La littérature française par les critiques contemporains.* 2 vols. Paris: Eugène Belin, 1931–39.

CHOLEAU, JEAN. *Le grand coeur de Madame de Sévigné.* Vitré: Unvaniez Arvor, 1959.

CRUMP, PHYLLIS E. *Nature in the Age of Louis XIV.* London: George Routledge & Sons, Ltd., 1928.

FAGUET, EMILE. *Dix-septième siècle; études littéraires.* Paris: Société française d'imprimerie et de librairie (ancienne maison Lecène, Oudin et Cie), 1903.

FITZGERALD, EDWARD. *Dictionary of Madame de Sévigné.* 2 vols. Edited by Mary Eleanor FitzGerald Kerrich. London: Macmillan & Co., Ltd., 1914.

GAIFFE, FÉLIX. *L'envers du grand siècle.* Paris: Albin Michel, 1924.

GAUTIER, LÉON. *Portraits du XVIIe siècle.* Paris: Perrin et Cie, 1890.

GAZIER, AUGUSTIN. *Jeanne de Chantal et Angélique Arnauld d'après leur correspondance.* Paris: Honoré Champion, 1915.

GAZIER, CÉCILE. *Madame de Sévigné.* Paris: E. Flammarion, 1933.

GÉRARD-GAILLY, EMILE. *Un académicien grand seigneur et libertin au XVIIe siècle. Bussy-Rabutin: sa vie, ses oeuvres et ses amis.* Paris: Honoré Champion, 1909.

———. *L'enfance et la jeunesse heureuse de Madame de Sévigné (réfutation d'une légende).* Paris: Editions Spes, 1926.

———. *Les sept couches de Madame de Grignan. Les sept fiancées de Charles de Sévigné.* Paris: Editions Albert, 1936.

HALLAYS, ANDRÉ. *Madame de Sévigné; cours professé à la société des conférences.* Paris: Perrin et Cie, 1921.

HANLET, L'ABBÉ CAMILLE. *Introduction aux lettres de Madame de Sévigné.* (Collection Lebègue, 6 ser., no. 62) Bruxelles: Office de publicité, 1945.

HÉRARD, MADELINE. *Madame de Sévigné, demoiselle de Bourgogne.* Dijon: Privately printed, 1959.

HERON-ALLEN, EDWARD. *Memoranda of memorabilia encountered in the course of a sentimental journey through the correspondence of Madame de Sévigné and her friends.* London: Privately printed, 1928.

IRVINE, LYN, LL. *Ten Letter-Writers.* London: L. and V. Woolf, 1932.

JANET, PAUL. *Les lettres de Madame de Grignan.* Paris: Calmann Lévy, 1895.

KAUFFMANN, LIDA. *Die Briefe der Madame de Sévigné.* Köln: Kölner Romanistische Arbeiten (Neue Folge, Heft 2.), 1954.

KÖGEL, THERESE. *Bilder bei Mme de Sévigné (metaphern und vergleiche); eine lexikographische Arbeit.* Würzburg: Richard Mayr, 1937.

LA BRIÈRE, LÉON DE. *Madame de Sévigné en Bretagne.* 2ème éd. Paris: Hachette et Cie, 1882.

LA HARPE, JEAN FRANÇOIS DE. *Cours de littérature ancienne et moderne, suivi du tableau de la littérature au XIXe siècle par Chénier, et du tableau de la littérature au XVIe siècle par M. Saint-Marc Girardin, et M. Philarète Chasles.* 3 vols. Paris: Firmin-Didot Frères, 1840.

LAMARTINE, ALPHONSE MARIE LOUIS DE PRAT DE. *Vie des grands hommes.* Vol. III. Paris: Bureaux du Constitutionnel, 1856.

LANSON, GUSTAVE. *Histoire de la littérature française.* 7ème éd. rev. Paris: Hachette et Cie, 1902.

LEMAÎTRE, JULES. *En marge des vieux livres.* (2ème série.) Paris: Société Française d'Imprimerie et de Librairie (ancienne Librairie Lecène, Oudin et Cie), n.d.

LEMOINE, JEAN. *Madame de Sévigné, sa famille et ses amis d'après des documents inédits.* Vol. I. Paris: Hachette et Cie, 1926.

———, and H. BOURDE DE LA ROGERIE. *Madame de Sévigné aux Rochers: Le livre de comptes de l'abbé Rahuel (1669–1676).* Rennes: J. Plihon, 1930.

LEWIS, W. H. *The Splendid Century: Life in the France of Louis XIV.* New York: William Sloane Associates, 1954.

LORRIS, PIERRE GEORGES. *Le cardinal de Retz, un agitateur au XVIIe siècle.* Paris: Albin Michel, 1956.

MAGENDIE, MAURICE. *La politesse mondaine et les théories de l'honnêteté en France, au XVIIe siècle, de 1600 à 1660.* Paris: Félix Alcan, 1925.

———. *Le roman français au XVIIe siècle, de l'Astrée au Grand Cyrus.* Paris: E. Droz, 1932.

MASSON, FRÉDÉRIC. *Le marquis de Grignan.* Paris: E. Plon et Cie, 1882.

MESNARD, P. *Notice biographique sur Madame de Sévigné.* (Vol. I of *Lettres de Madame de Sévigné, de sa famille et de ses amis; les grands écrivains de la France.* Edited by Louis Jean Nicholas Monmerqué.) Paris: Hachette et Cie, 1862–68.

Mongrédien, Georges. *La vie quotidienne sous Louis XIV.* Paris: Hachette et Cie, 1948.

――――. *Madame de Montespan et l'affaire des poisons.* Paris: Hachette et Cie, 1953.

Montigny, Maurice. *En voyageant avec Mme de Sévigné.* Paris: Honoré Champion, 1921.

Mornet, Daniel. *Histoire de la littérature française classique, 1660–1700, ses caractères véritables, ses aspects inconnus.* 3ème éd. Paris: Armand Colin, 1947 [1940].

Murbach, Janet M. *Le vrai visage de la comtesse de Grignan.* Thèse de Doctorat d'Université Présentée à la Faculté des Lettres de l'Université de Toulouse. Toulouse: Edouard Privat, 1939.

Nicole, Pierre. *Essais de morale.* Vol. I and Vol. III. Paris: Guillaume Desprez et Jean Desessartz, 1715.

Nourrisson, Jean Félix. *Histoire et philosophie: études accompagnées de pièces inédites.* Paris: Didier et Cie, 1860.

Ogg, David. *Louis XIV.* London: Oxford University Press, 1956.

Pingaud, Bernard. *Mme de La Fayette par elle-même.* Paris: "Editions de Toujours" aux Editions du Seuil, 1959.

Pradel, Genès. *Madame de Sévigné en Provence.* Paris: Eugène Figuière, 1936.

Proust, Marcel. *A la recherche du temps perdu.* 3 vols. Edited by Pierre Clarac and André Ferré. Paris: Gallimard (Bibliothèque de la Pléiade), 1954.

Puliga, Comtesse de. *Madame de Sévigné, Her Correspondents and Contemporaries.* 2 vols. London: Tinsley Bros., 1873.

Ravenel, Florence L. *Women and the French Tradition.* New York: Macmillan Co., 1918.

Sainte-Beuve, Charles Augustin. *Causeries du lundi.* 3ème éd. Vol. I. Paris: Garnier Frères, 1850.

――――. *Les grands écrivains français par Sainte-Beuve: études des lundis et des portraits classés selon un ordre nouveau.* Vol. V (XVIIe siècle). Edited by Maurice Allem. Paris: Garnier Frères, 1930.

――――. *Port-Royal.* 5 vols. 2ème éd. Paris: Hachette et Cie, 1860.

――――. *Portraits de femmes.* Paris: Garnier Frères, 1869.

Saintsbury, George. *French Literature and Its Masters.* Edited by Huntington Cairns. New York: Alfred A. Knopf, 1946.

――――. *A Short History of French Literature.* 5 ed. rev. Oxford: Clarendon Press, 1897.

Saporta, Gaston, Marquis de. *La famille de Madame de Sévigné en Provence d'après des documents inédits.* Paris: E. Plon et Cie, 1889.

Schmidt, Marianne. *Madame de Sévigné und das öffentliche Leben ihrer Zeit.* Munich: B. Heller, 1935.

Sommier, J. E. A. *Lexique de la langue de Mme de Sévigné, avec une introduction grammaticale.* (Vols. XIII and XIV of *Lettres de Madame de Sévigné, de sa famille et de ses amis; les grands écrivains de la France.* Edited by Louis Jean Nicolas Monmerqué.) Paris: Hachette et Cie, 1862–68.

Stanley, Arthur [Arthur Stanley Megaw]. *Madame de Sévigné, Her Letters and Her World.* London: Eyre & Spottiswodde, 1946.

Strachey, Giles Lytton. *Portraits in Miniature and Other Essays.* New York: Harcourt Brace & Co., 1931.

Strauss, Walter A. *Proust and Literature: The Novelist as Critic.* Cambridge: Harvard University Press, 1957.

Suard, Jean-Baptiste Antoine. *Mélanges de littérature.* Vol. III. Paris: Dentu, 1803.

Taillandier, Saint-René, Madeleine Marie Louis [Chevrillon]. *Madame de Sévigné et sa fille.* Paris: B. Grasset, 1938.

Tilley, Arthur. *Madame de Sévigné: Some Aspects of Her Life and Character.* Cambridge: The University Press, 1936.

Vallery-Radot, René. *Madame de Sévigné.* Paris: H. Lecène et H. Oudin, 1888.

Vézinet, F. *Le XVIIe siècle jugé par le XVIIIe; recueil de jugements littéraires choisis et annotés.* Paris: Vuibert, 1924.

Voltaire, François Marie Arouet de. *Siècle de Louis XIV.* Edited by Emile Bourgeois. Paris: Hachette et Cie, 1914.

Walckenaer, Charles Athanase, Baron de. *Mémoires touchant la vie et les écrits de Marie de Rabutin-Chantal, dame de Bourbilly, marquise de Sévigné, durant la régence et la fronde.* 5 vols. 2ème éd. Paris: Firmin-Didot Frères, 1845–52.

Woolf, Virginia. *Death of the Moth.* New York: Harcourt Brace & Co., 1942.

ARTICLES

Alméras, Henri d'. "Mme de Sévigné en Provence," *La revue mondiale,* CLIX (1 juin 1924), 281–91.

BERTIÈRE, ANDRÉ. "Le portrait de Retz par La Rochefoucauld," *Revue d'histoire littéraire de la France,* LIX (juillet–septembre 1959), 313–41.

BOURDEAUT, A. "Madame de Sévigné au pays nantais," *Mémoires de la société d'histoire et d'archéologie de Bretagne,* VII (1926), 243–97.

BRUNEL, L. "Note sur un passage de Madame de Sévigné," *Revue d'histoire littéraire de la France,* VIII (juillet–septembre 1901), 357–76.

BUFFENOIR, HIPPOLYTE. "Les résidences de Mme de Sévigné," *La nouvelle revue,* CXVII (15 mars 1899), 299–321.

BUSSON, HENRI. "Le memorare de Madame de Sévigné," *Revue de la méditerranée,* VIII (mai–juin 1950), 266–72.

CHAMPRIS, HENRY GAILLARD DE. "Autour d'un procès intenté à la mémoire de Madame de Sévigné," *Revue des travaux de l'académie des sciences morales et politiques,* 2ème semestre (1954), 94–110.

COUSIN, VICTOR. "Lettres inédites de madame la duchesse de Longueville à madame la marquise de Sablé," *Journal des savants* (janvier 1852), 40–56.

DEPPING, GUILLAUME. "Quelques pièces inédites concernant Madame de Sévigné et les Coulanges," *Séances et travaux de l'académie des sciences morales et politiques,* CXVIII (1882), 533–60.

DUTRONC, FR. S. J. "Madame de Sévigné et la musique," *Bulletin bibliographique et pédogogique du musée belge,* XXX (15 juillet 1926), 209–14.

ELBÉE, JEAN D'. "Le 'frater' inconnu," *La revue hebdomadaire.* (16 septembre–18 novembre 1933), IX: 267–98, 421–50, 579–98; X: 58–69, 148–77, 316–39, 464–86; XI: 39–59, 208–23, 341–60.

FRIEDMANN, CLARA. "La Coltura italiana di Madame de Sévigné," *Giornale storico della letteratura italiana,* LX (1912), 1–72.

GAZIER, CÉCILE. "Mme de Sévigné et Port-Royal," *Correspondant,* CCCII (février 1926), 508–23.

GÉRARD-GAILLEY, EMILE. "Les trois premières éditions des 'Lettres de Mme de Sévigné' (1725–1726)," *Revue d'histoire littéraire de la France,* XXVII (1920), 1–60.

GRAFFIN, ROGER. "Mme de Sévigné au pays du Maine," *Revue historique et archéologique du Maine,* XLVII (1900), 150–59.

GUYARD, MARIUS FRANÇOIS. "Faut-il damner Madame de Sévigné?" *Etudes,* CCLXXX (février 1954), 193–202.

HANLET, L'ABBÉ CAMILLE. "Les idées chrétiennes de Mme de Sévigné," *Revue générale*, CXLIII (1940), 243–63.

HERZ, MICHELINE. "Madame de Sévigné telle qu'elle fut," *Modern Language Notes*, LXXIV (November 1959), 621–29.

JOUHANDEAU, MARCEL. "La vraie Sévigné," *Ecrits de Paris* (septembre 1959), 76–84.

LACOUR, PAUL. "Les gaillardises de Mme de Sévigné," *Nouvelle revue*, XXI (15 mai 1911), 219–33.

L'ELEU, M. "Madame de Sévigné dans le Maine," *Bulletin de la société d'agriculture, sciences et arts de la Sarthe*, L (1925), 13–37.

MALLEVOUE, FRANÇOIS DE. "La maison natale de Mme de Sévigné," *Bulletin de la société de l'histoire de Paris et de l'Ile de France* (1882), 35–41.

MARCU, EVA. "Madame de Sévigné and Her Daughter," *Romanic Review*, LI (octobre 1960), 182–91.

MAURIAC, FRANÇOIS. "La dame au nez carré," *Figaro littéraire*, 12 janvier 1957, pp. 1 and 4.

MONGRÉDIEN, GEORGES. "Un ami de Mme de Sévigné, Jean Corbinelli," *Mercure de France*, CCCIV (octobre 1948), 222–35.

MONTMORILLON, MARQUIS DE. "L'exil de Bussy-Rabutin en Morvan. Son grand combat avec Madame de Sévigné," *Revue bleue*, LXXIII (7 septembre 1935), 605–11.

MORNET, DANIEL. Review of *Portraits d'âmes*, by Victor Giraud, *Revue d'histoire littéraire de la France*, XXXVI (1929), 599–601.

NOYES, ALFRED. "The Enigma of Mme de Sévigné," *Contemporary Review*, CLXXXIX (March 1956), 149–53.

ORIEUX, JEAN. "Bussy-Rabutin, grand seigneur disgracié," *La revue des deux mondes*, 1 janvier 1958: pp. 42–55; 15 janvier 1958: pp. 316–26.

PERREAU, M. E-H. "Racine et le café dans la correspondance de Mme de Sévigné," *Mémoires de l'académie des sciences, inscriptions et belles-lettres de Toulouse*, XIII (1935), 165–79.

POCQUET DU HAUT-JUSSÉ, BARTHÉLÉMY-AMBROISE-MARIE. "Madame de Sévigné et la Bretagne," *Mémoires de la société d'histoire et d'archéologie de Bretagne*, VII, No. 4, 2ème partie (1926), 207–41.

RAT, MAURICE. "N'est-on pas sévère pour Madame de Grignan?" *Figaro littéraire*, 22 mai 1954, p. 9.

Index